U0965510

HITLER'S EAGLES
THE LUFTWAFFE 1933-45

第三帝国空军图文史

从崛起到覆灭，用图片和文字记录二战德国空军发展轨迹

纳粹德国的空中力量

[英] 克里斯·麦克纳布（Chris McNab）◎著　沈立波◎译

金城出版社
GOLD WALL PRESS
·北京·

© Chris McNab, 2012

This translation of Hitler's Eagles is published by Gold Wall Press Co., Ltd. by arrangement with Bloomsbury Publishing Plc.

本书一切权利归 **金城出版社有限公司** 所有，未经合法授权，严禁任何方式使用。

图书在版编目（CIP）数据

第三帝国空军图文史 ：纳粹德国的空中力量 / (英) 克里斯·麦克纳布（Chris McNab）著；沈立波译. -- 北京：金城出版社有限公司，2024.12

(二战文史眼丛书 / 朱策英主编)

书名原文：Hitler's Eagles: The Luftwaffe 1933-45

ISBN 978-7-5155-2626-3

Ⅰ. ①第… Ⅱ. ①克… ②沈… Ⅲ. ①德意志第三帝国－空军－军事史 Ⅳ. ①E516.9

中国国家版本馆CIP数据核字（2024）第025140号

第三帝国空军图文史

DISANDIGUO KONGJUN TUWENSHI

作　　者　[英] 克里斯 · 麦克纳布
译　　者　沈立波
策划编辑　朱策英
责任编辑　李凯丽
责任校对　李晓凌
责任印制　李仕杰
开　　本　710毫米 × 1000毫米　1/16
印　　张　30
字　　数　417千字
版　　次　2024年12月第1版
印　　次　2024年12月第1次印刷
印　　刷　小森印刷（北京）有限公司
书　　号　ISBN 978-7-5155-2626-3
定　　价　158.00元

出版发行　**金城出版社有限公司**　北京市朝阳区利泽东二路3号　邮编：100102
发 行 部　(010) 84254364
编 辑 部　(010) 64210080
总 编 室　(010) 64228516
网　　址　http://www.jccb.com.cn
电子邮箱　jinchengchuban@163.com
法律顾问　北京植德律师事务所　（电话）18911105819

编者提示

本书内容所涉及的度量换算：

1英里=1.6千米	1磅=0.45千克	1码=0.9米
1英尺=0.3米	1英寸=25.4毫米	100英尺/秒=30.48米/秒

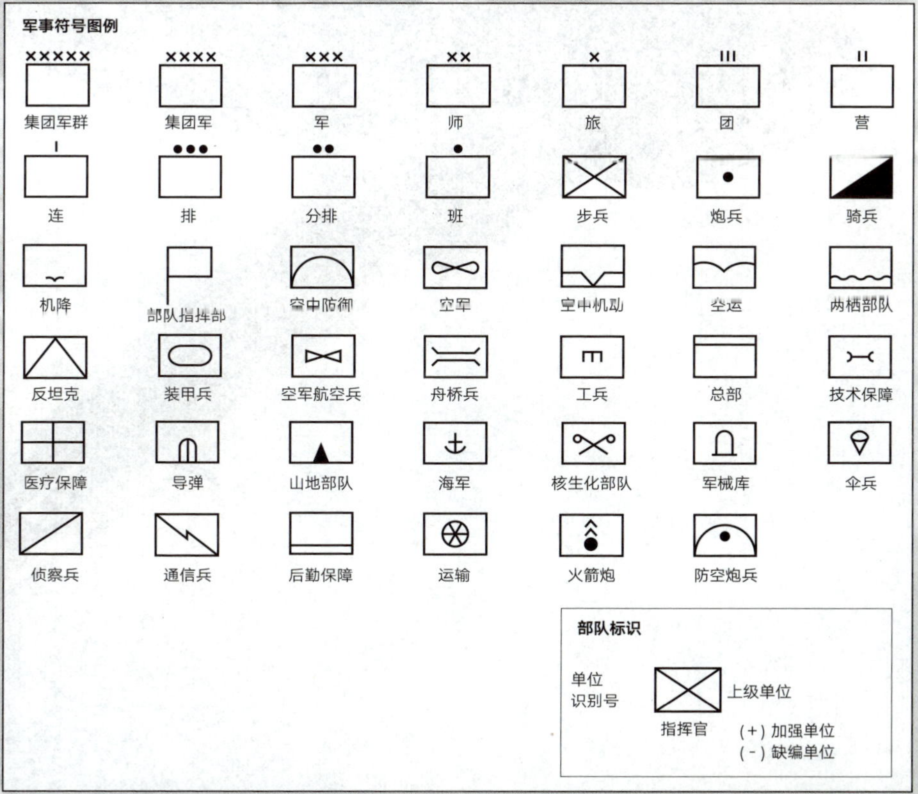

12

目录 CONTENTS

前　言

自 1945 年第二次世界大战（World War II，简称“二战”）结束以来，德国空军的故事一直是军事史学家倾心关注的焦点。原因自是不言而喻，像德国战争机器的许多方面一样，德国空军是德国重整军备计划的最高成就。在 20 世纪 20 年代和 30 年代初，德国空军还是一个影子组织，在《凡尔赛条约》对德国军事发展的严格限制下秘密行动。然而，通过外国的飞机设计机构、民用航空运输和民族主义滑翔俱乐部，未来空军的种子在希特勒的新德国仍然保持发展，并最终在 1935 年形成了德国空军。

从那以后，新生的德国空军迅速壮大，在总司令赫尔曼·戈林（Hermann Goring）的野心驱使下，其人员和飞机数量都在不断膨胀。早在 1939 年前的西班牙内战期间（1936—1939），德国空军就获得了战斗经验，这帮助其于 1939 年—1940 年在波兰和西欧得到更大规模的检验之前，不断改进战术和技术。

在战争的头几年里，盟军经历的惨痛失败很大程度上是由于德国空军作为战术空军的能力。辉煌的梅塞施米特（Messerschmitt）Bf-109 战斗机取得了空中优势，并消耗了盟军的空军部队，而容克（Junkers）Ju-87 俯冲轰炸机充当地面部队行进前方的飞行炮兵，进行精确打击，而亨克尔（Heinkel）He-111、容克 Ju-88 和其他轰炸机则对更大范围

1940年夏天，一支亨克尔 He-111 部队在英格兰上空接近目标。一旦失去了 Bf-109 战斗机的护航，德国轰炸机很容易受到英国“喷火”和“飓风”战斗机的袭击。

的目标进行狂轰滥炸。飞行员们越来越有信心，有些人甚至因为他们完成了数十次击落和任务，成了名副其实的名人。像王牌战斗机飞行员赫尔穆特·维克（Helmut Wick，击落 56 次）、威廉·巴尔塔扎（Wilhelm Balthasar，击落 47 次）和维尔纳·默尔德斯（Werner Mölders，击落 100 次）这样的人物，在逐渐习惯胜利战果的公众中引发了迷人的共鸣，优雅地登上了杂志和报纸的封面，并出现在晚间新闻中。

然而，预警信号从一开始就存在。例如，尽管波兰空军在相对较短的时间内被击溃，但事实证明，没有护卫的德国轰炸机和俯冲轰炸机仍然容易受到战斗机的攻击，甚至是受到过时的波兰双翼飞机的攻击。更有预兆的，而且对战争最终结果至关重要的是，在不列颠战役中，德国空军付出了惨重代价，仍然未能征服英国皇家空军（RAF），而这场战役暴露了德国空军的战术缺陷（随后的闪电战也暴露出，德国空军作为战略轰炸部队的能力存在更为严重的问题）。

然而，在"巴巴罗萨行动"（Operation Barbarossa）的开始阶段，由于 1941 年对苏作战的重大胜利，不列颠战役的失败很快就被遗忘并且变得无足轻重。尽管面临着数量上更为庞大的对手，但在"巴巴罗萨行动"的头 6 个月里，德国空军占据了绝对优势，并将在接下来的 3 年里继续保持。仅在行动的第一天，德国空军可能就摧毁了 1800 多架苏联飞机。在这个战场上，德国空军战斗机飞行员击毁敌机的速度简直令人难以置信。年轻的埃里希·哈特曼（Erich Hartmann）是所有德国王牌战斗机飞行员中最著名的，在他惊心动魄的战斗生涯中一共摧毁了 352 架敌机，主要是驾驶一架 Bf-109 在东线上空作战。除了战斗机兵种，德国空军的轰炸机、对地攻击机和运输机部队也各自发挥作用。轰炸机将列宁格勒和斯大林格勒等城市夷为平地，浓烟滚滚，而一些配备了 37 毫米机关炮的 Ju-87 俯冲轰炸机作为职业的坦克杀手，对苏联军队、车辆和阵地造成了持续的破坏。运输机部队，尽其所能使数千千米外的前线部队得到补给，尽管它未能保持对 1942 年—1943 年冬天在斯大林格勒被围困的 6 个集团军的补给。不过这也表明，德国空军的大规模空运能力仍然有限。

当德国空军在苏联的天空中烙下自己的印记时，与此同时，飞机的产量也有了急剧的增长，这主要得益于 1942 年—1945 年间阿尔伯特·施佩尔（Albert Speer）对战时工业进行的优化调整。1939 年，军用飞机总产量为 8295 架。与之相比，1944 年的产量是惊人的 39807 架。

那么，考虑到这些数据，为什么在 1943 年—1945 年间，德国空军在所有战线上逐渐丧失了空中优势呢？正如我们将看到的，不可否认的是，在战争后期，难以战胜的对手的规模惩罚了德国空军。盟军的战略轰炸行动不仅给德国本土带来了前所未有的破坏；它还调动了德国空军的大量飞机在帝国上空进行殊死搏斗。盟军飞机遭受的损失是巨大的，在对抗重型轰炸机的过程中，德国催生了新式的装备雷达的夜间战斗机，比如 Bf-110G-4，以及第一代喷气式飞机，比如 Me-262。然而，最终，这样的飞机还是无法阻止盟军飞机源源不断地涌入。所以，最终德国空军的倒塌和它的崛起一样具有史诗般的意义。新飞行员的预期寿命下降到只有几周，希特勒一度引以为傲的空军也没能阻止德国的最终战败。

本书不仅是一部德国空军各种要素的历史，还将详细描绘德国空军从诞生到失败期间战斗和服役的人员和机器。我们将看到，德国空军是一个广泛的组织。它不仅包括战斗机和运输机及其相关人员，而且还包括防空部队、野战师、伞兵部队和消防队。它处在纳粹德国国防军（武装部队）战略和战术发展的最前沿，让世界第一次真正见识到陆空协同作战的威力。因此，本书不仅要解释德国空军在进攻和防御战争计划中的核心作用，而且要说明个别飞行员、地勤人员和士兵如何在这些计划中发挥作用，无论是在胜利还是失败中。

20 世纪 30 年代末，在纳粹党纽伦堡的一次集会上，一架多尼尔（Dornier）Do-17 轰炸机从上空飞过，给人留下深刻的印象。到这个时候，德国空军已经摆脱多年的保密状态，公开炫耀其主要的重整军备计划和新式飞机技术。

第一章 德国空军：从崛起到衰落

THE RISE AND FALL OF THE LUFTWAFFE

在第一次世界大战（World War I，简称“一战”）结束时，德国在战后创建一支高效的空军部队似乎遥遥无期。1918 年 1 月停战时，德国空军引以为傲地拥有不少于 2709 架战斗机、56 艘飞艇和 186 个气球分遣队。然而，在战后的《凡尔赛条约》中，其中的仅仅两个条款就结束了德国的空中作战能力。第 198 条明确禁止德国维持陆军或海军的空军力量，第 202 条规定现有的所有军用飞机必须向协约国投降。

不足为奇，双方对《凡尔赛条约》的条款持不同观点。战胜的协约国认为这些措施严厉但合情合理。然而，德国大众认为过于严酷而苛刻。这一事实被战后德国的许多反政府政客所利用，尤其是阿道夫·希特勒。在崛起掌权期间，他利用一切机会批评当局“屈从于《凡尔赛条约》强加给战败国苛刻条件的不公平”。然而，早在 1933 年 1 月希特勒被任命为德国总理之前，他所指责的屈从于协约国每一项要求的魏玛政府，已经在秘密地为建立一支新的德国空军而奠定基础。

《凡尔赛条约》禁止德国军事航空，但是有很多活动可以规避条约的条款。1922 年，德国和苏联签订了《拉巴洛条约》（Treaty of Rapallo），导致 1925 年在苏联的利佩茨克建立了秘密的空中训练设施。同时，在整个德国，成立了与军事看似无关紧要的滑翔俱乐部，让成千上万的年轻人获得了基础的飞机操作经验。20 世纪 30 年代，德国航空运动协会（德语：Deutscher Luftsportverband，DLV；英语：German Air Sports Association）训练未来的军事航空机组人员，地点在看似取名不当的“中央商业飞行员学校”。德国并没有被禁止民用航空，因此这家机构的飞行员可以正当合法地进入德国汉莎航空股份公司（Deutsche Luft Hansa Aktiengellschaft）工作，而该航空公司成立于 1926 年（1933 年更名为“汉莎航空”）。在 20 世纪 30 年代前半段时间，汉莎航空使用的飞机最终成为德国空军机型，即容克 Ju-52、Ju-86 和亨克尔 He-111，这使得将作战训练引入该项目变得很容易。

通过这些手段，德国得以开始重建空军。外国的怀疑越来越明显，但英国和法国由于陷入更广泛的政治和经济斗争，几乎没有采取什么行动来抵制德国的军事扩张。1933 年希特勒就任德国总理时，这种松懈的监控成为对他变相鼓励的一大动力，他立即着手重建德国武装力量。然而，正如威廉森·默里（Williamson Murray）所指出的，建立一支全新空军的过程面临着巨大的困难：

> 尽管如此，1933 年 1 月，纳粹在建立一支可以作为外交和军事政策有效工具的空军时，仍然面临着巨大的问题。陆军和海军中只有一小部分有经验的军官；汉莎航空的经验并不能直接转化为军事力量；而德国的飞机工业，不仅因为大萧条受到削弱，而且由于濒临破产的公司之间的自相残杀而元气大伤，对大规模扩张毫无准备。
>
> ——威廉森·默里：《战略失败：1933—1945 年的德国空军》，Eagle Editions，Royston（2000）

德国空军发展和指挥背后的 5 名关键人物（从左至右）：埃哈德·米尔希（Erhard Milch）、胡戈·施佩勒（Hugo Sperrle）、阿道夫·希特勒、赫尔曼·戈林和阿尔贝特·凯塞林（Albert Kesselring）。

默里接着指出，德国空军当时所拥有的是赫尔曼·戈林的支持。戈林曾是一名一战战斗机飞行员，魅力非凡但虚荣自负。戈林通过与希特勒的密切关系，设法获得了资金和工业重心，在内部竞争的氛围中创建一支新的空军，投资用于发展飞机、培训人员和改进战术。根据《凡尔赛条约》，这种发展仍然受到一定程度的局限，但在 1935 年 2 月，希特勒决定不再保密，他公开地、全心全意地拥护重整军备和军事化。他公开宣布成立新的德国空军。戈林被任命为空军司令，军衔为“帝国元帅”（Reichsmarschall），但后来证明，他完全无法胜任这个职位。出于作战和经济原因，德国优先考虑建立一支战术空军，以便在一场短暂的侵略战争中紧密支援地面进攻。

这一战略措施对后来德国空军在二战中的历史至关重要，因为 1936 年 6 月瓦尔特·韦弗（Walter Wever）中将（Generalleutnant）的死亡实际上终结了德国空军轰炸机兵种的命运。作为空军参谋长，韦弗预见到有必要建立一支能够摧毁敌人工业心脏的远程战略空军。取而代之的是，他的继任者阿尔贝特·凯塞林发展了一支庞大的通用中型轰炸机部队，主要承担作战任务。这是一种战术性的战略力量，其目的只是破坏敌人的通信、补给线和工业，其作战距离刚好足以影响一次特定进攻的结果。

纯粹的战术行动将由俯冲轰炸机（德语：Sturzkampfflugzeug；英语：dive-bomber）负责，最高指挥部几乎倾尽了全部信任。高空轰炸被认为代价高昂，打击也不精确，即使不是全部，也有很大一部分载弹量偏离了预定目标（后来盟军相当混乱的轰炸模式就是证明）。双发轰炸机，如亨克尔 He-111、多尼尔 Do-17 和容克 Ju-88 提供了针对区域目标和战术点目标的灵活轰炸平台。与重型轰炸机相比，容克 Ju-87 斯图卡俯冲轰炸机也提供了更高的精度，以换取在飞机、武器弹药、燃料和人员上的适度消耗，并几乎消除了对非军事区造成破坏的风险。通过在西班牙的作战试验被确认为能够取得战争胜利的资产后，帝国航空部

1934 年，军事人员参加滑翔机场的开场仪式。在性能上，滑翔机与动力飞机相差甚远，但它们让成千上万的年轻人对航空有了基本的了解，为以后的作战技能打下了基础。

（德语：Reichsluftfahrtministerium，RLM；英语：National Air Ministry）取消了所有的远程轰炸机发展计划，转而支持斯图卡。俯冲能力成为未来所有轰炸机设计的先决条件，并被迫切应用于任何可能承受这种极端飞行的机种；甚至现有的中型轰炸机也进行了改装和试验，结果往往是可想而知的悲剧。因此，轰炸机部队的装备只有利于快速机动，但最终

赫尔曼·戈林（左）作为德国空军司令，并不是二战期间德国空军所需的总司令。他的虚荣心意味着他经常过度承诺或误判人和飞机的能力。

1939 年春天，在秃鹰军团服役的一架亨克尔 He-59 水上飞机在马略卡岛（Mallorca）附近飞行。西班牙内战为德国空军在二战爆发前发展空战战术提供了一个真实实验室。

并不能取得持续胜利。

然而，这种担忧在未来才会出现。1936 年 7 月西班牙内战的爆发为希特勒提供了一个测试新生空军的机会。德国迅速站在佛朗哥的国民军一边，派遣了一支由 20 架 Ju-52/3m 这种炸弹运输工具组成的空军联队，协助国民军部队横跨直布罗陀海峡，从西班牙属摩洛哥空运到西班牙南部大陆。作为回应，约瑟夫 · 斯大林（Joseph Stalin）派遣了一支包括近 150 架飞机在内的苏联远征军，支持共和政府。这种回应，反过来又促使希特勒增加对国民军的援助，并于 1936 年 11 月在西班牙成立了秃鹰军团（Legion Condor），一支由大约 100 架一线飞机和支援部队组成的常备军。

接下来的一个月，意大利独裁者贝尼托·墨索里尼（Benito Mussolini）组建了一支规模更小但相类似的部队，与国民军并肩作战。共和政府得到了共产主义组织国际纵队的支持，斗争中所有的主要人物都已就位，战线已经划好，战斗开始迅速升级。

然而，在西班牙的行动给德国人带来了一些令人难以接受的意外。其中最重要的是秃鹰军团战机的不足，特别是 Ju-52/3m 轰炸机，据说“在所有方面都被他们的苏联对手超越”。正是为了报告这一令人不安的情况，军团轰炸机主力之一的空军中尉鲁道夫尔·冯·莫罗（Rudolf Freiherr von Moreau）在 1936 年底被召回柏林，当时亨克尔 He-111B 正要服役。

在德国空军初出茅庐之际，赫尔曼·戈林的声望岌岌可危，他决定冒险将一支由他的三款最新型轰炸机组成的小规模部队投入西班牙。他认为，尽管这些兵器几乎完全没有经过检验，但这是一个测试它们战斗能力的独特机会。因此，1937 年初，12 架新一代的德国轰炸机，4 架 He-111B、4 架 Do-17E 和 4 架 Ju-86D 被运往伊比利亚战区，于 2 月中旬抵达塞维利亚。在那里，它们被编组成一个试验轰炸机中队，也就是著名的 VB/88 中队。西班牙的作战条件很快确定了这三种机型的作战潜力。由于不稳定的操作结构和不可靠的柴油发动机，Ju-86D 排在非常差的第三位。在这支部队开始行动后的几天里，1 架飞机在敌后坠毁。尽管它很快被替换，但到 1937 年初夏，又有 2 架飞机失踪。幸存的 2 架随后被“移交”给西班牙人，并换取了一笔可观的费用！就操作和一般性能上而言，Do-17E 被认为与 He-111B 相当，但由于其有限的载弹能力而被搁置一旁。1937 年 4 月 18 日，4 架中的 1 架在毕尔巴鄂上空被 I-15 战斗机击落。然而，交付仍在继续，在决定基于 He-111 装备 VB/88 中队之前，总共有十几架被送往西班牙。其余的多尼尔飞机（在此期间失去了第二架）随后被调整到军团的侦察大队。亨克尔毫无疑问证明了自己是三种飞机中最优秀的。它不仅装备了 VB/88 中队，而且将成为军团的标准轰炸机，总共有近 100 架要在西班牙服役。

西班牙内战也极大改善了德国的战斗机部队。战斗机部队最初装备了亨克尔 He-51 和阿拉多（Arado）Ar-68 双翼战斗机。这些飞机有支撑和错列的机翼，固定式、覆盖轮罩的起落架和开放式驾驶舱，与一战的战斗机相差无几。的确，它们比民用单翼飞机（如 He-70）的速度要慢，也只比 He-111 的速度略快一点。然而，随着 Bf-109 单翼飞机的引进，德国空军的作战能力发生了革命性变化（特定机型的发展和性能将在后面的章节中进一步描述）。10 架 Bf-109B-0 试验机中的第一架在 1936 年 11 月升空，接下来的一个月，3 架飞机被派往饱受战争蹂躏的西班牙，由秃鹰军团对其作战情况进行评估。尽管这些试验问题重重，但它们确实为梅塞施密特和德国空军提供了经验，让他们知道在 1937 年 2 月，当 Bf-109B“贝尔莎”（Bertha）在德国空军服役时可以期待什么。

共和政府部队的 I-15 和 I-16 战斗机在西班牙领空的优势，导致 16 架“贝尔莎”在交付德国空军几周后就被运往西班牙。与它们一同前往的，还有第 132 战斗机联队第 2 大队（II./JG132）的人员，他们组成了第 2 中队（2. Staffel，一个 Staffel 相当于英国皇家空军的一个飞行中队），即：第 88 战斗机大队第 2 中队（2./J88）。从 4 月投入使用，直到 7 月布鲁内特战役（Battle for Brunete），这支部队才最终第一次参加战斗，当时发现 Bf-109B 和苏联波利卡尔波夫设计局（Polikarpov）制造的灵活的战斗机在 3000 米以下旗鼓相当。在更高的高度，“贝尔莎”遥不可及，德国飞行员很快发现，如果从上方和后方使用高速俯冲攻击，共和政府的飞机很容易被击落，这将是 Bf-109 飞行员在整个二战期间的惯用战术。Bf-109 的改型很快出现，其中从这次战役中产生的顶尖王牌飞行员包括维尔纳·默尔德斯（14 次击落）、沃尔夫冈·舍尔曼（Wolfgang Schellmann，12 次击落）和哈罗·哈德（Harro Harder，11 次击落），他们中的所有人都将在未来二战的头 18 个月取得更多的战果。

西班牙内战是希特勒新生空军的试验场。内战已经证明，凭借合适的飞机和良好的训练，再加上与地面部队在对地攻击方面的合作，使用新式的空中恐怖机器 Ju-87，德国空军就能主导装备较差或训练不足的对手。它很快就能在更广阔的舞台上证明这一事实。

战斗指挥官

二战前，德国空军的发展本质上主要受制于工业。随着所有的德国武装力量经历着快速的发展，德国的军种和生产设施之间的资源竞争非常激烈。航空发动机的制造存在着特殊的问题，这是制约四发战略轰炸机发展转而支持双发中型轰炸机发展的因素之一。尽管如此，到 1939 年 9 月战争前夕，相比于英国皇家空军的 1660 架而言，德国空军仍然发展到强大的规模，它装备了 2916 架前线作战飞机。此外，德国空军还拥有良好的训练和新近的战斗经验。

1939 年 9 月 1 日，德国空军和德国陆军一起向波兰发起进攻，部署的主要编队是第 1 航空队和第 4 航空队（德语：Luftflotten；英语：Air Fleets）。在 1939 年漫长而炎热的夏季，德国地面部队在复杂而困难的地形

表面上德国空军被《凡尔赛条约》摧毁，但在 20 世纪 20 年代，德国空军在国外秘密研制飞机，并在国内广泛开展滑翔机飞行员训练，正如图中所见。

上取得了良好的进展，他们同时得到了德国空军在最初 3 天内就确立的压倒性空中优势的支援，这种支援更令人印象深刻。然而，德国空军对波兰空军的支配地位可能被过分强调，他们也有一些个别行动导致了德国的重大损失，特别是当波兰战斗机蹿到无护航的德国轰炸机前时。事实上，尽管在数量上德国有 3 倍的优势，但波兰战役还是让德国空军损失了大约 230 架飞机。然而，一支现代化空军与另一支拥有 400 架几乎过时的作战飞机的空军争高下，其结果是毋庸置疑的。在未来几年里即将成为一种极其熟悉的空战模式中，德国飞机对波兰空军进行了猛烈的扫射和轰炸，摧毁了地面上的大部分力量，有效地将其从威胁中清除。德国空军也出动了数百架次，基本上作为德国陆军的空中炮兵参加作战，为地面部队提供支援。特别是 Ju-87 脱颖而出，展示出对精确目标进行精准打击的非凡能力。空中联络小组与地面部队一起行动，特别是通过 SdKfz-251 半履带通信车辆，当威胁和机会出现时，将目标传送到空中平台。

波兰最终于 9 月 27 日向德国投降，德国空军沉浸在胜利的喜悦中，因为希特勒已经制订了向西进军的征服计划。在入侵波兰和 1940 年 5 月 10 日向西方发动闪电战这一段时间，德国空军经历了“静坐战争”，或被盟军称为“虚假战争”。双方的飞机将定期越过各自的防御边界（法国的马其诺防线和德国的西墙防线或叫齐格菲防线）进行试探性侦察飞行。在此期间，大多数行动发生在法德边界最北端的三国交界处的上空，因为这是盟军侦察机前往鲁尔飞行航向的最短路线。

许多 Bf-109E 王牌飞行员取得了他们的首次胜利，包括罗尔夫・平格尔（Rolf Pingel）中尉和汉斯・冯・哈恩（Hans von Hahn）上尉。除了与法国战斗机交战，德国战斗机飞行员也与驻扎在法国以支援英国远征军（British Expeditionary Force，BEF）的英国皇家空军的“飓风”战斗机作战，以及与被派往北海沿岸袭击德国港口的“布伦海姆”（Blenheim）和“惠灵顿”（Wellington）轰炸机作战。后来成为德国空军主要竞争对手的唯一一种战斗机——“喷火”（Spitfire）战斗机，是没有武装的摄影发展单位（Photographic Development Unit，PDU）的飞机，其中两架分别在 1940 年 3 月和 4 月被击落。到这场“虚假战争”结束时，战斗机飞行大队声称取得了不少于 160 场的胜利，无数的 Bf-109 飞行员第一次经历了空战。

1940 年 4 月，由于入侵丹麦和挪威，德国空军再次采取了重大行动。这次行动的一个独特因素是德国空军空降部队的调动，要么是从诸如 Ju-52 运输机进行伞降，要么是直接空降，这些在第六章中有更详细的探讨。轰炸机也展开了反舰行动，目标是挪威、英国和法国的船只。

然而，与接下来的行动规模相比，这些行动显得微不足道。从 1940 年 5 月 10 日开始，作为不列颠战役的先锋，德国空军几乎所有的单发战斗机都集结在一起，准备进攻法国和低地国家。超过 1016 架 Bf-109E 战斗机和 1000 多名飞行员做好准备，以夺取西欧上空的控制权。此外，350 架 Bf-110 双发战斗机、1100 架中型轰炸机和 400 架斯图卡提供了强大的战术轰炸能力。

德国的战役本身被分为两部分，代号为黄色和红色。“黄色行动”将以对荷兰和比利时的全面进攻开始，据估计，这将导致英国远征军和法国北方军队驰援低地国家。随着盟军离开他们在马其诺防线上准备好的防御阵地，国防军将对盟军脆弱的后方发动主要进攻，装甲部队将其后方一扫而空，并奔赴英吉利海峡。在这个过程中，低地国家和英法联军将被切断补给和增援，从而很快被击败。随后，随着德国军队向西越过索姆河进入法国中部，“红色行动”将展开。

彼时，第 2 航空队和第 3 航空队将在空战中登上舞台的中心。来自第 2 航空队第 2、第 26、第 27 和第 51 战斗机联队的飞行员们，对试图阻挡德军猛攻的盟军过时战斗机进行穿插切割。5 月 12 日，在装甲尖兵对绵延的盟军部队后方发动进攻后，第 3 航空队的部队最后也参加了行动。两天后，在盟军轰炸机试图摧毁战略要地默兹河跨河大桥的一系

1937 年，德国空军技术办公室主任恩斯特·乌德特（Ernst Udet）将军（身着德国空军制服，右侧）和帝国航空部部长埃哈德·米尔希（同样身穿空军制服，左侧）参观了法国的一个机场，毫无疑问，他们在心里记录了未来的对手。

1940年，一架亨舍尔 Hs-126 轻型飞机在法国，飞越隆美尔第7装甲师的纵队。德军的短程侦察机可以通过无线电与装甲纵队进行密切联络，并在诸如火炮侦察等行动中提供支援。

列行动中，Bf-109 部队至少击落了 89 架飞机，这一行动有效地确保了德国在法国的胜利。然而，尽管取得了诸如此类的成功，但对战斗机部队来说，西线战役仍然是一场精心计算的冒险，因为没有足够的战斗机、燃料和弹药储备来持续一场战役。幸运的是，盟军在闪电战面前迅速投降，这意味着德军的资源从来没有达到过临界点。事实上，5 月份只损失了 147 架 Bf-109（包括在挪威战役中被摧毁的飞机），6 月份又损失了 88 架。

然而，当战斗到达法国北部的敦刻尔克时，补给线变得很紧张。

由于燃料缺乏、零部件供应不足、操作基地简陋（通常只比农民的田地大一点），以及飞行员极度疲劳，德国空军部队的可用性达到了历史最低点。讽刺的是，正是在这一点上，Bf-109 部队最终开始遭遇从英国南部基地起飞的“喷火”战斗机中队，后者支援从敦刻尔克撤离的部队。英国皇家空军战斗机指挥部成功地阻止德国轰炸机炸毁许多运送部队返回英格兰的船只，因为缺乏可用的飞机和合适的基地，德军的战斗机中队不能有效地保护易受攻击的轰炸机联队（Kampfgeschwader）和斯图卡飞行联队（Stukageschwader），这预示着当年夏天晚些时候将会发生的事情。

虽然敦刻尔克的撤退行动已于 6 月 3 日上午结束，但法国境内的战斗仍在继续，这是“红色行动”的一部分，直到大约 22 天后达成停火协议。随后，德国空军飞行员展开了某种程度的休息和休整，为全面进攻联合王国做准备。

不列颠战役

德国计划入侵英国的“海狮行动”（Operation Sealion）的一个先决条件是，德国空军首先征服英国皇家空军，然后入侵部队出发，横渡英吉利海峡。戈林对这一前景充满了乐观情绪，他确实期待着仅靠空中力量就能有效击败一个国家政权。

在海峡对岸，与越来越多的德国战机编队形成对抗的是 29 个“飓风”战斗机中队（462 架）和 19 个“喷火”战斗机中队（292 架）。因此，战斗机的掩护将是至关重要的。1940 年 7 月和 8 月上旬，德国战斗机部队慢慢开始恢复海峡沿岸的兵力，到 7 月 20 日大约有 809 架 Bf-109E 飞机部署在法国，到 8 月 10 日这一数字增加到 934 架。当德国的轰炸机联队和斯图卡飞行联队为了准备对英格兰南部的海上入侵，而努力击溃英国皇家空军战斗机指挥部时，这些德国飞机将再一次担负起夺取制空权的重任。

历史学家们将不列颠战役分为四个阶段，从7月初的海峡之战（Channel Battle）开始，主要由Ju-87（唯一真正能够精确实施海上打击的轰炸机）在战斗机的支援下执行。在此期间，德国飞机主要通过攻击沿海护航船队以及南部海岸的港口设施来刺探英国的防御。海峡轰炸（Kanalkampf）将持续到8月12日，虽然英国皇家空军战斗机指挥部在艰难的情况下成功赶上了德国空军，但是遭受了重大损失，包括27架“喷火”战斗机被毁，51架受损。Bf-109E战斗机飞行员宣称，对方损毁的多架战机是他们造成的，他们独立于轰炸机之外，寻找皇家空军战斗机，开展自由追击式的清扫。

一架多尼尔Do-215轻型轰炸机，这是Do-17的一种改进型，于1940年7月参与了对英国沿海基础设施的作战。在整个战争期间，这种飞机只生产了100多架。

8 月 13 日被德国空军称为“鹰日”，它标志着对英国皇家空军机场、雷达站，以及飞机和航空发动机工厂等其他关键军事目标的持续打击行动的开始。在 8 个战斗机飞行联队 Bf-109E 战斗机的充分护卫下，多尼尔、容克和亨克尔轰炸机被派往攻击这些目标，单座战斗机部队达到了巅峰实力。在 11 天的持续进攻中，双方都遭受了惨重的损失，德国空军希望通过绝对数量的优势来维持自己的制空权。当然，德国飞行员在“鹰日”享受了某种成功，以及紧接着大量摧毁更加没有经验的英国皇家空军飞行员。然而，当天的 3 次主要突袭都被雷达发现，然后被拦截。尽管跑道受损，但由于弹坑被填充修复，跑道很快就重新投入使用，关键的雷达站总是在几小时内恢复运行。当初，“鹰日”计划被设

1940 年夏天，在法国某地，为了对英国发动突袭，一名轰炸机联队的地勤人员准备航空炸弹。尽管德国空军对英国的基础设施造成了严重的破坏，并杀害了成千上万的平民，但它无法阻止英国的战时生产努力，也无法征服其抵抗行动。

想为灭亡英国皇家空军战斗机指挥部的开始。但是，在这方面，德国空军甚至没有接近过成功。

8 月 24 日—9 月 6 日，德国继续以英国皇家空军战斗机指挥部下辖的机场和飞机制造厂为目标，取得越来越大的成功。英国皇家空军后来将这段时期称为不列颠战役的关键时期，因为他们发现损失越来越难以弥补，飞行员及其飞机已经被透支到极限。然而，尽管遭受了严重的伤亡（仅 8 月份就损失 136 架“喷火”战斗机），英国皇家空军战斗机指挥部却反过来给德军带来了更大的损失。事实上，Bf-110 和 Ju-87 的斯图卡大队受到了严重的影响，以至于他们在余下的战役中几乎没有发挥什么作用。至关重要的是，当时英国有那么多的雷达站，帝国空军元帅赫尔曼·戈林质疑这种持续攻击雷达站的策略，他在命令中明确指出，“当天已经成功损毁的机场，第二天不应该继续进行打击”，大概是因为他认为这是在浪费精力。实际上，戈林的这种做法保证了前线英国的“喷火”战斗机中队和“飓风”战斗机中队的持续作战能力。因此，德国 Bf-109 飞行员赢得战斗的机会被他们总司令的业余干预扼杀了。

相比之下，英国战斗机飞行员的指挥权落在了空军上将（Air Chief Marshal）休·道丁（Hugh Dowding）的手中。他负责引入“道丁系统”，将雷达、突袭路线和飞机无线电控制整合。在这位敬业的专业人士的主导下，在第 11 战斗机群指挥官基思·帕克（Keith Park）空军中将的大力协助下，尽管德国轰炸机和战斗机的数量不断增加，令英格兰东南部的天空越来越暗，但英国仍然享有明显的优势。

9 月 7 日，戈林认为英国皇家空军战斗机指挥部已经屈服，于是命令其部队转而攻击伦敦，试图将更多的英国皇家空军战斗机引入空中。最终，英国首都将遭受白天和黑夜的攻击，最终在 9 月 15 日的两次大规模日间突袭（包括 250 多架轰炸机和 300 多架 Bf-109E）中达到高潮，此后被英国人称为“不列颠战役纪念日”。

到目前为止，德国空军禁止战斗机驾驶员飞到轰炸机前面遥远而广阔的空域，执行他们热衷的自由猎杀任务。相反，戈林命令他们为这些轰炸机提供紧密的编队护航，因为这些轰炸机在看似坚不可摧的英国皇家空军面前遭受的损失越来越大。似乎是为了证明战斗机指挥部确实能够有效参与未来的大量战斗，德国的两波轰炸机都遭遇了近 300 架的“飓风”和“喷火”战斗机。后来证明，这场空袭是德国空军此次战役的最后一次大规模的突袭之一，19 架 Bf-109E 战斗机被击落。自 8 月 13 日起的四周内，德国空军的最后 400 架飞机被击毁或严重损坏，而这些损毁的飞机就是其中一批。在同一天，英国的战斗机指挥部失去了 7 架“喷火”和 20 架“飓风”战斗机。

9 月 30 日，德国对伦敦和英国西南地区展开了最后一次大规模的日间突袭。大约 300 架轰炸机分两波袭击了英国首都，护航的 200 架 Bf-109E 战斗机遭受了不列颠战役中最惨重的损失，28 架“埃米尔”（Emil，Bf-109E 的发音名称）被击落，而英国皇家空军则损失了 13 架“飓风”和 4 架“喷火”战斗机。德国空军轰炸机部队的作战效能下降了 40% 以上。

很明显，到目前为止，英国的战斗机指挥部还远未被击败。10 月 12 日，“海狮行动”被搁置。由于中型轰炸机部队在白天的袭击中不堪一击，那时戈林已经下令，基地在海峡附近的所有战斗机联队兵力的三分之一必须转换为战斗轰炸机，用于执行像对地攻击机（Jabo 是 Jagdbomber 的缩写）那种“打了就跑”的任务。这些任务的飞行高度在 7900 米至 10000 米，“喷火”战斗机部队奋力拦截 Bf-109E 对地攻击机。相反，这些攻击造成的破坏很小，因为它们的飞行就像战斗中的其他行动一样，就是为了制造麻烦。

10 月 31 日，不列颠战役正式结束，1792 架德国飞机在战斗中被毁，这对戈林的声望是巨大的打击。这场战斗打破了许多神话。在没有护航的情况下，Ju-87 在空中面对优秀战斗机时，显示出令人难以置信的脆弱性。如果没有得到适当的护航，He-111 和 Ju-88 也同样暴露在

在不列颠战役中，一架 Bf-109 坠毁在英格兰，飞行员从机舱爬出，面临被俘。注意位于螺旋桨桨毂罩中心的 Bf-109 大炮炮口，以及安装在发动机顶部的两挺 7.92 毫米机枪。

在这张充满戏剧性的照片中，一架英国皇家空军的“喷火”战斗机在进行射击时，从一架多尼尔 Do-17 战斗机旁边俯冲而过。尽管与 He-111 相比，Do-17 的机动性更好、速度更快，但它仍然被新一代单翼机远远超越。

外，而燃料的限制意味着德国战斗机只能在英格兰上空徘徊约 15 分钟，然后被迫返航。

然而，尽管战斗机指挥部成功击退了德国迫在眉睫的入侵威胁，但这并没有结束德国对英国城市的轰炸行动。事实上，人们后来所知的闪电战才刚刚开始。德国人于 11 月 14 日袭击了英格兰中部城市考文垂，随后袭击了伯明翰、布里斯托尔、曼彻斯特和利物浦。很显然，作为英国反抗的象征以及政府体系的核心，伦敦也是德国空军的一个巨大目标。德国的轰炸一直持续到 1941 年，最后一次闪电战的袭击是在当年 5 月。

在战争的最初几年，德国空军为希特勒提供了一流的宣传工具，直到不列颠战役之前，德国空军似乎远远超过了大多数对手。这里我们看到一名德国空军新闻摄像师，正在从亨克尔 He-111 飞机的机鼻处拍摄作战行动。

新领域

1941 年，西方闪电战的成功在巴尔干半岛、地中海和北非得到了小规模复制，主要针对的是英国皇家空军和皇家海军。1940 年 6 月 10 日，意大利对法国和英国宣战，导致德国空军直接卷入了地中海空战。当时西方的闪电战正处于高潮，法国已经濒临崩溃，意大利首领贝尼托·墨索里尼将此视为与德国独裁者阿道夫·希特勒分享胜利果实的黄金机会。然而，意大利军队很快发现自己陷入了悲惨的困境。在海上，英国皇家海军与意大利的舰船交战，造成了意大利一系列的失败，并揭穿了墨索里尼吹嘘地中海是其领海的谎言。在北非，意大利陆军入侵埃及，却在进军利比亚途中被击退，部队几乎被英国和英联邦军队摧毁。

由于无法忽视南翼日益脆弱的形势，希特勒下令向该地区派遣德国空军部队，以恢复局势。被选中受命调动的指挥部是当时驻扎在挪威的航空兵将军[1]（General der Flieger）汉斯·盖斯勒的第 10 航空军。为了给该军提供必要的打击性力量，在战斗序列中增加了 2 个装备 Ju-87 和 Ju-88 的大队，每个大队包括 Ju-87 和 Ju-88。对斯图卡系列战机而言，南向行动将给他们一个机会，以挽回他们在不列颠战役中与英国皇家空军作战遭受重创而失去的崇高声誉。Ju-88 无须任何证明。到 1940 年底，它已经牢固地确立了自己作为德国空军装备中最优异轰炸机的地位。

随着不断升级的陆地行动，德国对地中海战场的空中支援相应地不断增加。起初，德国的空中力量仅限于斯图卡和轰炸机部队得到 Bf-110 的支援，但在 1941 年 2 月 14 日，来自第 26 联队第 7 中队（7./JG26）的 14 架梅塞施密特 Bf-109E 飞往西西里，开启了地中海空战的新阶段。几乎就在岛上执行护航任务的同时，第 26 联队的分遣队获得了前所未有的好运。德国飞行员横扫英国皇家空军薄弱的防御体系，肆意扫射马耳他的机场，几乎肆无忌惮地击落了防御作战的“飓风”战斗机，总体而言，他们使防御者的日子备受煎熬，后者不得不忍受来自意大利和德国炸弹持续的轰炸。

尽管英国皇家空军组织了许多架次的拦截，并成功确保了德国空军的轰炸行动几乎总会承受一定的代价，但他们却无法有效反击 Bf-109。许多盟军飞行员的作战时间相对较短，他们的“飓风”战斗机基本上得到恰当使用。许多飞行员声称，他们确定击落了 Bf-109，但随后对德国空军记录的仔细检查显示，在战争的这个阶段，德国空军飞行员在马耳他上空的存活率简直是奇迹。几乎没有 Bf-109 遭到破坏，更不用说被击落了，而德国空军战斗机几乎按照他们自己的意志主导着当地空战的进程。

一架 Me-110 双发战斗机，在北非沙漠上空飞行，背景是两架 Ju-52 运输机。就像东线的战斗一样，北非战役既是战术的较量，也是后勤的较量。

幸运的是，对马耳他的保卫者来说，希特勒决定在 4 月 6 日入侵巴尔干半岛，从而从西西里岛抽走大部分战斗力量，包括实力不强的第 26 联队第 7 中队，该部队已迁往意大利的基地，以便将南斯拉夫境内纳入目标范围。由于德国空军也在希腊展开行动，马耳他得到了短暂的喘息，但在接下来的两年里，该岛将成为德国空军更猛烈攻击的焦点。不断扩大的地中海战争也迫使希特勒在将他的大部分军队调遣到即将成为东线的地方之前，先要确保克里特岛的安全。对克里特岛的进攻始于 1941 年 5 月 14 日，当时第 8 和第 9 航空军发动进攻的规模和效率前所未有，包括 520 架 Ju-52、119 架 Bf-109、114 架 Bf-110、205 架 Ju-87、72 架滑翔机和 228 架中型轰炸机。一旦英国皇家空军的战斗机被摧毁或撤离，Bf-109 就开始着手为了伞兵部队尽可能保卫着陆区的安全，当时伞兵部队受命确保岛上的安全。尽管空降部队付出了惨重的代价，但德国在 6 月初完全掌握了克里特岛。

1941 年 11 月，整个第 2 航空队被部署到战场，这使得希特勒拥有了更强的对地攻击、轰炸、战斗、反舰和补给能力，从而帮助拓展了地中海的空中战争。因此，1942 年，马耳他成为地球上遭受轰炸最严重的地方之一，但是德国空军一直以来既未能完全瘫痪该岛的海上交通，也无法完全摧毁其有时岌岌可危的战斗机防御。不仅如此，1941 年初，德国空军的 Ju-87 和 Ju-88 将英国的主力舰队从地中海驱赶后，它们能够攻击沿着埃及和利比亚海岸线向北非港口航行的英国补给船，导致盟军损失了数千吨的船运物资。

与此同时，德国空军越来越致力于在埃尔温·隆美尔（Erwin Rommel）领导的北非陆地行动中发挥地面支援作用。在两年多的时间里，北非战役像是一场摇摆不定的拉锯战，德国空军的斯图卡、中型轰炸机和战斗机发挥了至关重要的地面攻击作用。然而，对德国空军来说，在德国战场的战争无论在后勤还是数量上都是一场失败的战争。当隆美尔将其陆军往东推进时，补给线也随之拉长，导致空军中队的燃料和零部件短缺。与此同时，盟军空军力量逐渐增强，尤其是当美国在北非战役中开辟第二战线，于1942年11月派遣军队入侵摩洛哥和阿尔及利亚，而当时隆美尔的部队也在之前10月的第二场阿拉曼战役中随着蒙哥马利的胜利而正在崩溃。由于战斗损失，以及资源持续抽调到陷入泥潭的东线，第2航空队在规模上不断缩小。

作为其他战区普遍黯淡场景的战争进展的一部分，1943年春天很快记录下盟军最后一次击败德国非洲军团残余力量的推进行动，现在德军被挤回了突尼斯。4月22日，这场最后的进攻开始了，很快就证明这场攻势几乎势不可挡。面对比以往任何时候都要强大的敌方空中力量，从邦角半岛（Cape Bon peninsula）起飞的第77联队和从西西里岛起飞的第27联队的德国空军战斗机只能提供微弱的抵抗。到5月7日，比塞大（Bizerte）和突尼斯已落入盟军手中，其余的德国空军部队奉命撤退到西西里或意大利机场。

不到一个星期后，1943年5月13日，北非完全处于盟军的控制之下。墨索里尼即使得到希特勒的大力帮助，也未能在该地区

战争商业化。1942年8月，地中海战区的一个德国机场。德国空军在北非和意大利的军事行动，因为资源被转移到西线和东线而受到影响。

建立起一个新帝国。德国空军仅在空军和地面人员方面就付出了巨大的代价，有太多的飞行员在毫无收获的情况下损失殆尽，而这个战区对德国人来说，其重要性远远不及欧洲。

即使如此，德国空军在地中海战场的试验仍然先是在西西里然后是意大利本土继续进行。1943 年 7 月 10 日，入侵西西里岛的“哈士奇行动”（Operation Husky）以盟军压倒性的空中优势开始。德国飞行员无法抱怨目标的缺乏，因为盟军的飞机如蜂拥般在岛上寻找德国空军。面对如此机群，甚至可以说，战斗机飞行员在试图起飞时实际上都是集体自杀，而在“哈士奇行动”的开战之日，声称击落 6 架轰炸机的战果不得不被 4 架 Bf-109 战斗机的损失所抵消。格比尼机场（Gerbini airfield）变成了噩梦，弹坑密布、重重叠叠。战斗机部队努力完成双重任务，既要阻截敌人的轰炸，又要掩护墨西拿海峡，这条狭长水域是通往意大利的一条逃生路线。在远离被炸弹炸毁机场的地方，德国空军临时选址使得战斗机得以继续出动，但到 7 月 13 日，除了第 51 战斗机联队第 2 大队（II./JG51）外，其他所有单位都返回西西里岛东北部。现在，在盟军轰炸机轰炸后剩下的几架完好无损的飞机，开始向意大利撤退，这些幸存者撤往位于福贾平原的综合基地。

这张充满戏剧性的照片中，北非的一架 Me-109 将火炮瞄准某基地兵营。战斗机的翼炮并不是平行排列的，它们会在飞机前方几百米处实现火力交汇集中。

1943 年 9 月 9 日在盟军登陆萨勒诺的意大利战役中，德国第 2 航空队面临的形势依然完全不利。在登陆前夕的预备性空战中，德国空军至少有 321 架飞机被击落。然而，我们永远不应低估德国空军顽强的韧性或作战效率，即使它面临着注定的失败。萨勒诺登陆遭受了 Fw-190 战斗轰炸机和中型轰炸机的猛烈攻击；多尼尔 Do-217 甚至使用 Fx-1400 “Fritz X” 这种无线电控制的炸弹击沉了意大利 “罗马” 号战舰，这是历史上第一次在战役中使用空对地制导武器。

然而，这场斗争是不可能成功的，特别是在意大利人于 9 月 8 日签署停战协定之后。到 1944 年初，一支由 270 架飞机组成的德国军队面临着一支由盟军 2600 架飞机组成的主宰性力量。意大利的空中防御变得毫无意义，仅存的几架飞机在 1943 年末和 1944 年被撤回以保卫帝国，从此意大利的天空被盟军控制。此外，到这时，德国正面临来自东方的最大威胁。

1942 年 10 月，在锡瓦绿洲，第 3 斯图卡轰炸机联队司令部的 Ju-87D “S7+AA”。在卡尔 · 克里斯特（Karl Christ）将第 3 斯图卡轰炸机联队的指挥权移交给瓦尔特 · 西格尔（Walter Sigel）之后，该联队正式合并了截至当时处于半自治状态的第 1 斯图卡轰炸机联队第 1 大队，以及第 2 斯图卡轰炸机联队第 2 大队，并且在合并后分别编为该联队的第 2 和第 3 大队。图中所示的是阿拉曼战役期间指挥官西格尔的 “Dora”，展示了标准的饰面、明确的标记和联队司令部的蓝色装饰。（John Weal © Osprey Publishing）

东线

德国入侵苏联的代号为“巴巴罗萨行动”，在规模和残暴程度上都是空前的。在 1941 年 6 月 22 日清晨行动发起后的几周内，前线就惊人地延伸了 4480 千米，将北部巴伦支海的北极荒原与南部黑海的亚热带海岸连接起来。

乍一看，双方军队似乎势均力敌。德军在第一次进攻中派出了 120 个师，另外还保留了随时可以投入战斗的 26 个师作为预备队，使总数达到 146 个师，总人数达到 300 万人左右。面对德军，苏军在其最西端的军区驻扎着 149 个师。然而，德国和苏联的师在组成和力量上有很大的不同。以坦克为例，它在整个东线战役中发挥了至关重要的作用。一开始，德国人部署了 17 个装甲师（外加另外 2 个预备队师）对抗苏联的 36 个装甲师，看起来是以 2∶1 的优势力量而有利于苏军。事实上，1941 年苏联装甲师的坦克数量约为 400 辆，而它的对手德国的装甲师坦克数量在 150 到 200 辆之间，这使苏联拥有四倍的优势。

从纸面实力来看，苏联红军的空军拥有简单的数量优势。有一个很少提及的事实，德国空军开始实施“巴巴罗萨行动”这项国防军最具抱负的事业时，部署的前线飞机（2598 架）大大少于 1940 年 5 月闪电战开始时部署在西线的飞机（3826 架），或者在不列颠战役巅峰时期大约 3 个月后的飞机（3705 架）。例如，就单发战斗机而言，在入侵前夕战斗机部队有 619 架可用的战机（主要是 Bf-109F）沿东线排列部署。这仅略高于当时战斗机可用总实力的三分之二（68%），其余三分之一部署在西线、本土和地中海地区。然而，由于苏联红军空军训练不足、飞机陈旧和政治因素，它和德国空军在本质上悬殊。从任何意义上说，德国空军都占据优势。

“巴巴罗萨行动”开始的几天内给德国空军带来了难以想象的胜利，他们向一支规模庞大但毫无准备的苏联空军发起了进攻。德国的空军资

1941 年 9 月的东线。苏联一座大桥被容克 Ju-87 俯冲轰炸机的炸弹精确命中。Ju-87 的精确性导致它被用作支持地面部队的“飞行火炮”。

源被分配给第 1、2、4 航空队，分别支援北方、中央和南方集团军群。德国人在东线的第一次（姑且说是第一次）杀戮据称是第 3 战斗机联队第 1 中队（I./JG3）的指挥官罗伯特·欧莱伊尼克（Robert Olejnik）中尉干的，他在报告中描述了这一历史性行动：

每个人都知道我是一个早起喜欢执行黎明任务的人。所以，在凌晨 3 点 30 分前，我和我的僚机起飞了，沿着边境去侦察苏联机场。

朦胧的地面，一切似乎都很安静。直到我们返回基地的过程中，飞回我们大约 20 分钟前侦察过的第一个机场，我才发现有活

梅塞施米特 Bf-109 可以说是二战中最优秀的全能战斗机，它经历了无数次改型，以保持其性能与盟军最优秀的战斗机相匹敌。在 1937 年—1945 年间，德国制造了将近 34000 架这种飞机。

动的迹象。两架苏联战斗机正准备紧急起飞。当我们在上空 700 米至 800 米（2300 英尺至 2600 英尺）上空盘旋时，我看到苏联人启动发动机，开始滑行。他们立即起飞，并朝我们飞来，显然是想与我干一场。

当我们俯冲攻击时，他们仍然在我们下面 300 米至 400 米（980 英尺至 1300 英尺）。在第一次攻击时，我用短暂的爆发抓住主导者，随之对方在火焰中落下。他的僚机则不知所踪。

回到我们自己机场上空时，我摇着机翼以示胜利。我的战友们，大多数刚刚醒来，睡眼惺忪地在帐篷门帘外凝视着，难以置信地摇着头。

1943年4月—11月，意大利。在与美国轰炸机的战斗中，第77联队第2大队是唯一使用意大利产的Macchi C205v战斗机的大队，同时等待换装Bf-109。图中，一架飞机执行掉头倒转，侧向攻击飞行中的米切尔（Mitchell）B-25中型轰炸机。这种攻击因快速撤离而受到青睐：操纵杆急剧拉回，使得飞机垂直俯冲。（Karl Kopinski © Osprey Publishing）

12
K. Kopinski

尽管还有其他一些人声称是他们完成了第一杀，但有一个事实没有争议，那就是德国空军先发制人的打击让苏联空军措手不及。整个前线的场景都和罗伯特·欧莱伊尼克的大队长，即资深的英吉利海峡前线王牌飞行员汉斯·冯·哈恩空军上尉所描述的一样："我们几乎不敢相信自己的眼睛。每个机场都挤满了侦察机、轰炸机和战斗机，排成长长的直线，就像在参加阅兵。苏联人在边境集中的着陆跑道和飞机数量惊人。"

同样令人震惊的是，苏联为其毫无准备而付出的代价。德国空军战斗机飞行员经历了一个狂野之日。在北部地区，空军少校汉内斯·特劳蒂夫特（Hannes Trautloft）领导的第54战斗机联队声称，在第一天战斗接近结束时，有45架苏联飞机被击落，配属的第53战斗机联队第2大队（II./JG53）增加了另外12架战果。第53战斗机联队的另外两个大队，部署在中部战区——即在入侵的主要推进区域，击落了至少62架苏联飞机。第53战斗机联队第3大队的大队长沃尔夫·迪特里希空军上尉，可能是东线战场的第一"王牌"，因为在6月22日的三次单独出击中，他击落了5架苏联战斗机。

虽然当天大部分的空中战果都是战斗机的功劳，但德国空军的轰炸机和对地攻击机也十分拼命。7个斯图卡大队分别向第2和第3装甲集群的装甲师提供地面支援，当时这些装甲师向东推进，展开了一系列巨大的钳形机动，朝着最终目标莫斯科进发。许多斯图卡也在这一天携带10千克的SD-10反步兵炸弹执行飞行任务。这些武器装在机翼下的集装箱内，不加选择地空投到敌人机场和已知的部队集结地。但是，这种杂乱无章的战术是对Ju-87独特能力的浪费，在6月22日凌晨的几个小时内，大多数斯图卡被用于更传统的角色，对目标实施精确打击。与在英国遭受的重创不同，在"巴巴罗萨行动"的第一天，只有两架Ju-87轰炸机因敌方行动损失（还有一架由于其他原因受损），这些都发生在从梅梅尔河到普里皮亚特整个270千米战线的中部地区。除了斯图

男爵沃尔弗拉姆·冯·里希特霍芬（Wolfram Freiherr von Richthofen，左）与德国陆军司令埃里希·冯·曼斯泰因（Erich von Manstein）在二战期间指挥着德国空军的众多主要任务，前者特别热衷于发展俯冲轰炸和对地攻击战术。

卡外，Ju-88、He-111 和 Do-117 还在攻击新形成的东线沿线的苏军集结地和据点。

对苏联人来说，6 月 22 日实属灾难性的一天。截至当天行动结束时，估计苏联空军有 322 架飞机被战斗机和高射炮击落，而且还有约 1500 架飞机在地面上就被摧毁。敌人的损失是如此之大，赫尔曼·戈林起初不相信自己的飞行员取得如此成功的报告。他下令进行调查。几天之内，向前推进的德国陆军占领了所有 31 个机场，而这些机场先前曾是德国空军先发制人的公开打击目标，这使得对残骸的检查成为可能。调查表明，提交给德国帝国元帅的最初报告，如果有什么问题的

东线冬天的残酷现实。对德国空军的作战能力而言，苏联的冬季对其影响深远，不仅因恶劣天气限制了其飞行时间，还增加了飞机机械故障的数量，延长了维修时间。

话，那就是保守主义方面的错误。甚至苏联官方历史《伟大的卫国战争》（*The Great Patriotic War*）也承认，“到 6 月 22 日中午为止，我们总共损失了大约 1200 架飞机，包括在地面上被摧毁的 800 多架”。与此相反，德国空军记录到的损失只是 35 架各类飞机。

然而，尽管德国空军最初的打击给苏联造成了巨大的破坏，苏联空军却并没有被消灭。早在 6 月 22 日中午，苏联中型轰炸机就开始对德国入侵者进行反击。6 月的最后一周，这些攻击的强度和频率都在增加，但它们计划不周，缺乏凝聚力和足够的战斗机掩护。然而，正如德国地面部队所经历的那样，德国空军似乎面对着无穷无尽的苏联飞机，

福克沃尔夫 Fw-190 是整个战争中最有效的飞机设计之一。Fw-190 不仅是一流的日间战斗机，它还能被用作夜间战斗机、拦截机和对地攻击机，服务于东线、西线和意大利前线。

尽管空战一直是一边倒的，而且直到战争后期德国的伤亡人数才开始增加。例如，一直到 1941 年 10 月 31 日，第 1 航空军报告，其 Ju-88 战机至少失去 162 架。第 1 轰炸机联队的伤亡率最低，失去 39 架。第 76 轰炸机联队损失 53 架，但第 77 轰炸机联队在所有单位中遭受的损失最严重，70 架飞机被击落或因其他原因而报废。此外，德国空军供应链的延长，意味着维持前线空军中队的后勤变得越来越困难，而 1941 年—1942 年的寒冬经常使中队停飞，增加了机身和发动机的磨损（同样注意到，到 1942 年 1 月，德国空军使用的 10 万辆轮式汽车中，只有 15% 处于工作状态）。

正如我们现在所知的历史，“巴巴罗萨行动”被阻挡在了莫斯科的大门前。尽管德国在 1942 年的一场攻势中恢复推进，并通过这场攻势将他们全部带进了斯大林格勒，但从本质上讲，东线正在成为一场消耗战。如此消耗战，可不是德国国防军所适合的战斗类型，尽管德国空军战斗机飞行员赢得了惊人的战斗胜率，但在接下来的 3 年里，持续的消耗将使德国前线部队疲惫不堪。苏联的飞机产量持续增长，直到德国工业根本无法与之竞争，包括雅可夫列夫设计局设计的新型战斗机和战斗轰炸机，它们至少在空气动力学上可以与德国的 Bf-109 和 Fw-190 相抗衡。二战期间，德国生产了大约 5.6 万架战斗机，分配到多个前线。而苏联方面，仅仅是雅克战斗机就制造了 3.7 万架，并集中部署在一条战线上。一场真正不平等的战斗正在出现。

德国空军也暴露出自己在战略上是一支具有严重局限性的空军。运输机和飞行员的数量不切实际，这一点在 1942 年冬天的斯大林格勒得到了最好的证明。当时，德国第 6 集团军和第 4 集团军的一部，发现自己在苏联的反攻中被钳形包围了。11 月 22 日，希特勒命令第 6 集团军的指挥官弗雷德里希 · 冯 · 保卢斯（Friedrich von Paulus）大将将其司令部迁往斯大林格勒，并准备进行防御。保卢斯照办了，但那天他通知 B 集团军群的指挥官魏克斯（Weichs），他几乎没有弹药和燃料，且只

生产线上的德国轰炸机。最终，德国空军的战时产量跟不上损失的步伐，从 1943 年开始，由于生产战斗机的原因，轰炸机产量开始下降，因为帝国的防空占据了优先地位。

有 6 天的口粮。如果能得到空运的补给，他会设法坚持下去，但除非魏克斯同时能填补罗马尼亚人留下的缺口，否则他希望得到向西南突围的允许。魏克斯认为立即突破是势在必行，保卢斯的 5 个军指挥官亦都赞同。11 月 23 日，保卢斯在魏克斯的支持下，通过无线电报告希特勒，请求允许他放弃斯大林格勒。希特勒拒绝了，因为戈林在 11 月 24 日宣称，德国空军可以用飞机向斯大林格勒提供补给。

这是完全不现实的。维持这支部队所需物资的最低日供应量为 750 吨，但德国空军标准的容克 Ju-52 运输机最多可运送 2.5 吨，因此每天至少需要 300 次航班。冬季的白天很短，在斯大林格勒地区的 7 个机场中，只有皮托尼克（Pitomnik）机场可以在夜间运作。在寒冷的

图中，胡戈·施佩勒元帅（Generalfeldmarschall）傲慢地与一名年轻的德国空军机组人员握手，这位元帅曾在 1940 年的西线战役领导第 3 航空队，以及在 1944 年 6 月诺曼底登陆日（D-Day）当天领导羸弱的德国空军。

天气里，飞机很快就无法使用，同时运输机群正忙着向突尼斯运送增援部队。这些因素，加上苏联对空运进行攻击的必然性，使得戈林的承诺变得毫无意义。在他承诺的当天，第 4 航空队的指挥官沃尔弗拉姆·冯·里希特霍芬通知魏克斯、国防军陆军总司令部和戈林，来表达他的异议。希特勒选择相信戈林，但事实证明里希特霍芬是对的：最好的一天只送来了 289 吨物资，平均每天不到 100 吨。苏联人在空运走廊里满满地部署了防空炮和不断巡逻的战斗机，一共击落了 325 架动作迟缓的运输机和 165 架用来补充的轰炸机。

斯大林格勒是德军东线作战的高潮。此后，特别是 1943 年 7 月—8 月德国在库尔斯克的战略失败之后，德国军队开始痛苦不堪的、破坏性的撤退，回到他们的祖国。更多的德国战斗机部队从东线撤退，以保卫正在遭受盟军战略轰炸机打击的帝国本土。然后，1944 年 6 月 6 日，盟军在诺曼底登陆后开辟了第二战线，带来了大量的空中资源。现在，德国空军正在把空中优势移交给苏联。例如，装备 Bf-109 战斗机的第 52 战斗机联队，从 1944 年 6 月起将稳定地面临 40∶1 的空中赔率。此外，训练有素的飞行员供不应求。战斗机飞行员来自训练学校，但实际上无法跟上所有前线的总损失。1944 年 6 月底，部署在前线的 1375 名德国飞行员中，只有 475 名在东线作战。尽管德国空军仍然能让苏联付出沉重的代价，但这代价苏联人能够承受得起。

西线和帝国

1942 年 2 月 22 日，阿瑟·特拉弗斯·哈里斯（Arthur Travers Harris）被任命为英国皇家空军轰炸机司令部（Royal Air Force Bomber Command）指挥官。他认为，区域轰炸或战略轰炸可以赢得战争，通过重创德国的工业能力，摧毁德国的城市，那么德国人的意志，连同他们周围的建筑，将会崩溃。这次轰炸并不是对德国袭击英国城市的简单报复。英国皇家空军轰炸机指挥部连续三年猛烈轰炸德国，最终于 1945 年 2 月在摧毁德累斯顿的过程中达到了顶峰。1942 年夏天，美国陆军航空队（United States Army Air Force）也加入了英国轰炸机的行列，他们装备精良的 B-17“飞行堡垒”在白天展开轰炸，然后盟军在战役中夜以继日地发起进攻，德国人称之为“恐怖轰炸”。

随着战争的进展，轰炸的战术发生了急剧的变化。最初出动的是相对较小的双发飞机，如维克斯“威灵顿”（Vickers Wellington）轰炸机。

这些飞机能够携带的弹药数量，与哈里斯接手时即将投入使用的新式四发轰炸机相比，显得微不足道。肖特“斯特林”（Short Stirling）轰炸机和后来的阿夫罗“兰开斯特”（Avro Lancaster）的引入彻底改变了轰炸机空袭的飞行距离，从而改变了可打击目标的范围，同时也成倍地增加了可携带炸弹的吨位。

1941 年的一份机密报告，强调了与轰炸行动有关的一些令人担忧的问题，并驳斥了轰炸机拥护者的说法，即他们有能力独自赢得战争。从对轰炸目标航空照片中收集的这份报告得出的结论是，只有三分之一的飞机能够飞到指定目标的 8 千米以内，而且它们的精确度往往更低，而抵达距离目标 194 平方千米以内的飞机的百分比低至 20%。

这种不精确的最终结果是创造和采用了一种新的战术，也就是“区

1945 年 3 月，在奥拉宁堡（Oranienburg），“博诺指挥部”指挥官库尔特·博诺（Kurt Bonow）上尉的 Ar-234B-2（生产编号 140146）轰炸机。基于战后德国的插图，这张剖面图显示出 Ar-234 夜间战斗机的整体外观。其他值得注意的地方包括机头安装的雷达天线、机腹炮安装的是 2 门 20 毫米的 MG151/20 炮，以及后机身顶部的玻璃仪表板，显示出库尔特·博诺面向后方的雷达操作员贝波·马尔凯蒂（Beppo Marchetti）军士长所处的狭小舱室。（John Weal © Osprey Publishing）

域轰炸”。这摒弃了过去试图精确轰炸的做法，转而倾向于摧毁的不仅是工厂，还有它们的腹地：周围的城镇，以及生活在那里的工人。这一政策，被不公平地归因于哈里斯本人，实际上是改善不精确轰炸固有的缺点，而非故意决定不采用恐怖主义战术。人们还希望，这种破坏的净效果将导致平民士气逐渐下降。潜在地，它可能会导致抵抗意志的崩溃，或者更雄心勃勃但也更加不太可能的是，诱使厌战的民众推翻阿道夫·希特勒的政府。

对于盟军轰炸攻势，德国的反应是采取令人印象深刻的防御措施。同时由于技术进步融合战术上的重新调整，这种防御措施的水平不断提高，与原本用来阻截敌方的轰炸机编队相配合。德国约瑟夫·卡姆胡伯（Josef Kammhuber）将军被任命负责帝国防空工作，最初取得了一些惊人的成功。他设计了一个网格系统，每个网格面积都

德国人要生产像样重型轰炸机的野心，最终导致了多种设计。多尼尔 Do-317 是其中之一，其最终目标是携带多达 9000 千克的弹药，但它只停留在原型机阶段。

在战争的最后几个月，在对德国进行的一次空袭中，美国波音 B-17 飞机的相机捕捉到一架 Me-163 火箭战斗机惊人的画面。这种飞机在技术上令人印象深刻，但在德国走向失败之际，这种转移注意力的产物是不必要的。

是 52 平方千米，并在每个网格中部署一架战斗机，由空中交通管制保持其位置。每当轰炸机或轰炸机编队进入其领空时，雷达就会引导战斗机飞向目标。

英国轰炸机的战术最初集中在单独地、间隔地向欧洲被占领土派遣飞机，卡姆胡伯的方法非常适合对付它们。然而，由于后来有了更多可用的飞机，英国人完全压倒了德国的防御部署。事实上，轰炸行动的大部分战略价值在于，它在多大程度上将宝贵的人力资源和装备从重要的前线地区转移开。轰炸的强度迫使德国人重新部署炮兵，比如德国的高射炮，而不是部署在东线以对抗苏联。

虽然集中了所有火力的轰炸机提高了它们在德国上空的生存能力，但盟军的第二项措施将有助于以决定性的方式扭转轰炸机的攻势。这一措施就是在整个轰炸任务期间引入战斗机护航。之所以能够这样做，是因为采用了远程油箱，这种做法在长距离部署战斗机时非常普遍，但在空中战斗这一目的上却被认为是不切实际的。美制 P-51“野马”（Mustang）战斗机的引进带来了立竿见影的效果，迫使帝国航空队的战斗机在击落敌方重型轰炸机的同时，需要花同样多的时间以自卫。

对德国的战略轰炸行动本身，从未使希特勒掌控下的德国彻底屈服。而且，帝国的防空对攻击者造成了真正可怕的损失，这证明了德国空军的战术技巧和一流的拦截技术。例如，美国陆军第 8 航空队在欧洲战区（ETO）上空的行动中损失了 4145 架飞机，而英国轰炸机指挥

图中这架笨重的亨克尔 He-177 在被俘后涂上了英国皇家空军的标志，这是德国空军制造重型轰炸机的又一次失败尝试。它的机械缺陷是如此之大，以至于机组人员给它取了个绰号，叫“燃烧的棺材”。

未竟的可能。1945 年，一条生产线上的 He-162 尚未完工。这条国民战斗机（Volksjaeger）生产线坐落在德国舍内贝克（Schonebeck）附近的盐矿里。在二战的最后两年里，德国空军曾试图通过生产 He-162 来对抗数量庞大的盟军战斗机，但又一次以失败告终。

58

1944年5月，在巴特·茨维什安（Bad Zwischenahn），16试飞队（Erprobungskommando 16）的指挥官德国沃尔夫冈·斯帕特（Wolfgang Spate）少校的Me-163B-0 V41“PK+QL”火箭战斗机。1944年5月14日，沃尔夫冈·斯帕特驾驶这架飞机进行了世界上第一次火箭战斗机的飞行。为了庆祝两年辛勤工作的成果，地勤人员给它全面涂装了特殊的番茄红漆。第一次看到它时，斯帕特并不怎么满意，他有些愠怒地说，冯·里希特霍芬在把他那架著名的三翼飞机涂装成鲜红色之前，至少取得了一些胜利！（John Weal © Osprey Publishing）

1944年9月，在雷希林–莱尔茨（Rechlin-Larz）的262试飞队，赫尔穆特·伦纳茨（Helmut Lennartz）中士驾驶的Me-262A.1a（生产编号170063），标记为“白色9号”。和大多数早期的Me-262产品一样，“白色9号”的下面是同色而浓淡不同的两种灰色。伦纳茨据称在1944年8月15日以一架Me-262喷气战斗机击落了第一架B-17，随后继续在“诺沃特尼指挥部”（Kdo Nowotny）和第7战斗机联队服役。他在战争中幸存，共击落8架喷气机，加上之前驾驶Bf-109在第11联队第2大战（II./JG11）时取得的5次战果，总战绩为13架。（John Weal © Osprey Publishing）

部的损失率约为 5%。然而，这种防御努力在更大程度上突显出德国空军缺乏战略能力。德国从来没有能力发动一场与英国或美国相当的轰炸行动，而随着战斗机防御占据了更重要的位置，轰炸机的产量进一步下降。1943 年，德国生产制造了 10898 架战斗机，1944 年生产了 26326 架。在这同样的两年间，总共只有 6771 架轰炸机从生产线上下来。从本质上讲，到 1943 年底，德国空军基本上是一支防御空军，作战范围有限。当盟军的战斗机护航队最终匹敌德国战斗机的防御力量时，希特勒为帝国进行的空战实际上已经失败了。

随着 1944 年 6 月 6 日盟军登陆诺曼底，情况变得更加糟糕。在登陆前夕，德国第 3 航空队有 815 架飞机，尽管只有 600 架真正投入使用。在盟军登陆后的 4 天内，它又收到了 300 架飞机。然而，仅在诺曼底登陆日当天，盟军部队总共投入了 5000 多架飞机，飞行 14000 多架次。结果，西线的空中优势完全丧失，在诺曼底战斗的头两周，近 600 架德国飞机在法国上空被摧毁。

随着盟军部队同时从东线和西线推进，德国空军对第三帝国的最终失败无能为力。它发起了一些激烈的行动，比如 1945 年 1 月 1 日出动 800 架战斗机和轰炸机，对比利时和荷兰的盟军空军基地展开被称为"地板行动"（Operation Bodenplatte）的大规模扫荡。在行动中，200 架盟军飞机被摧毁，但德国人反而损失了 300 架。几个月之内，德国空军就变成了此前它自身的一个虚弱影子。经验丰富的飞行员如航空燃料一样紧缺，还有在德国首都周围，战斗机一出厂，几乎在起飞几小时内就被摧毁。战时后期生产的喷气式和火箭战斗机，比如 Me-262、Me-163、Me-263，除了在技术上代价高昂、分散注意力之外，根本无法阻止即将到来的必然失败。

1945 年 5 月，德国最终投降，使得幸存的德国空军战斗机在机场上空保持沉默。当然，最终失败的原因更多是在地面上，而非空中，但德国空军的最高当局犯了根本性的错误，而这些错误导致了德国空军的

V-2 弹道导弹发射后的蒸汽轨迹蜿蜒上升到天空。V-1 和 V-2“复仇武器”的出现并不能弥补德国空军军备库中缺乏压倒性的战略轰炸机力量。

崩溃。缺乏一支主要的战略轰炸机部队限制了德国空军的远程打击能力，而对战斗机飞行员培训的投资不足，难以满足长期消耗战所需数量和质量的飞行员。戈林一直高估了德国空军的能力，造成了不必要的损失，降低了机组人员的士气。尽管运输机和海上飞机各自对后勤和控制海上航线的重要性不言而喻，但它们并未获得应有的生产优先权。

最终，德国空军的总体战略限制意味着，到 1945 年，1939 年和 1941 年曾经的光辉岁月似乎真的很遥远。

注释

[1] 关于常见的 General der 这一级别，准确地说它是“兵种将军”，比如“General der Flieger”译为航空兵将军，General der Jagdflieger 译为战斗机将军。如无特别说明，本书注释均为译注。——编注

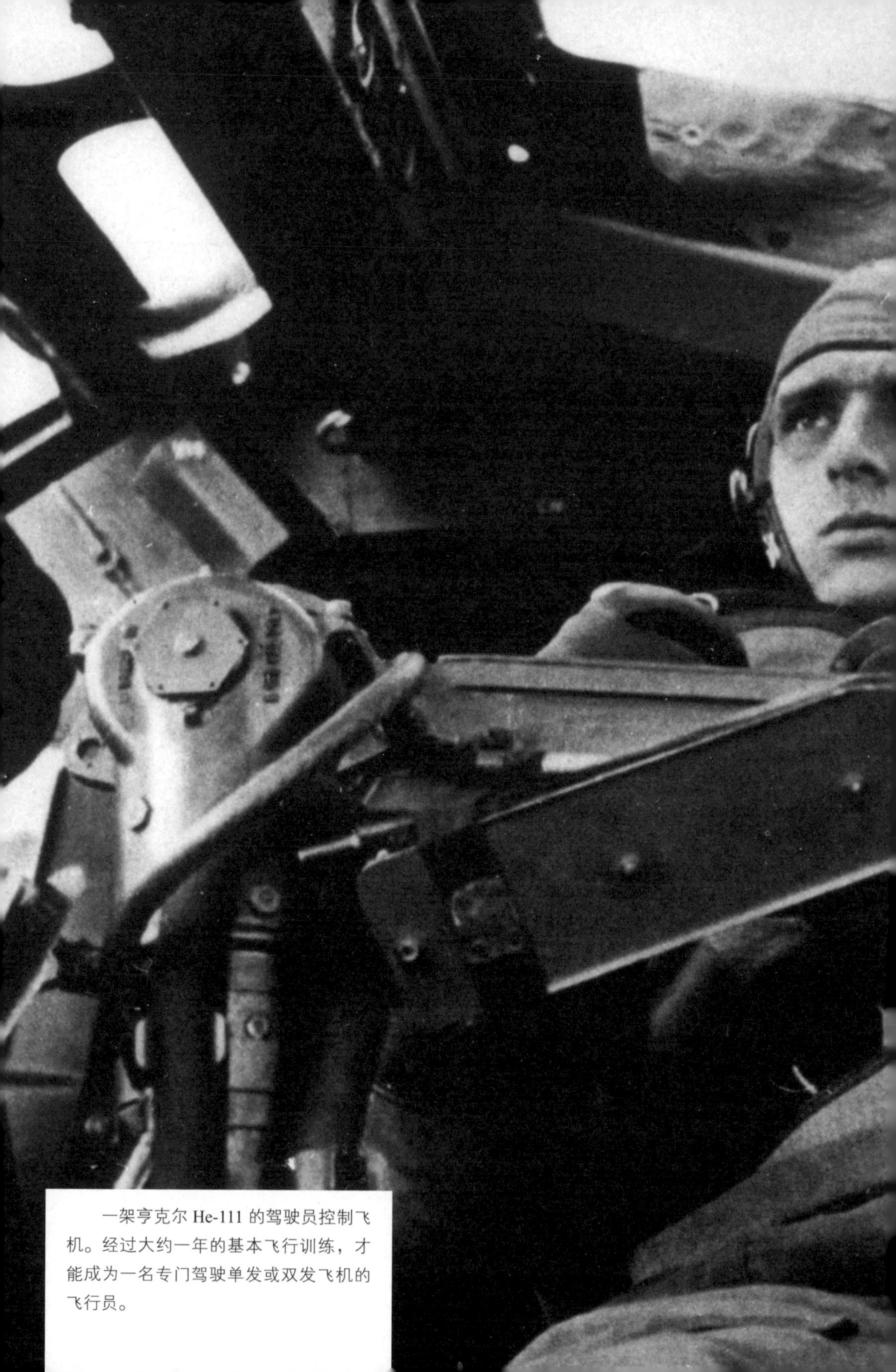

一架亨克尔 He-111 的驾驶员控制飞机。经过大约一年的基本飞行训练，才能成为一名专门驾驶单发或双发飞机的飞行员。

第二章 德国空军：组织和人力

LUFTWAFFE ORGANIZATION AND MANPOWER

德国空军是一个真正庞大的组织。由自负而喜怒无常的德国帝国元帅赫尔曼·戈林领导的这支部队，在20世纪30年代初期规模很小，到1941年已偷偷摸摸成长为一支经过实战检验的170万人的部队。如同组织一样，架构搭建、领导和培训等都不是一件容易的事，也并不总是能成功完成。因此，在这一章中，我们将从空军总司令部到最下层的地勤人员，对其进行一个总体概述，并指出空军的核心优势和潜在弱点。

指挥部和人事

帝国航空部（1939年有25000人）的运作部门是德国空军最高司令部（Air Force High Command）。在空军最高司令部的领导下，德国空军最初被分成4个连续编号的地区航空队，后来又增加了3个。每一

赫尔曼·戈林（中），两侧站着德国空军的两位著名人物：维尔纳·默尔德斯（左）和阿道夫·加兰（Adolf Galland）。默尔德斯击落敌机超过100架，在1941年的一次飞行事故中丧命。

名航空队的指挥官负责其辖区内的所有空中和支援行动，但其下属的战斗机指挥官（德语：Jagdführer，Jafü；英语：fighter leader）监管战斗机行动。接着，每个自成体系的航空队被分成几个航空区和航空军。航空区由一名少将和50至150名官兵组成，为每个机场提供永久的行政及后勤支持。航空军负责所有作战事务，包括部署、空中交通、军械弹药和维修保养。这种灵活的系统是德国空军作战成功的根本原因之一——它使任何"临时来访"的飞行单位从抵达之日起，就能迅速做好战斗准备，不会受到单独某个行政部门的阻碍。整个机场的工作人员都将从属于该单位的指挥官。

德国空军航空队（总部）作战区域：主要战场

第1航空队（柏林），德国：1939年波兰、苏联北部。

第2航空队（不伦瑞克），德国：1939年西线、英国、苏联中部、意大利、非洲、地中海。

第3航空队（慕尼黑），德国：1939年西线、英国、欧洲。

第4航空队（维也纳），德国：1939年波兰、巴尔干半岛、苏联南部、匈牙利、斯洛伐克。

第5航空队（奥斯陆），挪威、芬兰和苏联北部：北极前线、苏联北部。

第6航空队（波兰，后迁至布鲁塞尔，1941年末迁至斯摩棱斯克和克里米亚），苏联中部：波兰、斯洛伐克、波希米亚—摩拉维亚、克罗地亚。

中央航空队（柏林），1944年2月5日更名为帝国航空队：本土防空、丹麦、东普鲁士、海峡群岛、挪威、匈牙利。

飞行人员实际上只是德国空军的一个较小的分支，在1939年后期的100多万空军兵力中，大约只有5万人。最大的自主飞行单位是飞行联队（德语：Geschwader；英语：wing），根据其任务（战斗机、俯冲轰炸机、轰炸机等）来命名和装备，并用阿拉伯数字（如第1战斗机联队、第2斯图卡联队、第3轰炸机联队等）来区别。一些联队贴上额外的“荣誉标签”，例如“里希特霍芬”第2战斗机联队。

在联队长的指挥下，联队司令部有4架飞机，联队长通常由一名上校、中校或者少校担任，指挥3个偶尔4个大队（Gruppen）。每个大队大约有30架飞机，包括一个大队司令部的3架飞机，并由罗马数字区分（例如第1战斗机联队的第2大队，缩写为II./JG 1）。每一个大队由一名少校或者上尉领导，被指定为大队长。每个大队由3个阿拉伯数字编号的飞行中队组成，每个飞行中队有9架飞机，由一名中队长领导，这名中队长可能是一名上尉、一名中尉，或者在经过重大伤亡后可能是一名少尉。在缩写中，大队的数字编号省略掉了，因为可以从中队的数字编号（例如：第1战斗机联队第2大队第5中队，被命名为5./JG 1）中推断出来。补充大队后来被添加到每个轰炸机联队，有时是一个临时的第5大队，这样一个联队的平均实力大约90至120架飞机。大队经常从一个联队转隶到另一个联队，并重新编号。

1939年在西班牙加利西亚前线，赫尔曼·戈林听取军官们的简报。戈林实际上在二战结束前一直是德国空军的统帅，但由于1942年未能向斯大林格勒的部队提供足够的空运物资，他的权威被严重削弱。

机组人员：招募与应征入伍

德国空军在一战中被完全解散后，从原来的德国防卫军[1]没有继承到任何东西。因此在政府的支持下，德国军队的这一军种分支自然不得不开展重建。在这方面，它的确是一支国家社会主义空军，但很少有人是出于政治原因而加入。无论他们对纳粹政策是宽容、鄙视还是矛盾，大多数人认为，国家社会主义德国工人党（德语：Nationalsozialistische Deutsche Arbeiterpartei，NSDAP；英语：National Socialist German Workers' Party）给德国提供了经济复苏的最大希望。从个人角度来看，这将是赋予他们实现飞行愿望的唯一现实机会。因此，某种程度与国家社会主义发生关联，似乎是为这种特权付出的小小代价。

飞行单位名称

战斗机联队（JG）："猎杀"（单发战斗机）。

轰炸机联队（KG）："战斗"（水平轰炸机）。

特别任务轰炸机联队（KG zbV）：到 1943 年 5 月，被重命名为运输机联队（*Transportgeschwader*，TG）。

轰炸机学校联队（*Kampfschulgeschwader*，KSG）："作战学校"（轰炸机训练）。

教学联队（*Lehrgeschwader*，LG）：高级培训、演示、战术发展。

空降登陆联队（*Luftlandegeschwader*，LLG）：空降登陆（滑翔机）。

夜间战斗机联队（*Nachtjagdgeschwader*，NJG）：夜间战斗机。

斯图卡轰炸机联队（*Sturzkampfgeschwader*，StG）：俯冲

轰炸机。后被重命名为对地攻击联队（*Schlachtgeschwader*，SchG）：屠杀（地面攻击），1943年10月缩写名称改为“SG”。

快速轰炸联队（*Schnellkampfgeschwader*，SKG）：“快速轰炸机”（单发对地攻击）。

驱逐机联队（*Zerstorergeschwader*，ZG）：“歼击机”（双发重型战斗机）。

各种类型较小的自治单位也如此命名，例如：舰载飞行大队（*Bordfliegergruppe*，BdFlGr），主要是舰载水上飞机。

补充大队（*Erganzungsgruppe*，ErgGr）：“守备”（高级培训，补充替换）。

试飞大队（*Erprobungsgruppe*，ErpGr）：试验（自己飞机的发展和评估，对敌方飞机的评估）。

远程侦察大队（*Fernaufklarungsgruppe*，F）：远程侦察。

海岸航空大队（*Kustfliegergruppe*，KuFlGr）：沿海航空。

地雷侦测大队（*Minensuchgruppe*，MSGr）：地雷侦测。

夜间对地攻击大队（*Nachtschlachtgruppe*，NSGr）：夜间对地攻击。

近程侦察大队（*Nahaufklarungsgruppe*，H）：近程侦察，原来叫作陆军侦察（*Heeresaufklarungs*），因此缩写是“H”。

海上侦察大队（*Seeaufklarungsgruppe*，SAGr）：海上侦察。

战斗轰炸中队（*Jagdbomberstaffel*，Jabo）：战斗轰炸机中队，在一个联队内。

空中观测中队（*Luftbeobachtungstaffel*，LBeob）：空中观察海难中队（*Seenotstaffel*，See）：海上搜救。

天气预测中队（*Wetterkundungsstaffel*，Weku或Wekusta）：气象。

（*德国空军和海军人员混编在这些单位中共同参与协同空中和维护工作。）

德国空军青年组织的一名年轻成员正在接受飞机模型制作的指导。德国国防军非常善于向年轻人灌输军国主义价值观，德国空军也不例外。

整个 20 世纪 20 年代，大萧条、恶性通货膨胀和盟军压制带来的痛苦，迫使许多人寻求逃离。他们在天空中发现了希望。最初，飞机模型俱乐部是由一小群狂热分子组成的，很快就发展成一种流行而廉价的爱好，后来在帝国各地组织了无数的会议和远程飞行比赛。这些模型的设计、实验和建造使人们对飞行的基本原理有了深刻的理解，并由此产生了一些创新的想法。许多后来的飞机工程师都拥有这样的背景。滑翔机学校的发展迅速跟进，飞行几乎成为一项全国性的追求，事实上，是一种痴迷，大约 4000 个滑翔机俱乐部和场地在德国和奥地利遍地开花。教官一般都是一战航空军老兵。飞行为德国人提供了身体和精神上的便利，让他们可以把烦恼抛在地上，因此从来不缺申请加入者。政府热情地鼓励会员身份，并很快成立了德国航空运动协会（德语：Deutscher Luftsportverband；英语：German Air Sports Association），这是一个公开的准军事滑翔和动力飞行组织，将会滋养出德国空军的核心力量。

这支羽翼未丰的空军的掩护性组织，是在柏林组建的德国汉莎航空飞行学校（Lufthansa Verkehrsfliegerschule）。考官们非常挑剔，失败率通常在 90% 以上。例如，在 1932 年，4000 多名飞行员申请了飞行员培训。经过 10 天的入学考试，只有 18 名学生被录取（其中之一是 20 岁的阿道夫·加兰，后来成为二战中最优秀的王牌飞行员之一）。这一深思熟虑的政策，确保了未来的德国空军将建立在真正的精英核心之上；只有最优秀的人才能加入战前和战争早期的联队。

年轻的德国空军飞行员新兵在训练课上专心听讲。二战开始时加入德国空军的士兵接受了一流的训练标准。到 1944 年，这些标准已大幅下降。

1935年3月16日，德国公开宣布所有年龄在18岁至26岁的德国男性强制服兵役，随后于3月21日官方正式批准了《兵役法》。义务兵最初被要求服役1年，但从1936年8月24日起延长到2年。年龄在27岁至35岁年龄更大的男性需要接受评估，参加第一批预备队（德语：Ersatzreserve I；英语：Primary Replacement Reserve）的培训。这种训练分几次开展，每次5周至8周，通常总共28周。完成培训后，这些人可以晋升为士官学校的士官候选人。

然而，征召文件的到来并不意味着立即入伍。在服兵役之前，从17岁开始，每个人都有义务加入德国劳工团服役，其目的是双重的。在6个月的义务

赫尔曼·戈林向在西班牙内战中服役的秃鹰军团成员颁发勋章。秃鹰军团的行动之一是1937年4月26日对格尔尼卡的轰炸，这是历史上最早的恐怖主义轰炸。

服务期间，他将积极参与公共设施、纪念碑和高速公路的建设。在后来的几年里，盟军的空袭将注意力从建立一个模范欧洲国家转移到了重建现有的一个欧洲国家。德国劳工团代表性的服务，包括重建被炸弹炸毁的工厂，不断改进欧洲堡垒式的海岸防御系统。除了维持和保护帝国之外，德国劳工团的职责还极大增强了适龄服役男性的体能和耐力，使他们在身体和精神上都做好服役准备。本质上，这是基础训练，未来新兵要参加正规的路线行军和体育比赛。入队人员通过一种稍微有点特殊的“铲子训练”，掌握了队列训练的基本入门知识，甚至是武器的使用方法，这通常被认为比步枪训练更困难。瓦尔特·格洛姆普（Walter Glomp）先生回忆说，士兵必须记住充分旋转铁锹，避免铲子砸到自己的头和胫骨。

尽管这名应征士兵在服兵役的道路上没有选择，但会按照当时国防军的需求进行派遣。随着战争的开始，两年的时间限制被暂停，义务兵（连同其他所有人）必须在战争期间服役。在战争结束后，战时应征入伍的士兵仍然可以自愿延长服役期（从四年半到终生），尽管这种愿望只能在他服役的头两年里表达出来。那些选择在战后延期的职业军人大大提高了晋升的机会。

那些在达到国家服役年龄之前自愿参军的人，或者服役时间超过法律规定的人，享有选择他们可以服役的兵种的特权，甚至可以指定一个专门的单位（例如：坦克、潜艇、飞行机组人员）。然而，具体的服役兵种不能得到保证，那些有幸到达他们所期望岗位的人仍然要接受适当的体检和能力测试。志愿服务的行为本身显示这一部分人接受军队纪律，而他们通常可获大幅减少在德国劳工团服役的时间至两个月。

那些在开始征兵之前已经签订服役期限至少为四年半的其他军衔人员[2]，只有在服役两年后才被列为职业军人。在1935年3月1日以前，在旧的德国防卫军，服飞行役或者参加警察部队被计算在这种义务兵役制之内。

自从德国防卫军时代以来，那些希望担任士官（Unteroffiziere）职务[3]的人，被要求至少服役 12 年。这项措施本来可以按照每次两年的增量，一直延长到服役 18 年，但 1939 年 10 月搁置了这项措施。严格意义上讲，在战前服役且在战时符合退役条件的士官，除非被认为不适合继续服役，否则不能在战时退役。

职业军官被要求签订不定期的服役合同，每个军官职级都有自己的法定退休年龄。只有在和平时期，如果一名军官被认为不适合晋升，他才可以被解职。最高退休年龄为 65 岁。

训练

从 1935 年开始，德国空军的首要任务就是为自己提供飞行员，这在其招募体系中得到了充分体现。新兵将首先被分配到一个飞行员替补营（德语：Flieger-Ersatzabteilung，Fl.Ers.Abt；英语：airman replacement battalion）。在那里，经历一段入门级的营地服役期，新兵配发统一的个人装备并完成入伍仪式后，在一两周内接种破伤风、天花、斑疹伤寒、副伤寒、痢疾和霍乱的疫苗。除了历史悠久的队列训练、步枪操、体能训练和军纪制度，新兵还学习基本的地图判读以及基本的无线操作和程序。

在 6 个月的入伍期结束后，所有新兵都要接受审查，以便可能晋升为飞行员。任何可能的候选人都被送往飞行人员候选连（德语：Flug-Anwärterkompanie，Fl.AR；英语：aircrew candidate company），在那里他们将接受几次基础航空理论测试评估。那些被认为不适合飞行员训练，但仍有希望成为飞行机组人员的人，随后被送往飞行人员培训团（德语：Flieger-Ausbildungsregiment；英语：aircrew development regiment）。在这里，他们又接受了为期两个月的初步导航、无线操作、机械航空和火炮射击方面的指导，然后在挑选成为专业的机组人员之

一张飞行员驾驶中型轰炸机的照片。飞行员为纳粹宣传机器中可见的精英群体，他们通常被认为不受地面战争的恐怖影响。

前，根据这些人员自身的适合性和德国空军的需要进行训练。

然而，人们明确认识到，到 1940 年底，对这些关键的机组人员的早期识别和训练，与对飞行员的培训一样重要。16 个月的密集经验，赋予了德国空军组织招募和训练兵员的能力，使他们能够迅速确定最适合的飞行员和飞行机组人员。因此，在那年 12 月德国空军指挥部进行大范围组织重构时，该系统得到了合理化和压缩，以便使新兵能更快地接受最适合的训练体制，从而使空军能更快地满足其机组人员的需要。

优化后，飞行员替补营被绕过，所有新招募的人员都被直接分配到飞行人员培训团，在那里他们将接受一些基础军事训练，同时接受初步的比较详细的航空指导。他们当中任何潜在的飞行员都被送往飞行人员候选连，接受正规的选拔程序。在那里，他们基础训练的其余部分会与飞行机组人员评估测试同时完成。一旦成功完成飞行人员候选连阶段（到 1943 年延长为 3 至 4 个月），潜在的飞行人员将进一步到适当的专业学校深造。其余没有被选中参加进一步飞行训练的人员将被重新调往一个飞行员替补营，以完成基础训练，然后转到另一所最适合他们特殊技能和才能的学校。那些仍然决定飞行的人可以申请接受其他同样重要的机组成员训练。

在分配到飞行人员候选连之后，飞行员候选人（德语：Flugzeugführer-Anwärter；英语：pilot candidat）接受基本飞行理论和基本航空学的指导，同时接受进一步发展的评估。那些表现出所需才能的候选人，一旦有了空位（通常在大约两个月后），就被推荐到 A/B 飞行员学校（德语：Flugzeugfuhrerschule-A /B），开始适当的飞行训练。

这些学校，官方缩写为 F.Z.S.-A/B，但更常被称为“A/B 学校”，学员在晋升到下一阶段之前，经历 4 个主要的教学阶段，每个阶段都要求取得自己执照的资格。正是这些需要花费 6 至 9 个月的时间挣来的执照，让这些学校有了自己的名声。A 证书（德语：A-Schein）向学生们介绍复式操纵轻型飞机的基本实用飞行技能，包括起飞和降落、失速恢复等，最终实现单人飞行。除了航空工程、基础导航、无线程序和莫尔斯代码的大量实际应用外，A2 证书要求学习大量理论，包括空气动力学、气象学、飞行程序和航空法律。最重要的是，学员们在更大的单发飞机上获得更多的飞行经验。下一个级别，B 证书，需要升级到高性能单发和双发飞机，通常有可伸缩起落架，包括一些较老型号的战斗机。

获得最后的 B2 证书，取决于学员在入职后大约 14 至 17 个月积累了符合要求的 100 小时至 150 小时的飞行时间。然而，在 1940 年晚期，考虑到战时对更多飞行员的需求，A/B 学校的训练大纲得以更新。这些学校之所以当初保持了最初选拔的高标准，仅仅是因为有大量热情的志愿者可供选择，但现在从一开始就更加强调实用的飞行技能。A2 执照已被取消，而该阶段的训练则合并为余下两个阶段的执照训练，而 A 执照一般需时 3 个月才完成。B1 执照的课程让学生接触到先进的单发飞机，B2 执照的课程包括先进的导航和双发飞机的介绍。一项基本的 K1 特技飞行（德语：Kunstflug；英语：stunt-flying），则把特技飞行课程包括在内，为所有新飞行员对基本紧急闪避操作（如桶滚、翻筋斗和半滚倒转）提供很好的理解。这也使得教师能够很容易在学生中识别出任何潜在的战斗机飞行员，这些学生将在以后比他们的伙伴获得更多的飞行时间。B2 阶段结束后，学员将最终获得德国空军飞行员执照（德语：Luftwaffenflugzeugführerschein；英语：Air Force pilot's licence），并同时获得极其珍贵的飞行员徽章。在 A/B 学校平均学习了 10 至 13 个月后，他现在终于成为一名完全合格的飞行员。

请注意，大量从 A/B 学校退学的前飞行员学员仍有希望成为飞行人员。虽然他们没有达到取得飞行员资格的要求，但并没有被简单地从飞行兵种开除，而是与其他志愿人员一起被重新安排到飞行人员培训团。在这里，他们接受两个月的航空初级培训，同时接受某一特定学科的进阶培训评估，然后被派往最适合展现他们能力的专科学校。在战

三名德国飞行员，在这里展示各种飞行服和常服。左边的飞行员，穿着一件带拉链口袋的连体皮质飞行服，这是一种特别昂贵的作战服。

争中期前后，由于机组人员短缺开始出现严重问题，已经在德国空军其他部门服役的人员可以接受飞行人员评估测试，尽管他们以前可能从未考虑过这样的职业。具有高于平均水平信号技能的男性，通常从空军通信团（德语：Luftnachrichtenregimenten；英语：air signals regiment）中选拔出来，重新培训为机载无线电操作员（德语：Bordfunker；英语：flight signalmen）。在此之前，大量现役地勤人员此前未能通过飞行人员的选拔，但他们仍然渴望从事这样的工作。

飞行员专业化

一旦成为合格的飞行员，这些新飞行员就被分类，到单发或多发飞机上服役，在这里开始划分训练路径。每个人都被分配到一所专业飞行学校，在那里，他将接受高强度的训练，以适应分配给他的飞机类型和职责，潜在的战斗机和对地攻击飞行员将分别直接被派往战斗机学校和轰炸机学校。

那些被选中接受俯冲轰炸机训练的人立即前往斯图卡轰炸机学校（德语：Sturzkampffliegerschule）。为了确认他们是否适合继续训练，潜在的斯图卡机组人员（作为乘客）必须忍受大约 15 项体力和极度令人头疼的俯冲测试。对那些被证明压力太大的人来说，他们通常被调配转移到运输飞行员学校（德语：Transportfliegerschulen），最终与特种飞行战斗联队（德语：Kampfgeschwader zur besonderen Verwendungs；英语：battle wings for special purposes，即运输联队）一起服役。斯图卡学校在方法上有很大的不同。有些人几乎立即开始俯冲训练，而其他人则要累积大约 100 个小时的额外编队飞行和特技飞行。为期 4 个月的训练（或有时长达 1 年）主要集中在各种俯冲方法的准确性上，但也包括额外的导航和飞行理论，大约有 50 个小时的飞行时间。

然而，注定要驾驶双发飞机的飞行员并没有立即升入自己的专科学校，而是被转派到 C 飞行员学校（德语：Flugzeugfuhrerschule-C，C-Schule），该学校通常与正规飞行学校共用驻地和机场。在这里，他们接受了高级指导，包括飞行仪表仪器、天文导航以及使用电子和无线电测向设备方面。他们研究多发飞机的复杂性和操纵特性，包括 50 小时至 60 小时的飞行时间（到 1941 年上升到 70 小时），在这些飞行时间中他们被分成小组，循环交替：当一名学生坐在驾驶位上时，另一名学

1941 年，著名的德国战斗机飞行员弗伦茨·冯·韦拉（Franz von Werra）在苏联。冯·韦拉从加拿大战俘营逃离，回到德国后声名鹊起。

生在指导下操纵油门杆。在这个持续 2 至 6 个月的课程中，飞行员需要花几个小时在“link”仿真训练器上（让他们在不浪费宝贵燃料的情况下，“完全”迷失方向，并重新计算复杂的航向）。

在 C 学校之后，这些人被分配到一所独立的盲飞学校（德语：blind fliegerschule；英语：blind flying school），参加为期 4 周到 6 周的仪表导航和推测领航法高级课程，大约有 35 小时至 60 小时的飞行时间。当在 20 个月后最终毕业时，他们将是德国空军中最为训练有素的专家。他们平均还有 300 个飞行小时，准备进入最后一所学校接受某一特定科目（轰炸机、运输机、侦察机或重型战斗机）的高级训练。

每一次飞行的细节，包括飞机型号、持续时间和目的，都记录在飞行员的个人飞行日志（德语：Flugbuch；英语：log book）中，并会在整个（偶尔会超过）飞行员服役期间得到保存。

服役条件

那些通过飞行机组训练的人，意味着成功进入了一个精英军事社团。因此，一般国内兵营生活条件通常很好。六人的房间，配备了足够的家具，包括桌子、椅子和铁架床，床上铺着床单和毯子，每张床按规定间隔 80 厘米（每个人的储物柜的宽度）。宿舍长从每个房间中选择任命，直接向中队长报告，负责管理同伴遵守日常秩序、履行职责和打扫房间。公共盥洗室（带热水）有几个大的洗澡间、淋浴间，有时还有浴缸。

尽管在战时的限制下，餐点有所减少，但为作战部队仍然腾出了充足的补给，总的来说餐食标准还是不错的。早餐可以吃面包卷、咖啡和果酱，而主餐则倾向于汤和砂锅菜，通常土豆含量较高。香肠出现在每周的饮食中，包括传统的周日烤牛肉，搭配蔬菜。飞行员格哈德·亚当（Gerhard Adam）认为他的食物配给充足，“但是年轻人总是很饿，我们

容克 Jumo-211 发动机是德国空军各飞机的一个关键动力装置，广泛用于 Ju-87、Ju-88，以及一些 He-111 改型等许多飞机中。维护这些发动机是地勤人员的日常职责。

能吃得更多”。

有限的闲暇时间通常被写家书、打台球和曾经流行的纸牌游戏“Skat”所填满。一些人继续他们的模型制作爱好，更熟练的工匠经常生产出识别模型。有几个基地提供了摄影、阅读和有关各种艺术爱好的设施，或许还有体育馆。有音乐或戏剧天赋的人自然会为室友即兴表演，而且经常被人以甜言蜜语哄骗，组织音乐会派对（对大多数士兵来说痛苦却极为熟悉）。流动图书馆、书店、音乐公司或剧院，有时甚至是流动电影院，都会定期造访前线基地。1939 年，戈林禁止所有军人在公共场合吸烟，酒精尽管在餐厅可以买到，但却严格限量供应，过量饮酒将会遭受 48 小时禁闭。即使是在一个军事基地外的酒吧放松，但由于早上需要清醒，这意味着饮酒很少失控。

对于那些违反规定的人，典型的惩罚包括额外的任务、在营房内禁闭；在飞行训练期间，则是俯卧撑和背着降落伞在机场跑圈。不整洁、迟到或玩忽职守也会受到类似的惩罚，较严重的违规行为会被临时降薪或取消休假。纪律严明但基本公平，大多数士兵都逐渐尊重并重视士官，因为后者处事公正。

德国空军人员每月 10 日、20 日和 30 日左右领工资。空军人员的薪金由许多要素组成，根据不同的津贴和条件，差别很大。除了基本工资外，在和平时期或非现役期间，他可能得到住宿津贴，以支付无法在营区住宿的住宿费用。驻柏林、汉堡和维也纳的人员会得到一笔额外的地区特别附加费，按基本工资的 3% 计算，因为这些城市的生活成本更高。专业技术资格可能会获得一些工资贡献，而违

德国空军人员站在火车前留影，这辆火车将把他们送往东线。从后勤角度看，德国在苏联的军事行动超出了德国空军力量的极限，增加了人员消耗率，降低了飞机可用性。

纪罚款或服役贷款偿还则可通过薪酬扣除。职业军人必须交纳 1% 的所得税，按每日工资计算，并在付款日扣除（列兵为每人每日 50 芬尼[4]，二等兵为 75 芬尼，等等），但这不适用于战时的应征士兵。

根据战争中期的数据，空军列兵平均每个月的起薪为 65 帝国马克（德语：Reichsmarke，RM），而一名空军二等兵的起薪为 77 帝国马克，一名空军一等兵的起薪为 98 至 105 帝国马克，到他晋升到空军上等兵（Hauptgefreiter）时，他的月收入几乎翻倍到 118.7 帝国马克。

士官中的空军初级下士和空军下士的月收入大概分别在 128 至 160 和 170 至 180 帝国马克之间。空军中士小幅增长到 195 帝国马克，而空军上士只增加了 5 个帝国马克。一名连队行政军士长最初的工资和上士一样，外加每月 5 帝国马克的额外津贴（总计 205 帝国马克），但在 1942 年 5 月，连队行政军士长的基本工资被提高到 250 帝国马克，额外津贴制度被废除。资深军士长在服役 13 年至 18 年后，每月的收入在 212.50 至 244.50 帝国马克之间。

军官的薪资标准采用明显的阶梯式系统，在一些较高或较低衔级的薪酬上有一定程度的重叠。奇怪的是，最低等级的空军少尉与一名空军上士的工资和津贴相同，而其余 6 个等级的工资是递增的，大约每一级 25 帝国马克，一直到 300 帝国马克。中尉 4 个工资等级的最低一级从 283.34 帝国马克开始，然后以每级 25 帝国马克增长，直到 350 帝国马克。上尉工资有 3 个等级，从 400，到 500 再到 575 帝国马克，然而一名少校的月收入则享有可观的 641.67 到 700 帝国马克。最高工资的"前线"军官是中校和上校，中校达到了 808.34 帝国马克，上校则是 1050 帝国马克。

一个人的准确等级主要取决于他有多少孩子。他在军队服役期间，由国防军提供食物、衣服和住房，因此应享有的国家家庭津贴减少 10%。根据他的家庭规模，儿童福利也会不同：1 个或 2 个子女的扣除额为 6%，3 个或 4 个子女的扣除额为 3%，但这些扣除额已通过军队的儿童津贴得到充分的补偿，这份儿童津贴是根据其住房津贴的百分比计算的。作为对生育的奖励和激励（为帝国提供更多的雅利安人），五口或五口以上的家庭不会减少国家福利。如果一名男子受伤住院，将扣除10%至20%的定期缴费，用于治疗、医疗用品、食物和洗衣费。一名受伤的将军，相应扣除的费用高达35%。如果这名空军人员死亡，他的家人仍将得到很好的照顾，养老金、子女和住房福利将直接支付给这位寡妇。

女性

除了德国空军的女性辅助人员之外，能接触到女性的机会是有限的，仅限于在当地村庄短暂的不当班时间。对空中机组人员来说，吸引眼球并不难，挑剔的女孩们很快就学会了辨认这种独特的资历徽章。毫不奇怪，她们都被吸引到飞行员身边。（许多新飞行员得知自己不是正式的机长后感到失望，但他们很快意识到，其他大多数人也担任同样的职务）。在一些地方，休假有所限制，规定禁止回家，妻子或女友有时可以一起到附近的城镇旅行几天，出于安全原因，没有人被允许进入基地。已经找到心上人的男人常常觉得，等待和平，在战争结束之后再作出严肃的承诺是明智的。对于那些选择立即结婚的人，通常会安排集体婚礼。在对未来新娘的种族纯洁性进行常规调查后，几名空军人员就会得到允许，在返回岗位前停留几个小时以完成婚礼。对于那些在海外服役的人来说，这简直是不可能的，所以很多人只能通过电话引导，接受一场远距离婚礼服务。强制分离可以测试所有的可能关系，一些飞行员最终发现，女友、未婚妻甚至妻子都有了新男友。顺便说一句，从1935年11月30日起，非纳粹党党员身份被法律认可为离婚的合法理由。

自一战以来，现役工资，绰号“人头钱”，用于补充基本工资，以及前线岗位的战时工资。此外还有飞行津贴，正如飞行员彼得·斯波登（Peter Spoden）回忆说，机组人员每月能收到“大概是 50 帝国马克左右，但当时我们对钱不感兴趣”。然而，他补充说：“每起飞一次，我们就会挣一个‘启动鸡蛋’，直到战争结束。这更重要。”花这笔钱的机会有限，这意味着大部分工资通常会被寄回家。当斯波登先生从战俘营回到战后的慕尼黑时，他取回了“几百贬值的帝国马克，在黑市上只值几支香烟”。

空中机组人员一般享有至少 14 天的年假，但有时可根据作战需要和个人情况安排更多的年假。在入侵苏联之前，长达两周的圣诞假期偶尔还是有可能的。重伤人员在医院治疗后自动获得康复假，到 1943 年，情绪疲惫的空军人员可获得长达一个月的疗养假。留守家庭往往面临与前线士兵同样的危险，只有在父母一方死亡后，才给予驻扎在离家合理距离内的男子特别假期，它没有从正常休假津贴中扣除。

晋升

德国空军选人极度挑剔，对于普通新兵来说，从普通士兵中获得委任的可能性特别小。尽管德国空军是相对较新的军种，但它所经历的特权等级制度，与上一代德国皇帝的军队更为相似。最初的工作人员和飞行人员大多来自陆军和海军专业人员，他们带来了许多传统。正规军的军官由其他同学候选人在结业仪式上“选出”加入军官队伍。他们甚至瞧不起预备队军官，所以看到应征的空军人员取得成功，就常常会怨恨和嫉妒。

一个胸怀大志的初级空中机组人员，如果真的想升职，首先就得向合适的社交圈献殷勤。尽管如此，许多主张平等的军官还是顶住了同事的反对和嘲笑，帮助被提携人员。然而，一旦晋升，接纳和容忍的速度通常很快，而且是彻底的。这种势利气氛一直持续到 1941 年，但随着战场上的晋升而逐渐消失，这是替换高伤亡率军官所必需的。为设法解决这些损失，从 1940 年起，每一组机组人员只允许晋升一名军官。飞行员和观察员之间的等级差距逐渐趋于平衡，空军上士在两者之间变得更加普遍。实际上，一个人的军衔几乎无关紧要。职位完全以能力为基础，少尉经常被任命为中队长，在更高军衔的军官之上。这一政策贯穿整个行动结构，造成了一种特殊的情况，在这种情况下，一名空军下士观察员将在飞行中指挥一名中尉无线操作员，但回到地面上又恢复到正常的从属地位。

有关薪金、假期和晋升的细节，连同入伍、训练、接种、制服、奖励、视觉和牙科检查，都记录在“工资簿”内。为了体现更高的安全要求，从 1943 年起，持有人的照片被固定在封面内页上。如果“工资簿”被红色铅笔划过，则表示注销，军人要么是战俘，要么已经死亡。

海外服役

虽然在应征入伍和训练期间，所有人员都已接受了完整的免疫接种过程，但将一个单位派往海外，每个人都要再打一轮加强注射。与常规的上臂注射相反，整个国防军的疫苗注射都是在胸部：左撇子就注射到右胸；右撇子就注射到左胸。因此，由更致命的霍乱和副伤寒菌株引起的任何暂时的局部瘫痪，都不会严重妨碍他的日常工作。

驻扎在西欧的军人享受着相当舒适而文明的现实生活，很少离开他们的家乡，一些国家的当地平民对他们的新邻居往往出奇地友好。除少数几个国家，大多数国家的人对德国占领他们的家园表示不满。

如果假期短暂，无法返回德国，飞行员可以利用这段时间探索

维尔纳·默尔德斯不仅是德国最重要的战斗机王牌之一，他的歼敌记录超过100次，而且还帮助开发了德国空军的核心作战战术，比如“四指编队”。

1942年8月前后，西部沙漠，第1教学联队第12中队的Ju-88A-4“L1+HW”。Ju-88不得不应对战争中一些最恶劣的环境条件，发动机、空气滤清器和其他部件不断被细小的灰尘或沙子磨损或堵塞。（John Weal © Osprey Publishing）

当地周围的环境。即使有战时的限制，公共交通系统也能让人到更远的地方旅行。许多人沉迷于围绕古都和地标的文化和历史旅游，参观博物馆和画廊。那些需要更放松氛围的人可以去“飞行之家”（德语：Fliegerheim；英语：Flyers’ Home），建立于1941年初的巴黎。这座位于蒙梭公园的前巴洛克式宫殿，在特别建筑委员会（德语：Sonderhaustab；英语：Special Buildings Commission）的指导下，由德国建筑公司改造成，为身心疲惫至极的空中机组人员提供了一个庇护所。该旅店由德国红十字会工作人员组建而成，设备齐全，配备了非常受欢迎的乒乓球室和游戏室、写作室、图书馆和阅览室、几间休息室和一间供应茶、咖啡和便餐的餐厅。酒窖被合理地改成酒吧。俯瞰主入口大厅，一座巨大的元首青铜半身像被安放在大理石楼梯脚下，有巨大的装饰性铸铁栏杆，这无疑对士兵们萎靡不振的士气产生了影响。

对于被派往法国的机组人员来说，巴黎当然也是那些寻求更激情体验的年轻空军人员的“圣地”，蒙马特（Montmartre）和福利·贝热尔（法语：Folies Bergere）的夜总会一直是受欢迎的目的地。自然，当地妇女夜间也很忙。对德国士兵来说，妓女要么被称为“女孩”，要么被称为更具诗意的“路边的燕子”。然而，最常见的称呼是相当令人不快的“妓女”。

其他军人能够与当地女孩建立更有意义的关系，但不幸的是，这些女性中有许多人后来遭受羞辱和指责，这是同胞对被认为是主动合作者的惩罚。第26轰炸机联队的飞行员霍斯特·尤文图斯（Horst Juventus）对法国女友的失踪感到非常悲痛，她此前收到来自当地抵抗组织的威胁。他要求从作战岗位上调离：“一个因失去爱情而悲伤的飞行员一无所用……我可能会成为真正的危险。”他的女朋友再也没有出现过。

对于那些驻扎在非洲的士兵来说，灼热的白天、寒冷的夜晚和猛烈的吉卜力（Ghibli）沙尘暴，使西部沙漠不得不成为德国空军士兵服役的最恶劣的环境之一。飞机并不是唯一受到持续不断的沙子侵袭的目

1940 年 2 月，西墙（West Wall）附近，一架亨克尔轰炸机在伪装网下待命。随着战争的进行，德国空军在许多战场失去了空中优势，轰炸机暴露在外，在地面上遭到盟军战斗机的扫射。

标。尖锐的沙粒，总是进入任何食物中（和其他任何地方），对牙釉质造成累积的损害，牙齿疾病变得司空见惯。再加上液体摄入量有限，沙子进入消化系统本身就会产生一种痛苦的刺激。然而，人体是一种适应性极强的机器，随着时间的推移，身体发生了微妙的变化。士兵们注意到毛发生长普遍减速，减少了频繁剃须的需要，从而更便于节约配给水。另一个（不那么引人注意的）生物学效应是排出的粪便特别干燥。一个人几乎很少需要在厕所里排便，或者进行“铲式行走”，因为他的肠道已经吸收了粪便中的大部分水分。然而，总还有一些东西需要排出，片刻之内，沉积物就被屎壳郎（英国人称之为“屎甲虫”）干净利落地切开带走了，而屎壳郎也不知道从哪里来，很快又潇洒地消失了。

在北非服役人员的薪酬是意大利里拉，尽管花这些钱的机会多少有些局限。休假是珍贵的，而且在更偏远的地方，休假毫无意义。然而，当地的阿拉伯商人很快就通过提供服务和集市纪念品，学会了尽量满足北非士兵的需求。和他们的英国对手一样，许多德国人在与贸易商打交道时学会了一些阿拉伯语或斯瓦希里语（Swahili），他们之间的日常交谈中也大量穿插使用了这些短语。

与女性的接触只可能在主要港口和城市才可能发生，其他地方几乎不存在。在能找到她们的地方，很少有德国军人敢雇用当地的“工作女孩”，因为这直接违反了1935年9月的《德国种族法案》（旨在保护雅利安人的血统和德国人的荣誉），该法律由宪兵队肆意执行。

亨克尔 He-177“狮鹫”（Greif）是德国最令人信服的真正的战略轰炸机类型。它的航程为5500千米，装载6000千克炸弹，但由于技术问题和空中生产需求的竞争，这种飞机的产量有限。

相反，这些需求被北非唯一一家官方认可的军事妓院完全满足。这家妓院位于的黎波里的塔索尼大街 4 号，由意大利女性管理。对于士兵和士官，包括那些获得意大利军事使用许可的人，其他任何设施都不允许使用。

苛刻的气候、日益减少的供应以及整个战役似乎永无止境的本质，使地中海成为二战中最艰苦的战场之一。撇开这一点不谈，派驻北非以外也有他们的补偿。驻扎在意大利、西西里岛、萨洛尼卡岛或希腊诸岛的人员，几乎被当地大量的各种“美食”所淹没。经常吃新鲜或晒干的西红柿和鱼、橙子、柑橘、奶酪、橄榄，当然，还有很多意大利面食。如果有机会，空军人员也可以享用种类繁多的美酒。地中海地区历史文化底蕴深厚，是绝佳的度假胜地，数千人游览了雅典卫城、古罗马别墅和罗马相对现代的建筑奇观。

直到 1943 年，虽然表面上是法西斯主义的意大利，但在其他地区并没有实施限制，德国士兵能够自由地与当地女性交往。或者，他也可以选择民间或者军用妓院，比如由赌场女士或者卢卡家族的“女士”主办的机构，位于克雷莫纳的鲁大维科－卡维特里大街 10 号。这个只是在曼弗雷迪尼军营（Manfredini，米兰东南 80 千米处的一个意大利军营）范围内建立的几个设施之一。虽然像大多数军队一样，这些场所的女孩定期接受检查，但感染任何严重的性病都被认为是自我伤害。如果确定该士兵没有采取适当的预防措施，他将被正式指控犯罪。有几个牌子的避孕套，如热带包装的“Odilei”，国防军人员可以随手买到。

在苏联服役也有很多隐患。残酷的严冬用寒冰冻住了操纵部件，轮胎变得易碎。滑溜溜的跑道引发了无数的起飞和降落事故，造成的损失不亚于对敌行动。气温降至零下 34 摄氏度，导致机油、润滑脂和润滑油凝固成固体，在整个 1942 年冬天，多达 75% 的飞机停飞。汽油驱动的“Karch”加热器被用于预热（或者说是解冻）发动机，这些发动机被包裹在热保护装置中，并通过“脐带”软管输送，尽管这一过程必须在启动前许多小时开始。通常情况下，地勤人员比大多数人更容易感冒。白天和黑夜都要与复杂的电气、机械和发动机部件打交道，这些部件禁止使用手套，暴露的皮肤经常有与冰冻的金属粘在一起的危险。这些人遭到冻伤和低体温症的概率非常高。

在缺乏其他固体燃料的情况下，有幸拥有混凝土兵营或者废弃工厂，并且能够自主决定驻扎地的单位，被迫烧毁家具、门窗框架。大多数机场都没有这种住所，由于帐篷不足，不得不建造地下宿舍。这种穴居人的存在，至少可以在冰天雪地的狂风中得到喘息之机，并在苏联红

1941 年 7 月，在利比亚的特姆密（Tmimi），斯图卡轰炸机第 2 联队第 6 中队的 Ju-87R-2 “T6+CP”（热带版）轰炸机。伪装显然是次要的，当这项特别的涂装工作完成时，这架轰炸机无疑是所有斯图卡中颜色最丰富的。这样的蛇形图案至少装饰了两架不同的飞机，但它们不管是由同一名飞行员胡贝特·波尔兹（Hubert Polz）少尉驾驶，还是由一个短暂的中队（或者甚至是飞行小队）驾驶，谁人装饰不为人知。如果是前者，那么波尔兹的个人主义无疑对他很有帮助，因为他后来在东线赢得了骑士十字勋章和橡树勋章，战争结束时已经成为第 151 斯图卡俯冲轰炸机联队第 1 大队的大队长。（John Weal © Osprey Publishing）

军发动的空袭中提供了一定保护。苏联的冬天不会永远持续下去，但春天的解冻只不过是制造了另一个问题，即限制德国空军部队的又一个季节。“无路时期”，正如苏联人自己这样称呼它，很快把所有不坚固的路面和飞机跑道都变成侵吞人和装备的泥潭。炎热不堪和尘土飞扬的夏季也带来了这一季节的危险，许多地面工作人员中暑身亡。

广袤的农田掩盖了另一个意想不到的问题。1941 年，第 51 轰炸机联队的人员住在比萨拉比亚的巴尔蒂的帐篷营地里，大部分时间都在与鼠疫作斗争。这种鼠患带有很高的患病风险，比如，粪便残留在被啃咬的储存食品中，对飞机部件和设备的啃咬，以及不受欢迎的不速之客出现在个人装备中。高温对食物保存也有不利的影响，导致不良饮食和不卫生条件普遍存在，不可避免地引发肠胃炎和痢疾。秋天只是一个短暂的向更严寒冬天的过渡，频繁的大雨淹没了机场和住处。尽管很严酷，但随后的冬天都没有 1941 年—1942 年那般寒冷。

对机组人员的大量要求使他们达到甚至经常超越极限。机组人员每天进行三至四个架次，每个架次（以轰炸机机组人员为例）飞行四至五小时，自从战役打响以来，大多数机组至少有 6 个月（有些多达 9 个月）保持在作战状态，没有休息过一天。不出所料，几个单位的医务官报告，机组人员普遍神经

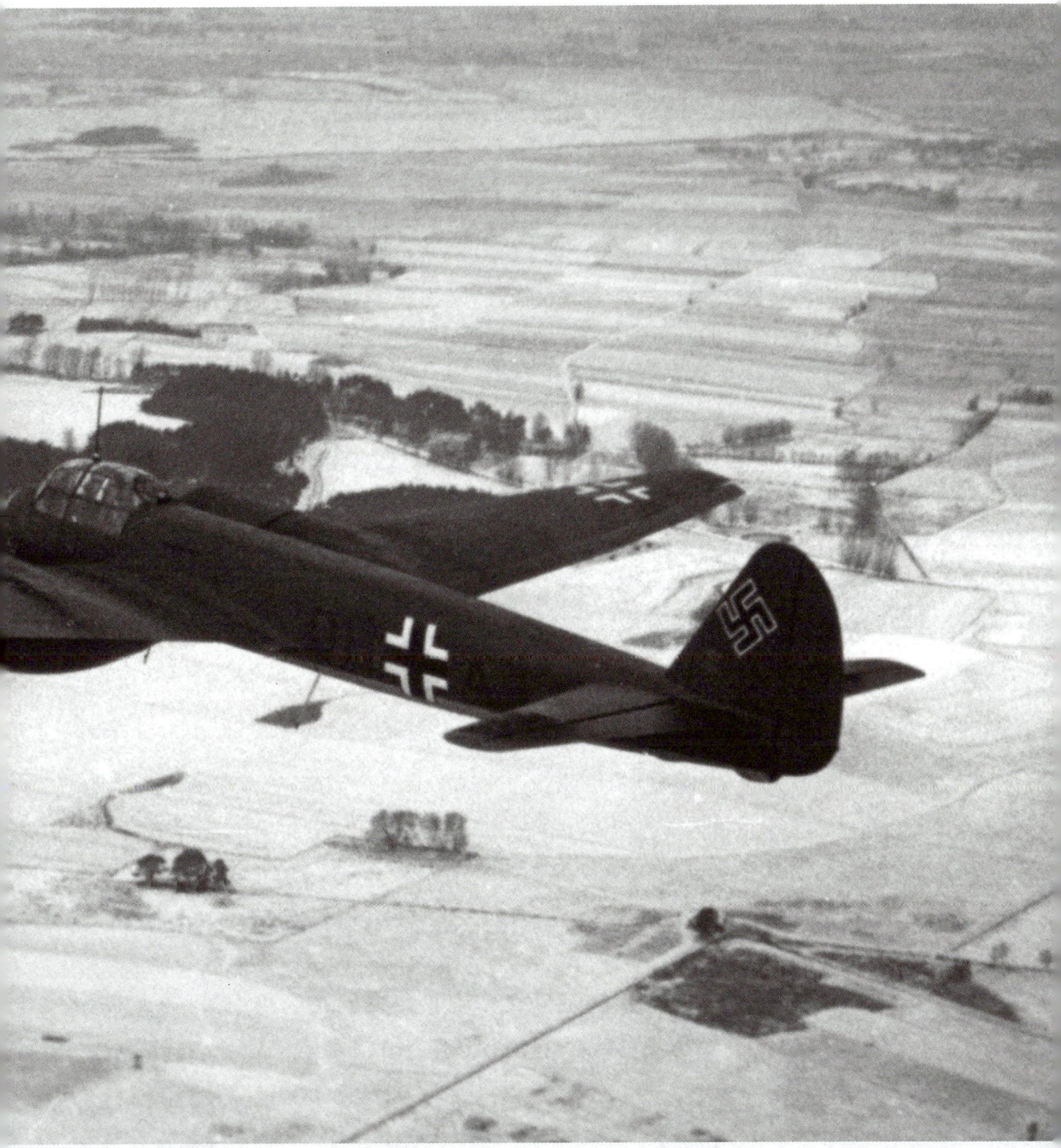

一架 Ju-88 在冬季飞行的场景。Ju-88 的高速变型，即 Ju-88A-4 型，能以 450 千米每小时的速度飞行，使这架飞机成为盟军战斗机需要摧毁的更具挑战性的飞机之一。

衰弱。轰炸航路上无休止的长途飞行、持续不断的致命恐惧和因浓密的高射炮炮弹对身体产生的生理压力，严重损害了身体和精神的健康。人们变得暴躁易怒，这是睡眠不足的典型症状，有时会无缘无故地抽泣抽搐。空中机组人员和地勤人员集体都处在精神崩溃的边缘。一些联队的指挥官被迫制定时间表，最终使轮休成为可能。士兵抓住机会睡觉，有时一睡就是好几天。另一些人则决心尽可能尽快远离战场。虽然这种轮休短暂而稀有，但一段短暂的平静对一个人的精神却有极大的恢复力。轮休后，军人神清气爽地返回岗位，然而几小时之内，他又重新陷入紧张的状态。

尽管休假短缺严重动摇了士气，但最令人悲伤又最普遍的苦境或许是缺乏与家人的联系。尽管尽力运送来往德国的邮件，但 1600 千米战线对弹药、燃料和医疗用品的需求必须得到优先考虑。极度

多尼尔 Do-217E 于 1941 年服役，与其之前的同类机型 Do-17 相比，它具有更大的载弹量和更优异的性能。除了作为一架中型轰炸机之外，Do-217 还充当了反舰战斗机、侦察机和夜间战斗机的角色。

超负荷运行的运输机飞行员尽其所能缓解这种情况，尽可能地把邮袋塞进他们的 Ju-52，但数不清的信件仍未送达。有些部队派出专人展开漫长而艰难的公路历程，持续数日，亲自从后方仓库投递和收集邮件。1943 年，一个简单而有效的权宜之计终于被发明出来，以与柏林建立偶尔的无线电联系。一架轰炸机在高空飞行，拖着 70 米长的电缆式天线，使得德国空军的通信兵能够在空军中队人员和他们的家人之间传递简短的（通常是加密的）信息。第 51 轰炸机联队的气象官多克托·拉姆鲍姆（Doktor Rumbaum）通过这则幽默的消息得知了女儿的出生："新型无尾翼飞机适合起飞。生产工厂准备接受进一步工作。"

在俄罗斯、白俄罗斯和乌克兰的偏远农村，有些村民（从未迷恋过苏联统治者）欢迎入侵的德国军队，并提供友好援助。一个与乡下农夫

1941 年，由 He-111 组成的一个编队执行轰炸任务。投弹过程是所有飞行中最危险的阶段之一，因为它涉及飞机在释放炸弹之前必须保持直线和水平，无论有无防空火力或敌机。

互利互惠的贸易体系建立起来，他们向空军人员出售鹅、蛋、猪和牛，以补充微薄的口粮。如果被苏联的政工人员或军事特派员发现，这种行为会给村民带来巨大的危险，尽管他们往往会帮助被击落的德国空军人员返回自己的队伍，从而招致更大的危险。屠杀这些温顺的村民，主要是在纳粹种族政策法令下，由党卫军特别行动队来执行，很快就消耗了这些对德国有用盟友的潜能，并确保了第三帝国彻底而残酷的失败。

这就是德国空军机组人员的基本条件。当然，这种条件在战争中发生了彻底改变，我们将在以后的章节中讨论。然而，现在我们转向一些许多机组人员十分关心的话题，他们认为自己是德国战争机器中更有活力的方面之一——他们的外表。

常服和工作服

帽子

德国空军制服显得醒目而自信。尖顶帽（德语：Schirmmütze；英语：peaked cap）有灰蓝色的羊毛冠，黑色的棉带和黑色的皮革或硫化纤维顶。应征入伍兵的尖顶帽样式有一个漆皮下颌帽带，帽顶和带状绲边采用佩戴者的兵种色（德语：Waffenfarbe；英语：arm of service colour）。军官帽上有编织的下颌线，并以银色（或将军为金色）金属线为绲边，不分兵种。标识徽章包括德国空军的国家徽章（德语：Hoheitsabzeichen der Luftwaffe；英语：air force national insignia），一只抓着纳粹十字的飞鹰，耸立于帽徽之上；而着上国家色的帽徽（德语：Reichskokarde；英语：cockade）由橡树叶花环和风格化翅膀所支撑。对应征入伍的士兵而言，两枚徽章都是用白色合金冲压而成，校尉军官用的是编织的银色金属丝，将军们则是金色金属丝。飞行员帽（德语：

Fliegermütze ；英语 ：flyer's cap）是一款简单的羊毛侧边帽[5]，有一道较深的帽帘和圆形的前后角。德国空军的国家徽章，对应征入伍的士兵来说采用的是白色的棉线，军官采用的则是金属线，耸立于加了少许软垫的帽徽之上，二者都编织在灰蓝色羊毛上。军官的飞行帽，还通过在帽檐边缘和帽徽周围加织金属丝或“赛璐珞”的绲边来进一步区分。

从 1938 年 12 月 19 日起，德国空军的山地部队配发了一顶灰蓝色的浅顶山地步兵帽，仿照奥地利山地步兵帽的风格。在寒冷的天气里，它的可折叠式帽帘可放下保护脖子和耳朵，下巴处用一个纽扣固定。

1943 年 6 月 11 日，国防军全部采用了 M1943 式通用野战帽（德语 ：Einheitsfeldmütze 43 ；英语 ：M1943 universal field cap），它的灵感来自山地步兵帽，但帽檐更长，帽边处为双纽扣。同样配发给德国空军人员的 M1943 式通用野战帽，也是灰蓝色羊毛制成，带有蓝色合金纽扣。军官的山地步兵帽和 M1943 式通用野战帽只在冠顶接缝处加一道金属线的绲边。

1944 年 6 月，在芬兰的翁托拉（Onttola），德国空军第 44 飞行队的 Ju-88A-4 JK-260/“4”。另一个使用 Ju-88 轰炸机对抗苏联的国家是芬兰，它于 1943 年春天从德国购买了 24 架 A-4。与许多匈牙利和罗马尼亚部队不同，芬兰中队没有并入德国空军的指挥结构，而是在自己空军的直接控制下保持独立的实体。（John Weal © Osprey Publishing）

束腰外衣

1935 年早期，军人们日常穿着中开始采用灰蓝色的布质束腰外衣常服 [6]（德语：Tuchrock；英语：cloth tunic），带 4 个打褶口袋、翻边袖口，正面有 4 个纽扣和开领。士兵的束腰外衣有直边口袋盖，带胸部贴袋和可扩展的“风箱”式下摆口袋。内衬是灰蓝色的棉斜纹布，左胸里面有一个口袋，下摆右前方有一个伤口敷料口袋，腰上有一条短带子，用来挂皮带挂钩。

军官们不得不为日常穿着而购买质量上乘的同等着装，通常使用毛线经编的布料，并有缎面或棉布衬里。所有的口袋都是贴袋，带有直边或者略呈扇形的袋盖。宽大的翻边袖口一般用作文件口袋。一种轻质的白色棉质衣服被规定作为夏季常服，包括夏季束腰上衣、直筒夏裤或者白裤、白色夏帽，为了清洗方便，帽顶可拆卸。虽然在战争爆发时被官方暂停，但实际上允许继续购买。

德国空军最具特色的服装之一是飞行服（德语：Fliegerbluse；英语：flyer's blouse），与其他空军服装同时开发，它专门用作飞行制服。这种短款而贴身的服装制作简单，价格低廉，很快就成为空军各兵种在各种场合下首选的束腰外衣。士兵的 1935 式飞行夹克没有外部口袋，也没有佩戴国家徽章（胸鹰）。5 个大的陶瓷或纤维纽扣隐藏在暗门襟里，一个带挂钩和扣眼的可转换衣领，使它能够在必要时完全扣紧领口。它的部分内衬是灰棕色的棉布，包括带纽扣的内部胸袋，带钩的支撑带和带纽扣的野战包扎用品口袋。袖口可以收紧：一小块羊毛标签 [7] 缝在袖口内侧，可以通过后缝的缝隙连接到外部的纽扣，或者也可以固定在内部纽扣上。军官们的飞行服基本相似，但质地更好，内衬是棉缎或棉布。与大多数军官装备一样，这些私人购买的服装在细节上有许多细微的变化。两种制服上衣领子的上部都有绲边装饰线，对士官和士兵来说，颜色是相应的兵种色，上校以下的军官是银色，将军是金色。

1940 年 3 月 20 日的一项命令取消了兵种色绲边，但军官们的金银色绲边保留了下来。

从 1940 年 5 月 6 日起，飞行服的下摆增加了口袋。这些口袋是内挂的，对于士官和士兵来说，有带圆角的大外袋盖，以外露的合金纽扣固定；对军官们来说，口袋则是弧形的，也没有袋盖。

1940 年 10 月 1 日颁发的一项命令规定，国家鹰徽必须佩戴在飞行服的右胸部，这反映出该服装从工作服上升到制服的一部分。1942 年底，灰蓝色的人造丝取代了棉斜纹布内衬，尽管剪裁没有改变。

1938 年 11 月 11 日，一种新式的两用束腰外衣制服军礼服(Waffenrock)，被批准作为 1935 式两种服装的替代品；与常服相似，有所区别的是，前门襟有 5 颗纽扣、可翻转衣领与隐蔽的布料和纽扣，

1942 年 9 月，东线的一支德国空军部队坐在一个机场外吃午餐。直到战争结束前，德国空军的机组人员一直被视为精英。

可以形成整洁的闭领样式。然而，这个设计在飞行服的流行面前几乎没有机会，大约在 1940 年停止生产。少数的军礼服，通常是军官私下定制的样服，一直使用到 1945 年。

标识徽章

对普通士兵来说，能展示相应兵种色的 1935 式肩章被缝在常服和 1935 式飞行服的肩部接缝中。它们通常由束腰外衣生产过程中产生的碎布料制成。这种固定的设计是大多数国防军制服的共同特点，但不久就引发了供应问题。因此，1940 年 3 月 20 日，所有军种都采用了可拆卸的肩章版本。1940 式肩章通常由家庭工人生产，以需要的兵种色直接供应给发放的仓库。因此，外衣制服在每个肩部都配有布质镫形套和纽扣，简化了生产。军官们的飞行服和常服继续使用固定肩章来保持优雅，不过也有可拆卸的版本。

身份（军官、士官或士兵）、确切军衔和所属军种内的兵种分支在两种外衣制服的衣领上都得到了标明，高级士兵[8]在衣袖上部会佩戴额外的标识徽章。飞行服采用了特殊的、经过简化的衣袖军衔贴。非军官军衔的专业技术资格人员由袖口（通常为左袖）的徽章来识别。机组人员格资历和累积的任务奖励通过佩戴在左胸前的金属徽章展示。

衬衫和领带

士官和士兵在穿制服或衬衫时不得露出内衣，因此配发了白色 V 领套头衫。对于阅兵和特殊场合，包括他们自己的婚礼，允许穿白色衬衫搭配黑色领带。军官们日常穿着混蓝衬衫（颜色上混杂蓝色，即采用原色线纺出的蓝色衬衫），带有可拆卸的扣领。他们要自备白衬衫用于正式场合。官方规定，任何时候都要打黑色领带。

一名装饰繁复的德国空军军官。他的勋章包括左胸前的骑士铁十字勋章，以及另一侧口袋前的金质德意志十字勋章，后者位于德国空军鹰徽和纳粹标志的下方。

图中可见，一名德国空军的资深军士长头戴轻质帆布飞行帽，内置通信耳机。黄色肩章表明此人是机组人员。

1943 年 9 月 27 日，德国空军允许所有官兵在炎热的天气里，可以只穿灰蓝的布衬衫而无需穿束腰外衣。该衬衫配备了肩章扣件，相匹配的三角形衬布上有机织胸鹰标志，以及巨大的、有褶的胸袋，该口袋上有带纽扣的袋盖。灰绿色的版本，最初从 1943 年 12 月 17 日为野战单位采用，在 1944 年 9 月 19 日成为所有官兵和所有兵种的标准配发服装，灰蓝色的款式随即被停止。

长裤

配发给士兵的 1935 式灰蓝色直筒长裤，臀部口袋略呈倾斜，右后方有一个带扣的插袋，右前方表袋是贴袋类型；后部的 V 型切口和半腰带用于调整腰带的松紧度。一些高级士官选择穿马裤，腰部的细节相同。军官的裤子和马裤用的布料更上乘，做工更精细：口袋开口往往是垂直设置的，臀部用扣腰带调节，表袋置于裤子内部。流行的马裤与士官的马裤相同，只是在大腿内侧增加了护垫，护垫材质为相匹配的布料，或更常见的是，采用对比更鲜明的石灰色小山羊皮或鼹鼠皮。

鞋类

从 1941 年 3 月 13 日开始，由于经济原因，士兵们都穿传统的高筒靴和系带鞋。军官们穿着黑色软皮马靴配马裤，黑色低帮皮鞋配直筒裤。

大衣

长及小腿的灰蓝色 1935 式羊毛大衣，使配发的主要制服成为一套完整的行头。这件双排扣大衣的前襟有两排六颗标准的卵石饰面纽扣，倾斜的臀部口袋有袋盖，袋盖上带纽扣，衣服袖口回折朝内。后部的半段腰带用来提供调整，当解开时，深褶的大衣还可以作为毛毯。小的金属挂钩和线圈可以让下摆折叠至臀部，方便行军，但 1940 年这种设计被放弃了，同时合金纽扣为灰蓝色。大衣上配有肩章和领贴，但 1942 年 5 月 29 日领贴被正式废除。优质的军官大衣的内衬通常是缎布，虽然细节根据个人喜好和预算的不同而有所不同，但所有大衣都需要在左侧口袋翻盖下面加上支撑和一个开口，以便在适当时能够佩戴军刀或礼服短剑。

带有毛毡内衬的通用布料大衣于 1942 年 10 月 17 日获批，衣领更大，有可拆卸的风帽和纵向的暖手上衣口袋。

工作服

训练帽只是羊毛飞行帽的一个简单黑色棉质版本，内衬黑色亚麻布。在它黑色的羊毛底衬上有一枚灰白色棉质国徽，但没有帽徽。1940 年以前的 1935 式两件套训练服最初是用未漂白的原色棉布制成的，正式名称为“原始灰”（raw grey）；但是从 1937 年 7 月 16 日起，改为更实用的黑色染色版本。这件无内衬的夹克式上衣是一件正面开口、宽松适身的夹克，通过正面的四个大陶瓷或纤维纽扣和脖子上的小碟形合金纽扣系紧：一个钩眼可使衣领完全闭合，衣领上翻时，布片和纽扣可以确保固定。袖口是分开的，可根据需要调整到两个碟形合金纽扣之一。从 1936 年 8 月 19 日起，左胸内袋取代了原来的外部贴袋。从 1936 年 8 月 19 日起，直筒训练裤的臀部口袋增加了带纽扣的袋盖，右后侧增加了一个带纽扣的插袋。两侧都配有带合金摩擦搭扣的布带，用以调节松紧，腰带下方的小开口可以固定到衬衫的腰带钩上。经济状况决定了从 1940 年 6 月 4 日起，开始回归使用原始灰的训练服，尽管当时的训练帽仍然保留黑色。衬衫经常塞进裤子里，给人一种连体工装服的整体印象，黑色和未染色的衣服经常混合穿着。

除了更受欢迎的 1935 式训练服套装，连体工装服也有内衬和无内衬两种版本。1936 年 4 月 4 日批准的 1936 式防护性工作服套装，最初配发的也是用原始灰棉斜纹布生产的，但从 1937 年 7 月起也供应深蓝色或黑色。前襟有 8 个纽扣，训练服上衣是 5 个大号纽扣，下面的 3 个纽扣是小号；套装还有一个挂钩和扣眼，衣领上还有一个带纽扣的布质标签。延伸到侧边裤缝的臀部口袋，与穿在套装下的衣服的开口相连。袖口通过布带和纽扣调节，脚踝则用系带调节。一条配有合金摩擦搭扣的布腰带穿过臀部上的窄环，另外在左胸处配有一个顶部开口、中央分隔的贴袋。1937 年又出现了第二种类型，胸袋变大，且移至右侧，中间起分隔作用的缝合线被取消了，增加了一个大的带纽扣的袋盖。腰间的皮带很容易钩住飞机部件，取而代之的是内部套管，套管中装有固定的棉布系带。

东线的飞行制服种类千差万别，这取决于能够获得的物资和个人喜好。请注意图中的两个人，他们的小腿绑着信号弹带，这些信号弹是用 260 毫米口径的瓦尔特火焰信号枪发射的。

带内衬的防护性工作服套装，在风格、颜色和修改上都与无内衬的套装相匹配，但使用的是更厚实的牛仔布，采用紧密的人字形波纹编织。上身和腿部使用毛毯布料做内衬，袖子、裆部和臀部都用棉布加固，这套衣服重约 3 千克。

尽管从 1942 年末开始，带内衬的工作服的棉质部分被人造丝取代，但是在整个战争期间，这些套装基本上没有改变。大量的军用工装服和工作服从被占领国家征用，这些供应经常补充德国服装型号的数量。偶尔，黑哥（地勤人员工装服的颜色，因此作为地勤人员的昵称）也能从机组人员那里获得一些破旧的飞行服，让自己的生活更舒适一些。特别受欢迎的是在寒冷潮湿的机场上能够保暖的飞行靴，以及两件套飞行服的裤子，因为这些裤子有很多放置工具和备件的实用口袋。

徽章很少，但是初级军官可以在左袖上佩戴与他们军衔相符的“V”形标识。士官通过在衣领上佩戴全长（或者说，从 1942 年 9 月 4 日开始是部分）花边徽章（德语：Kragentresse；英语：lace insignia）来区别。从 1935 年 5 月 27 日起，高级士官采用一套袖口条纹（佩戴在袖口周围）系统：中士用单条条纹表示，上士用两条，资深军士长用三条和一颗风格化的星星。工作服上很少出现胸鹰。

在满载燃料和弹药的飞机周围工作时，穿着配有钢钉的靴子存在火花、打滑和损坏飞机薄合金外壳的风险；尽管如此，大多数维修人员还是习惯性穿着它们。一些人拆除了钢钉，而其他人自掏腰包或单位出资更换为橡胶鞋底。大的橡胶鞋套用四个（从 1938 年开始是两个）钢夹固定，但这是这种小配件有限，直到 1941 年左右，因材料短缺而取消。许多人选择穿橡胶底的帆布运动鞋。总的来说，机翼根部包裹着薄橡胶或者带衬芯的帆布，这样能够使其结合得更加紧密，以保护飞机安全。

飞行服

飞行头盔

飞行员头盔在夏季和冬季都有生产，都可能会有或者没有整体的无线电报 / 电话设备。喉式传声器固定在头盔的皮革颈带上，前面以按扣固定。内部通信系统的导线束从此处延伸出来，连接一条 1.3 米长的电缆，带有黑色的塑料快速释放插头。氧气面罩配件包括两侧扁平的金属

在容克 Ju-88 飞机上训练飞行的空军人员在登机前互相检查装备。新兵甚至在接受考察成为空中机组人员之前，需要经过 6 个月的入伍培训。

挂钩和安装在帽顶内部通道的金属箍。后侧有一对用按扣固定的皮带，用来固定护目镜的头带。头盔上有一对设计笨拙而又复杂的头盔下巴带，其中一条必须通过另一条的狭缝。

最主要的夏季头盔是带有无线电设备的夏季飞行头盔，型号为 S 100，以及 LKp S 101，两种型号均由混合棕色纤维的芦苇亚麻布制成，内衬采用“Kettatlas”方式纺出的棕褐色或灰色棉缎。冬季版，深棕色皮革与羔羊毛内衬，型号为 LKp W 100 和 LKp W 101。100 系列明显的标志是半球型的黑色漆面铝制耳塞。WI 系列，大约于 1938 年装备，特征是改进的通信设备和皮革覆盖的塑料耳塞，内置了一个小的隆起用以固定护目镜头带。

一名德国飞行员认真检查其 Fw-189 战斗机的战斗损伤。Fw-189 是一架双尾撑战术侦察机，生产于 1940 年—1944 年。

1944 年 2 月，在维也纳 – 塞林，第 53 战斗机联队（绰号“黑桃 A”）第 6 中队的中队长阿尔弗雷德·哈默（Alfred Hammer）少尉的 Bf-109G-6“黄色 1 号”。注意哈默的 Bf-109 飞机尾翼上描涂的杀敌记录。11 次胜利中，最后一次是于 1944 年 1 月 30 日击落了一架 B-24 轰炸机。（John Weal © Osprey Publishing）

轻便版的飞行员渔网头盔或者叫“LKp N 101”，其顶部有细网孔，可在夏季或热带地区改善通风，1941 年 6 月 16 日被批准供战斗机和驱逐机[9]飞行员使用，但很快就受到其他机组人员的青睐。耳机被设置于大的硬质侧板内，通过前额和后颈的皮革相连接。氧气面罩固定钩得到扩大，或替换为六边形基底的铝制柱，安装些嵌板的前缘，形成两种截然不同的型号。第一种可以采用两带或三带的面罩，而另一种（没有可调节的帽顶头箍）只能采用两带的面罩。

通信线缆一直是一种负担，经常被基地技术人员缩短，有时甚至大幅缩短，余下的部分则转移到飞机内部的设备上。

连体飞行服

世界上大多数的空军飞行服都是由传统的工装服发展而来的，很少考虑到它们作为生存辅助的潜力，穿着者仍然依赖于从飞机内找到救生包。尽管飞行防护服被官方简单地命名为连体工作服（德语：Kombination；英语：overall），但后续的型号都融合了创新的特点，后来成为世界各地飞行服装设计的标准。

飞行防护服分为夏季版和冬季版，二者又进一步细分为陆上或海上的飞行防护服，后者是由具有更强隔热性能的材料制成。大多数机组人员都遵循这种与环境相匹配的着装体系，尽管实际穿戴的着装常常取决于实用性或个人偏好。

夏季版：34 式夏季连体工作服（K So/34）与 LKp S 头盔是用同样轻便耐用的混合棕色棉布制造的。最显著的特征是一条隐形的长拉链，从左臀部对角斜穿到右肩，被一个有纽扣的防风片盖住。左胸上部有一个带拉链的贴袋，用来放置地图等物件。垂直嵌置的 13.5 厘米 ×3 厘米的棕色皮带，缝制在胸部中下部，形成两个单独的环，用于固定氧气面罩软管夹。袖子是三件套的“牛角袖”设计，内侧袖口带有弹性，配有拉链，可以拉到袖口。每侧臀部都有拉链开口，方便接触内穿裤子的口袋，并且每个膝盖的内部口袋都有水平拉链，用来放置救生设备。小腿内侧的接缝也用拉链闭合，胯部有一个水平拉链（坐着时更容易打开）。1934 年连体工作服经历了一系列细微的变化，产生了 7 个主要的型号。1935 年 12 月 17 日，为防止拉链慢慢打开，每个袖口上都增加了一个短按扣带。

1937 年，充气救生衣的引入引发了最重大的发展。这套衣服的设计初衷是穿在救生衣外，以保护救生衣不被飞机上的物体绊住，防止让降落伞吊带磨损。因此，有必要提供一条通往救生衣充气呼吸袋的快速通道。最直接的解决方案是在上腹部加一条短拉链，正好低于并平行于主拉链。然而，当救生衣需要口部充气时，衣领和主拉链必须解开，才能接触充气管。

柏林的卡尔·海斯勒（Karl Heisler）的公司开发了一种快速打开的拉链扣件装置，由 35 个皮革环穿过 36 个钢孔，并由一根绳索固定。绳子中心系有一个隐藏在三角形带按扣的安全封盖下的大型钢制手柄环：连续拉动手柄环，会将细绳从其通道中拉出，并打开扣件。

这种设计提供了既能通往背心可充气呼吸袋，又能通往嘴部管子的完整而快速的通道。大开口也方便了背心扩张，减轻了对胸部的束缚感。它的存在决定了必须取消胸部口袋。海斯勒专门为签约的飞行服制造商提供该设备，因此在套装内部出现了卡尔·海斯勒标签（直接缝制到扣件），这些服装由柏林的康塞和施勒特尔公司（Cunsel & Schroedter）、符腾堡州的贝克莱登斯法布里克·哈贝特公司（Bekleidungsfabrik Habett），以及斯特里格尔巴伐利亚的斯瑞格和瓦格纳公司（Striegel & Wagner）生产。为了加快生产速度，德国柏林的弗雷德里希·艾默里希公司（Friedrich Emmerich）和德累斯顿的切什公司（Tschache & Co.）后来获得许可制造这种装置。这些拉链扣件的两端都打了个结，以防止意外打开，许多扣件在使用寿命内似乎一直保持这种状态。

从 1937 年 5 月 20 日开始，制造商接到要求，在外侧大腿缝中安装有拉链的口袋，用来装两个伤口敷料包（左边），并将重力刀（机组人员用的刀）固定在一个小内袋中；11 月 10 日的命令让这个内袋的宽度从 4.7 厘米增加到 5 厘米。最终，在 1940 年 6 月 7 日，一个稍微缩小的左胸口袋被恢复，在内部安装，外部无拉链。裤门襟拉链同时得到加长，且改为垂直设置。似乎是对机组人员坚持在救生衣下面而不是上面穿飞行服套装的认可，胸部氧气软管的环带被减到 2 厘米宽，位置稍高，占了口袋的位置，以避免被救生衣阻挡。

冬季，陆地版：33 式冬季陆上连体工作服（KW 1/33），绰号“巴伐利亚人”，采用上等的灰蓝色或者棕色“棉绒”斜纹棉布制成，内衬全部是羊皮。前面传统的垂直开合拉链得到保留，与其同时代的 1933 式夏季连体工作服（K So/33）和 1933 式冬季海上连体工作服（KW s/33）保持一致，但是用 8 个大的陶瓷纽扣而非拉链固定。在臀部和膝盖上方有大的贴袋，口袋外面有很大的扇形袋盖和陶瓷纽扣。这些套装通常缺少其他型号的胸部环带，氧气软管被夹在前排扣上。尽管如此命约瑟夫·普里勒（Josef Priller，左）是一名德国战斗机王牌飞行员，有 101 次空中击杀记录。站在他身边的是埃里希·哈特曼，以惊人的 352 次空中击杀记录结束了自己的战斗生涯，其中大部分击杀是在东线取得的。

名，但在水上飞行的可能性用途促使人们增加了一个垂直的救生衣拉链，位于按钮开合的右侧，或使用海斯勒拉链扣件。大腿外侧放置小刀的口袋和伤口敷料口袋也与夏季款同时出现。

这种布局保持不变，直到1940年6月7日得到命令，要求所有未来的产品与其他型号标准化。前面的纽扣被一个对角主拉链取代，增加了一个垂直的裤门襟，并在左胸部安装了一个可以通过外部进入的内部口袋——现有的库存可以通过外部贴袋来修改。

冬季，海上版：从皮质的1933式冬季海上连体工作服演化而来，1934式冬季海上连体工作服由深棕色的小牛皮制成，有对角线的主拉链，厚厚的羊毛内衬和较大的黑色或棕色的羊皮领子。在1940年，尽管主要细节和修改遵循了1934式

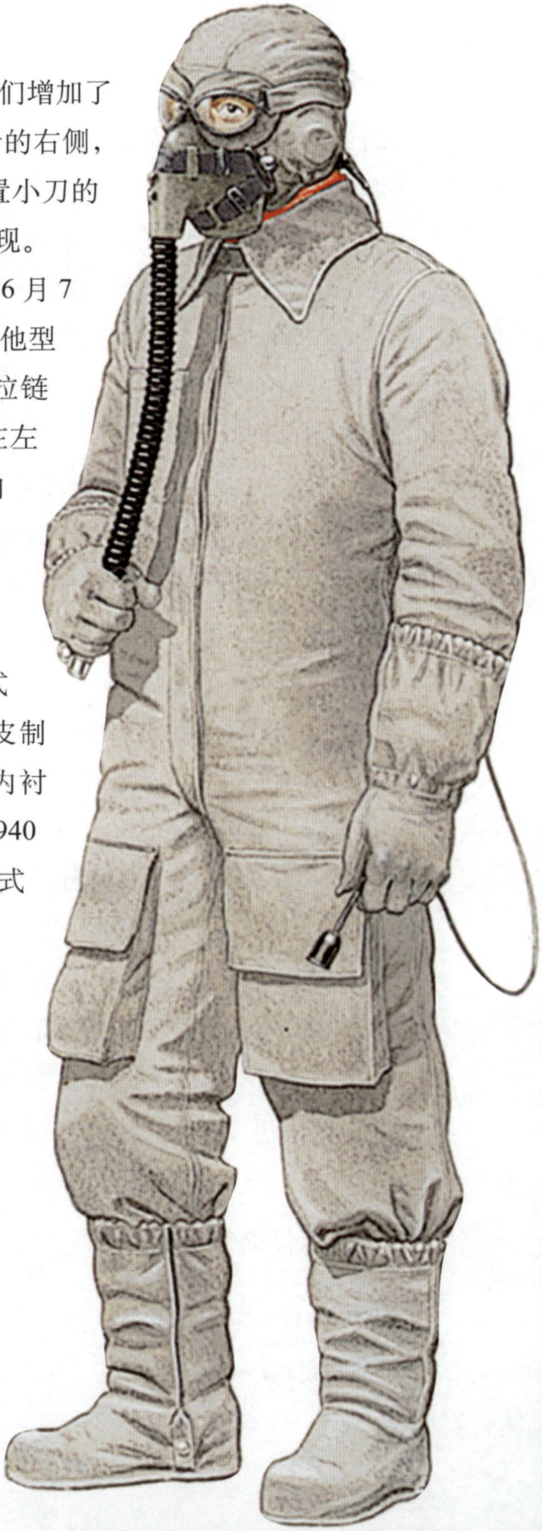

1945年4月，德国布兰迪斯（Brandis），第400战斗机联队的联队长沃尔夫冈·斯帕特少校，穿着一套特殊的连体服装，这套服装是为保护驾驶Me-163的飞行员而设计的。注意手套口和靴帮顶部带松紧的松紧口。护目镜和氧气面罩是保护驾驶舱内不受有毒蒸气烟雾侵害的必要设备。尽管制造商声称它是耐酸的，但许多飞行员抱怨说衣服材质“漏得像筛子一样”。斯帕特驾驶Me-163后未能击落敌机，但随后在Me-262上最后一刻实现了“王牌飞行员”地位。（John Weal © Osprey Publishing）

夏季连体工作服的设计，但是笨重的毛皮被抛弃了，取而代之的是柔软的“羊皮”，且小山羊皮的皮面未染色。从1937年开始，1934式冬季海上连体工作服有时会配备腰部拉链或者海斯勒拉链，有时二者兼有。虽然拉链可以重新密封，从而在穿着时保持一定的温暖和舒适，但在寒冷、潮湿或者戴手套的情况下，操作起来很困难。

1934式冬季海上连体工作服的价格昂贵，生产速度缓慢，相反，一款战前的奥地利型号反而经常得到配发，其特点是从衣领到脚踝裤口有两条全长拉链。

电加热：必要时，冬装可以穿在深灰色棉质带电热的连体工作服（K 20/24）外面，这种电热加热内衣于1936年6月25日引入，与带电热加热的飞行员袜子（F 20/24），以及带电热加热的飞行员手套（Ha 14/24）搭配穿，其中带电热加热手套的里层是优质的羊毛手套。加热服的电源线从服装后部的小开口，通过外套的臀部口袋口与飞机上的电路相连。这种衣服在1939年停止使用。

单座战机：冬季服装在轰炸机的狭小空间内已经够笨拙，对于狭小的战斗机座舱来说更是非常不合适，尽管许多人这样穿过。1940年2月16日，一款新型的连体工作服（KW Fl bR/40）得到批准用于空间有限的飞机。这些相对轻便的服装，内衬为4毫米的深蓝色或紫色的人造丝“精梳绢丝”棉绒，与大翻领相称。虽然没有加热功能，但衣服的手腕和小腿处有一个带外部连接器的电路，可以从飞机的变阻器获取电力，加热手套和靴子。这套服装采用海斯勒拉链标准的斜拉式拉链风格，也适用于1940年6月7日的修改。

两件套飞行服

1941年4月24日，连体服套装的生产正式停止，尽管一些现有的合同直到1942年才完成。从此以后，各种样式都被制成1941式飞行防护服、工作服（两件套），这些两件套在当年中期开始投入使用。

这款夹克相对简单，只有一个左胸口袋，在垂直主拉链的一侧有由皮革或配套布料制成的双环带。真正的进步在于裤子的设计，裤子上有宽大的口袋，用来放救援和救生设备。携带的物品由个人选择，但通常包括应急口粮和医疗工具。裤子经常与夹克搭配，不仅提供了多样性和更大的活动自由度，而且在如厕时具有明显的实用优势。两件套服装上使用的徽章有限：胸鹰和袖口军衔章或肩章往往使用布质版本，而羊皮类型通常保持原样，不加装饰。

夏天：1941 式夏季工作服（K So/41）的夹克是小翻领，带有按扣标签，普通开口袖口可以通过两个纽扣进行调节。大部分产品是灰蓝色布料（有时是灰绿色），配有毛线编织的束腰带，但另一版本是用与母本 34 式夏季连体工作服相同的棕褐色布料生产的。这种版本有一个与之相匹配的布质束腰带，每侧可通过内部安装的合金摩擦搭扣和布带进行调节，并使用两个“普利民”（Prym）按扣关闭。这种棕褐色布料的库存在 1943 年耗尽。裤子的腰带可以通过每个髋关节前的摩擦搭扣来调节，并为布质吊带配有纽扣或网环状附件。内置的法兰绒围裙经常用来防止重型设备摩擦着装者的大腿。

冬季，陆地版：1941 式冬季陆上工作服（KW 1/41），相当于 1933 式“巴伐利亚人”冬季陆上连体工作服，主要是用柔软的蓝色布料（偶尔为橄榄绿）制造的，有羊皮内衬和大羊毛领子。帆布束腰带上有摩擦搭扣，可以调节松紧。除了一个有外部开口的内部胸袋外，两个对角斜插袋位于前部较低处，通常用按扣标签紧固。裤子的布料比夹克使用的布料编织得更紧密，颜色是更深的灰蓝色。

冬季，海上版：最初的 1941 式冬季海上工作服（KW s/41）采用优质天然羊皮，内层为深褐色或黑色羊毛，带衣领。单一的胸部贴袋和环带，要么使用相匹配的绒面革，要么使用对比鲜明的皮革，帆布束腰带用两个按扣固定。后来又增加了带按扣的斜插袋。羊皮裤子被

地面技术人员开始修理一架 Bf-109 战斗机的发动机。随着战争的进行，为保持飞机运作，地面机组人员承受的压力越来越大，特别是在损失赶上产量的情况下。

认为太脆弱了，不足以支撑装满生存装备的口袋，因此就没有这一功能。从束腰带延伸出的帆布加固片被整合进服装，用以分散负载来解决这一弱点，这些版本是用棕色和灰蓝色的羊皮染制而成，口袋和加固部分的颜色也相同。

电加热：1941 式飞机上有限空间用的工作服（KW Fl bR/41），使用与 1940 式飞机上有限空间用的连体工作服（KW Fl bR/40）相同的重型灰蓝色帆布，带有精梳绢丝内衬和加热靴子和手套的连接器：夹克和裤子的束腰带上必然增加类似的电路连接点，以完成整个闭合电路。1943 年末，这种套装的全皮版本得到生产，用大量的黑色、棕色或灰色的皮革制成，以提供有限的保护，使其不受当时使用的高腐蚀性合成燃料的伤害。

手套

1933 年，4 种棕色皮质的飞行员手套开始配发。夏季款被指定为 HS 5 m/33 和 Hs 5 0/33，可能带或不带护腕，无内衬；与之对应，冬季款被指定为 FW 5 m/33 和 FW 5 0/33，带内衬。在手腕和袖口配有按扣或扣带，以抵御寒风。为有线的 KW Fl bR/40 和 KW Fl bR/41 套装而开发的电热 FW m/40 手套，由灰蓝色或棕色软绒面革制成，带有 8w/24v 电器元件、优质的精梳绢丝内衬，并在护腕处配有连接器。黑色、棕色和灰蓝色的带电加热和不带电加热的手套，与全皮 KW/41 套装一起生产。

鞋类

飞行员的毛皮靴厚实牢固，带有橡胶鞋跟和鞋底。黑色或炭灰色的羊皮鞋帮在小腿内侧和外侧都有全长尺寸的钢拉链，方便穿脱多层衣服；长及小腿的外侧拉链在 1940 年因经济原因而停用。皮革紧固带，扣在鞋帮的顶部和脚踝前面，旨在防止靴子被降落伞打开时的冲击拉掉。从战争中期开始，材料质量开始下降，鞋帮是由下脚料拼接而成而非整块皮料，由于染料容易褪色，导致了一些变色，但生产标准依然很高。为 KW Fl bR/40 和 KW Fl bR/41 套装配套的带电热加热飞行员靴子的不同之处，仅仅在于里面整合了 11w/24v 的电器元件，外层的鞋帮顶部有皮革连接器标签。

1945 年 2 月，在帕尔希姆（Parchim），第 7 战斗机联队第 9 中队的中队长格奥尔格－彼得·埃德（Georg-Peter Eder）少校，身穿典型的战争后期装束，两件套带拉链的黑色皮质飞行服，大腿上各有一个大贴袋，外加军官腰带和德国空军配发给所有兵种的 M1943 式标准版软帽。还要注意他的护目镜、军衔标签和脖子上挂着橡树叶骑士十字勋章。1941 年 6 月 22 日（入侵苏联日），埃德第一次两次击落敌机，他不同寻常的职业生涯包括被击落 17 次、12 次受伤。（John Weal © Osprey Publishing）

不配发的飞行夹克

战斗机飞行员很快就采用了适用于驾驶舱狭小空间的实用服装，短皮夹克是他们的首选。这种服装不是官方配发的，而是由个人从各种渠道购买，一些下级单位或者只是几个好朋友组成的小团体会购买相似的夹克。在这些自制的服装中，最受欢迎的是一套昂贵的黑色皮质套装，带有独特的拉链式斜插袋。随着不断占领其他国家，飞行员无论驻扎在哪里，都有无数的替代选项可供选择。剪裁、扣件和口袋的差异很快就扩大了，其中一种特别的法式风格尤为流行。偶尔出现的布料版本往往是蓝色、灰蓝色或奶油色，配有羊毛编织束腰带、衣领，有时还有袖口。当配上徽章时，飞行夹克的外观非常漂亮，这自然吸引了天生派头的战斗机飞行员。虽然很少添加领贴，但有些士官直接把金属之翼（Metallschwingen）固定到衣领。

其他来源还包括英国空军部、美国陆军军需部和苏联空军——许多被击落的盟军飞行员留下的纪念品。美国陆军航空队 A2 型飞行员夹克很受欢迎，传奇飞行员海因茨·贝尔（Heinz Bar）经常穿这款；而阿道夫·加兰则被拍到穿着英国皇家空军的欧文（Irvin）羊皮夹克和裤子。不管起源如何，它们都只被允许在作战时穿，不允许在基地外穿，那里要求更“军队化”的着装。

高品质的棕色皮革和小山羊皮靴，带有长及小腿的内侧拉链，在早年特别受欢迎，由柏林的保罗·霍夫曼有限公司供应。黑色的全皮飞行员加热毛皮靴，有细白色羔羊毛内衬，设计用于套在电热加热的 F

20/24 短袜上，在 1939 年 6 月正式停产，但在战争期间仍继续使用，并保持光亮的体现。

热带制服

与其他诸国相比，德国在二战前对这种制服的经验非常有限。1940 年，历史悠久的外国设计为汉诺威研究所的热带研究部门提供了研究起点，由此设计的制服在德国国防军的装备中是最优秀的，实用、舒适、功能多样，而且外观时髦。

当陆军的颜色趋向橄榄绿色调时，德国空军的热带套装则是一种更传统的黄褐色——至少新衣服是这样。非洲的烈日、沙尘暴、大汗淋漓和频繁的洗涤（通常是用汽油，比水的稀缺性稍好一点）等因素叠加在一起造成了侵蚀和破坏，有些衣服褪色，几乎变成了白色。补给问题使得衣服的磨损愈发严重，经过修补的物品的使用时间比通常可接受的时间更长。衬衫和鞋类受到的影响最大，不过有时也会从缴获盟军的物资中得到补充。除了徽章以外，发给所有官兵和各个兵种的 1941 式热带套装的物品，从普通飞行员到将军都一样。

帽子

布面太阳帽（Tropenhelm）的帽檐十分明显，既深又宽，提供了有效的保护，并配有褐色的皮质帽带。帽子的内衬通常是浅绿色的，是棕黄色和绿色的混合色，偶尔也有橙色的棉布；这些颜色，就像陆军版的红色，被认为是抵御太阳辐射的最佳防护，同时也能让身体散热。压印的金属徽章，与那些佩戴在钢盔上的徽章配饰一样，被固定在太阳帽的两侧，其中盾形的国家色在右侧，而德国空军的“飞鹰”徽章在左侧。

更受欢迎的是热带飞行帽，这是羊毛飞行帽的轻便棉质版本，内衬通常是优质的棕褐色亚麻布。帽子上有一只灰白色的鹰徽，织在棕黄色的棉布背衬上，但保留了大陆版的国家徽章。历史照片和留世的帽子通常能显示出沿帽体中心线的垂直折痕，因为当不需要的时候，它被折叠起来放在衣服口袋里。

所有官兵都有权使用带有颈部保护的热带尖顶帽。这些厚实的棕褐色棉帽有一个宽大的帽顶，一个与众不同大尖顶，还有一个可以扣上的护颈帽帘，防护效果很好，但生产成本高，不易储存和携带。官兵们获配发的标准尖顶帽标识是以 BeV0² 为材料进行机器编织的；但一些军官选择用金属丝或等效物来装饰它们，增加了帽顶中缝的绲边，或者用金银金属线制成的下巴细绳来代替原来 1.2 厘米的棕色皮质下巴托。

奇怪的是，尽管有一些工厂制造的样帽可供选择，也有一些人员由单位或当地裁缝制作的类似帽子，但德国空军没有发行自己官方版本的热带军帽。这些帽子在样式上通常比陆军官方型号略逊一筹（例如，帽

1941 年 10 月，在利比亚德尔纳，第 1 斯图卡轰炸机联队第 2 中队的 Ju-87B-2 “A5+MK”（热带版）。在巴尔干半岛短暂停留之后，第 1 斯图卡轰炸机联队第 1 大队返回北非，他们在那里一直待到战役结束（后来改编为第 3 斯图卡轰炸机联队第 2 大队）。飞机外表是帝国航空部 79 式沙黄色涂装，其上涂有“MK”，这是该大队适应沙漠战争的外在证据。请注意，白色条纹被重新移至十字标志之后。（John Weal © Osprey Publishing）

子正面没有小凸起），而且通常侧面没有通风孔。另一种权宜之计是简单地将德国空军的徽章添加到买来的陆军版帽子上。

束腰外衣

热带版束腰外衣设计了 4 个口袋，可折叠翻领，这让人联想到失败的 1938 式制服，但它的正面开襟有 6 颗扣子，且由耐磨的棉质帆布制成。衣领用一个钩眼配合隐藏的标签和纽扣扣紧，尽管这种方式很少被使用。热带版的德国空军鹰徽，在制造时通过紧密的“之”字形缝线，缝制在右胸上方，以暗白色重工编织在棕褐色背衬上。只有胸袋是打褶的，而衣服下摆口袋是“风箱式”结构；一些更为节俭的制造商将口袋袋面一切为二，并在中间垂直处进行缝接。浅浅的袖口有带纽扣的开衩，允许做一些调整。只在腋窝和口袋处做了内衬，采用厚重的帆布和开放式编织的粗麻布，吸水性较强，尽管保留了带钩支撑背带和野战敷料口袋。

衬衫和领带

长袖和短袖衬衫都是用结实的棉质面料制成的，配有时尚的长尖领，可以插入塑料硬衬。打褶的大胸袋有很长的扇形袋盖。德国空军还提供了一款特殊版“胸鹰”，以白色织在三角形棉布衬垫上，衬垫颜色从棕褐色到浅巧克力色，不一而足；同时提供了布质马镫和为 1940 式肩章提供了棕色鹅卵石合金纽扣。衣服前面和衣服口袋的纽扣是棕色或灰色的，材质是陶瓷、合成纤维或碟形钢铁，大多数纽扣可以通过缝在背后的一个更小的塑料纽扣来拆卸。这两种衬衫的特点是都有很长的下摆，可以兼睡衣穿，而人们经常从下摆上剪下多余的布料来修补磨损的衣领和袖口。外出和阅兵时就系上宽大的棉质热带领带。

长裤

长裤采用传统的直筒剪裁法，配有合金摩擦扣的布腰带，穿过一圈裤腰通道，两个后部口袋带有轻微波浪状的扇形袋盖，袋盖下有隐藏纽扣，同时还有两个斜插臀部口袋。它们进入部队的服役时间有限，于 1942 年停止生产，更舒适、更实用的“小突击裤”被生产出来。这些裤腿裁剪得很松，左大腿前面有一个大地图袋，脚踝处通过一种像腰带那样的带扣装置收紧，可以用两种方式固定：一种是穿过搭扣，另一种（更快的方式）是穿过脚踝前部，在外侧接缝处用一个小纽扣固定。一种工厂改型使用狭窄的方头皮带，

1945 年 3 月，在帕尔希姆，第 7 战斗机联队第 10 中队的中队长弗伦茨·沙尔（Franz Schall）上尉，穿着类似于库尔特·韦尔特（Kurt Welter）所穿的马裤，搭配过膝长靴和轻便的飞行夹克。最显眼的是右胸前的德国空军鹰，肩膀上的上尉军衔标签，以及于 1944 年 10 月 10 日获颁发的骑士十字勋章，以表彰其取得 177 场胜利。在转战喷气式飞机后，先是诺沃特尼指挥部，然后在第 7 战斗机联队，沙尔共完成了 14 次击杀，直到于 1945 年 4 月 10 日在帕尔希姆进行紧急降落时，其 Me-262 撞上了一个弹坑引发爆炸丧生。（John Weal © Osprey Publishing）

固定在机器冲压的开框钢扣上，类似于山地步兵的多功能背包和布绑腿上的扣环。

热带短裤与长裤设计一致，长度到膝盖以上。在德国国防军，官方限定只能在非值勤期间穿短裤，不同于在后方地区只能在外出时穿着。在北非，它们被允许用于前线基地，短裤甚至偶尔被当作飞行服。

一些军官和高级士官选择穿热带风格的马裤，这种马裤是由棕褐色的斜纹布料制成的（有时也用于热带束腰外衣、热带短裤和突击裤的生产），但这些马裤不受欢迎，因为紧身的小腿很不舒服。

赫尔曼·戈林在德国军队阅兵时，手持元帅权杖敬礼。在一战期间，戈林已经升至王牌飞行员的级别，取得22次确认击杀记录。

鞋类

在整个沙漠战役的前半段，大多数人员必须穿标准配发的长筒靴或短靴。如果不定期上油，皮革在干燥的高温下容易严重开裂，特别是在脚趾和脚踝处。1942 年，经特别改进后的脚踝高度的系带鞋和更高的热带系带鞋开始大量配发部队，后者的高鞋帮用卡其棕色帆布制成。

大衣

与陆军不同，德国空军没有采用热带版本的大衣，尽管沙漠之夜极度寒冷，灰蓝色的大衣仍然是标准外套。

冬季制服

帽子

除了配发带小尖顶和帽帘的羊皮帽外，各种来源的各种型号帽子也被广泛使用。有些是由士兵自己制作的，他们偶尔会对标准的飞行帽进行非官方的修改，比如在两侧加上兔皮或羊皮帽帘。有些人得到罗马尼亚高顶羔羊皮帽，或苏联红军的可折叠护耳毛帽。

内衣

增补的安哥拉羊毛内衣也得到配发，有些人很幸运地得到了宽 37 厘米至 42 厘米宽、长 120 厘米至 150 厘米的法兰绒腰带，这种帮助保持身体中心体温的传统物品。当时配发的有两种灰白色螺纹毛衣，带 15

毫米长的灰蓝色领子条纹。这款六纽扣开衫风格的内衣是 V 领设计，目的是在搭配上衣或飞行服时不被看见。一款圆领的 1936 式套头衫毛衣外套有一个三纽扣的前襟，必要时可以翻回去不露出来。在替代款 1942 式毛衣上，衣领条纹被取消了。中间衬有人造棉质的中间层背心和中间层长裤于 1941 年生产，以棉布带紧固，裤子外面有腰带环，背带穿过其中与裤子并上。虽然这些衣服的本意是作为额外的内搭，但偶尔也会作为外穿穿着。羊皮马甲和兔皮夹克，这两种毛皮夹克由于横向通风、方便活动，也被用作内衣，但经常作为最外层的轻便夹克穿。灰色针织的颈部围巾和一种桶状的无边头套，提供了额外的保暖效果。

外套

暴露在户外的人员，比如轮式车辆驾驶员和炮手，能够配发到全羊皮的外套，带布质衣领，且接缝得到加固。长及大腿的大羊毛领子的版本也被生产出来。1941 年底，带有独特风格的棉质帆布外套被开发出来，可以从橄榄灰翻转到白色，带有独特的方格缝纫法或斜角缝纫法，但这些主要是发给伞兵。这种奢侈品在 1942 年中期被放弃，取而代之的是陆军厚重的冬装，包括外套夹克（Überziehjacke）、外套

1943 年 1 月左右，在苏联的奥廖尔，第 51 战斗机联队第 7 中队的中队长赫伯特 · 韦纳尔特（Herbert Wehnelt）上尉的 Fw-190A-3 “白色 11 号”。它的冬季白色涂装已经显示出明显的磨损迹象，韦纳尔特的“白色 11 号”的机尾上部也涂成黄色，以降低从上面的可见度。（John Weal © Osprey Publishing）

东线的 Fw-190 王牌飞行员。

左：1944 年早期，第 54 战斗机联队第 3 中队的奥托·基特尔（Otto Kittel）上士，是在东线 Fw-190 飞行员中得分最高的飞行员，图中他身穿一套带毛领的冬季连体工作服。

中：驾驶对地攻击机的飞行员中得分最高的，即第 2 斯图卡轰炸机联队第 5 中队的奥古斯特·兰伯特（August Lambert）少尉，图中可见穿着一套两件式黑色皮质飞行套装，这是许多单座战斗机和攻击型飞行员在战争期间的流行选择。

右：1943 年秋，第 54 战斗机联队的联队长汉内斯·特劳蒂夫特中校，穿着他最喜欢的皮夹克，带毛领，配军官马裤和及膝飞行靴。（Mike Chappell © Osprey Publishing）

裤子（Überziehose）、头盔或风帽，以及连指手套。鼠灰色、后来的混色印花和沼泽图案的迷彩面，要么是完全可反穿的灰白色，要么是不可反穿，带有灰蓝色人造丝内衬。大量缴获或回收的苏联棉衣和裤子经过清洗、修补，并重新发放。

二战期间，一座德国的雷达天线部署在欧洲某地。德国空军研发了世界上最先进的拦截系统之一，一旦轰炸机进入欧洲大陆领空，就会发出预警。

鞋类

从 1940 年 3 月 5 日开始采用的巨大的毛毡鞋，经常被错误地描述为不成对的，其设计是为了在长时间的静态工作特别是站岗值勤时，能套在标准靴子上。粗糙的毛毡鞋面，前后用两条皮带扣住，被缝制到坚硬的皮质鞋头和鞋跟上，后又被钉在厚实的木底上以隔离雪和冰，使脚免受冻伤。对于那些从事更为活跃任务的人，例如轮式车辆战斗组员和炮班成员，可以使用另一种类型。结实的灰色毛毡鞋面，前面是棕色的皮革材质，后面的接缝处进行了加固，与皮质鞋底进行缝合，或者经常用模压的橡胶鞋底单独缝合到脚跟和脚尖。第三种雪地靴，主要用于摩托车手和汽车司机，有防水和内衬的白色帆布鞋面和鞋帮，结合鞋帮顶上系带的鞋口，可以在膝盖以下形成密封以阻止风雪。白色皮革加强带重叠在明显凸起的鞋头部分。苏联的巴伦斯基（valenkii）毛毡靴也得到了广泛使用。

安全装备和救生设备

帽子

寻求加强头部保护的机组人员最初不得不临时使用标准的 1935 式或者 1940 式钢盔，其中一些钢盔两侧在基地车间被强压或向外锤打，以安装飞行头盔下面的耳机。从 1940 年开始，出现了几款试验型号，如飞行员防撞头盔和西门子 SSK 90 型，后者是用皮革覆盖的钢板制成的，但试验证明并不成功。一款合适的飞行员头盔，在设计风格上与伞兵相似，但为耳机预留了巨大的挖空，最终在 1944 年底被采用，但数量非常有限，几乎没有使用。

氧气面罩

大量的高空呼吸面罩（Höhenatemmaske）型号被使用。大多数是由绿色橡胶面罩组成，有时为了保暖和防风，还配有一个柔软的皮质裙边，并由两到三根松紧带或弹力带固定在头盔上。为了防止扭曲或结冰，软管上加了肋拱。最常见的型号是 HM 5 或 HM 15（大号）和 10-67，配件是三条带子；两条带子的 10-6701，偶尔转换成三条带子；还有三条带子的 10-6702，以及两条带子的 10-69。这些装备由柏林的奥尔－格塞尔舍夫（Auer-Gesellschaft）和吕贝克的德尔格（Dragerwerke）生产。

护目镜

20 世纪 30 年代末，护目镜的发展在 M295 和 M295a 防风镜上达到顶峰，这种防风镜是一体成形的灰棕色橡胶框架，而同期的巅峰之作 M306 飞行员护目镜，则有独立的橡胶眼板，由一个可调节螺丝的鼻梁架连接起来。弧形的镜片确保了最佳的视野，同时提供了良好的保护，以阻止飞行中的碎片。这些护目镜大多数都是由奥尔（Auer）或列茨（Lietz）提供的，装在金属或硬纸板容器里，配有清洁皮革或布，以及针对太阳、探照灯或雪地眩光的“尼奥普兰”（Neophan）或“温布劳伊”（Umbral）的着色镜片。拼接护目镜整合了所有这些属性，其镜片为非折射镜片，由李查古特公司（Nitsche & Gunther）研发。

救生背心

在单座和多座飞机上服役的机组人员，可以根据喜好或可用性选择两种主要的救生背心。第一种是由海斯勒设计的由卡波克（天然纤维）填充的 Schwimmweste 10-76A 型救生衣，采用暗黄色的棉帆布制成，采用独特的半刚性的“香肠”结构，带有绳索环和木制套索环用来紧固，以及一个用于将佩戴者的头部托出水面的大提领。这种设计很快被证明对昏迷或受伤的飞行人员是一种危险：因为背板比前板大，因此浮力更大，它可以轻易地让穿戴者在汹涌的水中面部前倾而导致溺水。到 1940 年底，改进型 SW 10-76 B1 通过简单的轭架和网带系统代替了这种面板，解决了这个问题。与此同时，提领略有改造，并配备了一套按扣式下巴支撑。

第二种为更紧凑的型号，是 1936 年—1937 年由德尔格公司开发的充气式救生背心 SWp 734 10-30，采用柔软的防水棉帆布制成，并通过安装在左下叶的 0.06 升压缩空气缸，或者左胸的橡胶口充气管来启动。SWp 734 的主体是棕色的，与砖红色的肩轭和领口形成对比，并在腰部和胸部的中间用灰黑色的结实网带和“双 O”形的摩擦扣固定。虽然有些机组人员按照规定在飞行服下面穿着充气背心，但绝大多数人并没有这样做。因此，用更明显的黄色代替棕色来辅助救援行动是一个实用的方案，但救生背心在其他方面保持不变。

衣服和装备

飞行员护目镜，配备了可翻转的红色滤光片，有助于减少夜晚的探照灯闪光、沙漠的阳光和雪地眩光（1）。1936 式 K20/24v 飞行服套装（2）穿在不带电线的飞行服下面，搭配电热手套和靴子一起使用。为电热护目镜，在肩胛骨高度的位置提供了通电的连接点。

现代化的 1941 式飞行服裤子（4）设计了特殊的储物

口袋，用来放置27毫米口径的闪光信号手枪和可伸缩的信号旗（3），10发闪光子弹和37式重力刀，两个伤口敷料包（5），以及许多其他的生存物品。有时会在内部放入“围裙”，起到防摩擦的保护作用，并提供一些舒适感（6）。值得注意的细节包括钢制或布制系带固定环，以帆布制成的口袋支撑，座位加固板，电缆出口位置和皮革绷带固定环。根据要求，降落伞装配工或者安全设备装配工偶尔会增加安全按钮或拉动标签（4）。早期的服装制造商的标签提供了对敌人情报来说至关重要的、有关工业的目标信息，所以为保密起见，在1942年晚些时候采用了一套帝国工厂编号系统（7）。然而，一些生产商没有抓住要领，简要地使用帝国工厂编号系统，同时还附上了他们工厂的地址！三种主要的氧气面罩型号是两条带子的德尔格10-69（Dräger 10-69，8），三条带子的奥尔10-67（Auer 10-67），带麂皮的护面面具（9），以及两条带子的德尔格10-6701（10）。图中除了单人救生包（11）外，标签上还详细说明了三人救生配件包的内容，包括药箱、遮阳板和防冻剂，以及详细介绍寒冷环境和海上生存技巧的小册子。额外的照明弹经由商业生产的各式各样的机枪弹药带（Patronengurt belt，13）和步枪弹药带（Patronenreimen cartridge-strap，14）携带，通常固定在小腿上部。1.5伏特、0.5安培的遇险灯，也就是海空救援信号灯（15），电池续航8小时，可以夹在系绳上（让它漂浮），或者直接连接救生衣，图中是SWp 734 B1（16）。（Karl Kopinski © Osprey Publishing）

SWp 743 在设计上有一个类似于卡波克填充型的缺陷，因为它的背板有一个低于肩膀高度的气囊，导致了同样的倒置危险。同时重新设计的型号是 SWp 743 10-30 B1，带有开放式背部、肩轭和皮带设置。1941 年初，10-30 B2 问世，不同之处在于，它用更便宜的塑料代替了一些金属配件，特别是充气管的镀镍吹口，在极冷的情况下，吹口会冻到人的嘴唇上。

降落伞

和大多数同时期的空军一样，德国空军使用了三种独特的降落伞搭配。这三种降落伞于 1936 年入役，直到 1945 年基本保持不变。战时使用的主要型号是座包式的 Sitzfallschirm 30IS-24B（fl 30231）、背负式的 Ruckenfallschirm 12B（fl 30245）和降落伞背带式 Fallschirmgurt 30-11-24（fl 30208），最后一种带可即时拆卸的胸部降落伞 Brustfallschirm 10-3 Dl（fl 30210）。降落伞选择取决于飞机类型和机组人员职位，单座和双座飞机的机组人员使用背负式或座包式降落伞，而轰炸机的各个机组人员需要三种类型。

这些降落伞伞盖的平均直径为 7.32 米（展开时为 5 米），由白色丝绸或“马科”（Mako）人造合成织物制成。它们可以在飞机 400 千米 / 小时的速度时安全展开，平均下降速度为 6.5 米 / 秒。德国和英国在战前进行了大量研发，这三种型号都与英国皇家空军的同类产品惊人相似，尤其是使用了从英国欧文设计中复制的快速释放的施洛斯－奥托弗卢格（Schloss-Autoflug，SA）带扣。与盟军类型相似，但不像德国伞兵型号，背带式的特色是织物吊带从肩膀引出，这样可以保持重心更高，从而安全着陆。

其他装备

根据环境的要求，德国空军为机组人员提供了各种各样的生存设备。其中包括营养价值极高的应急生存口粮、使用固体燃料片的 9 型“艾斯贝特－克歇尔”（Esbit-kocher）[10] 折叠式野战炊具、医疗包、带夹层以卡波克填充的睡袋和高质量的大砍刀。

两人、三人或四人的充气救援艇可以装到更大的飞机上，或单兵把一艘单人救生艇装进一个特殊的背包里自行携带。电池供电的 NSG1 型无线电发报机最初与这些船一起装载，从1941年开始被更小的发电机供电的NSG2型和NSG4型替代。这些手摇曲柄的发电机提供了更长的持续时间，附加的好处是保持士兵更为活跃、专注和暖和。识别设备包括染料标记袋、信号旗和烟雾标记。

机组人员通常携带一支闪光信号枪，配有大量的彩色信号弹和照明弹，以及伞兵信号弹和降落伞型照明弹。最初把子弹散装在口袋里的做法并不令人满意。各种商业生产的可携带照明弹的腰带有限地投入了服役，但很难与降落伞和救生衣搭配穿着。到目前为止，最实用的方法是在一条或两条小腿上戴上十发弹的子弹带。

37式重力刀，主要是为了让被救援的飞行员能自行切断缠在一起的吊带和伞绳从而脱困。一些标准的飞行装备，如39式腕式指南针和航空导航地图，在地面上也同样有用。这些耐用的塑化亚麻布地图通常印在黄色背景的布料上，在红色的夜灯下更不容易反光。

德国空军人员就这样被组织、装备起来，服役于和平和战争时期。在战时的服役，他们遍及各种想象得到的环境和战场，从北非的热带炎热到苏联的严酷寒冬，从1941年在法国田园诗般的服役到1944年和1945年在德国上空的死亡战斗。下一章将讨论他们在冲锋陷阵的作战能力中最重要的元素——轰炸机。

注释

[1] 此处的德国防卫军（Reichswehr），区别于前面的德国国防军（Wehrmacht）。本书对这两个词的概念没有深入的表述，总体上说来，德国军队在1919年—1935年为德国防卫军，在1935年—1945年为德国国防军。纳粹德国国防军包括陆军（Heer）、海军（Kriegsmarine）和空军（Luftwaffe）。一战结束时，德意志帝国的军队几乎完全解散。士兵独自或是结伴返回德国。这些士兵很多后来成为半军事自愿组织自由军团

（Freikorps）的成员。1919 年 3 月 6 日，魏玛共和国颁布法令，建立了临时国防军，包括临时国家陆军（Vorläufige Reichsheer）与临时国家海军（Vorläufige Reichsmarine）。9 月 30 日，军队被重新组织为“过渡性军队”（Übergangsheer），直到 1921 年 1 月 1 日政府按照《凡尔赛条约》的规定建立德国防卫军（Reichswehr）为止。

1933 年—1934 年间，时任德国总理阿道夫 · 希特勒秘密开始了德国防卫军的扩充。1935 年 10 月 15 日，纳粹德国正式将德国防卫军更名为德国国防军。

[2] 其他军衔人员，是指除军官和士官以外的兵员。

[3] 士官职务，在二战时的德军，更倾向为一种职责。

[4] 芬尼（德语：Pfennig，pf）为二战时期德国货币单位，1 德国马克 =100 芬尼。

[5] 侧边帽（side cap），是一种可折叠的军用帽子。美国叫飞行帽（flight cap）或驻防帽（garrison cap），加拿大叫船形帽（wedge cap），英联邦国家官方称作野战军帽（field service cap），但更通行的叫法是侧边帽。

[6] 实际上就是德国空军人员的常服。

[7] 下文有关服装的介绍中多次提到“标签”，英文原文为“tab”，是指一小片布料，用以系紧衣服的有关部分。

[8] 德国军人分军官、士官和士兵，士兵中又分很多类，此处为高级士兵。

[9] 在本书中，驱逐机即为重型战斗机，比如 Bf-110。

[10] Esbit 是德语 Erich Schumm Brennstoff in Tablettenform 的缩写，二战中在国防军中用于紧急炊具，至今仍在联邦国防军使用；Kocher 在德语中为简易炉子的意思。

在东线，德国空军的地勤人员尝试在行动前预热 Ju-88 发动机，在每台发动机周围搭建保护性的加热帐篷。Ju-88 在每个德国前线都发挥了作用，构成了德国战术轰炸机部队的核心。

第三章

轰炸机：战略影响

BOMBERS STRATEGIC REACH

正如第一章所指，德国空军从未构建起一支可以匹敌英国或美国的轰炸机部队。这一结构的战略劣势已经讨论过，但是我们绝不应忽视德国的轰炸机在攻击时，仍然能够造成巨大的破坏。超过4万名英国平民在1940年—1941年的闪电战中丧生；在1942年的初秋持续不断的空袭中，斯大林格勒几乎被夷为平地。作为地面部队的支援兵种，轰炸机部队是闪电战不可或缺的组成部分，通过猛击敌军集结点，为部队进攻铺平道路。轰炸机的重要性可能最终被希特勒的战斗机所掩盖，但它仍然为国防军提供了最重要的战术和战略影响力。

轰炸机

He-111是德国空军中型轰炸机中最重要的机型，一位著名的航空历史学家将其描述为“20世纪30年代中期最出色的军用飞机之一”，这一评价十分中肯。与其同时代两个机种多尼尔Do-17和容克Ju-88（所有三种类型都在1934年—1935年的深秋或冬天的几周内执行首飞）一样，He-111起源于1932年7月德国陆军军械局（Ordnance Bureau）秘密绘制的设计说明。那是在阿道夫·希特勒上台之前，当时执政的魏玛政府至少表面上仍在竭力遵循《凡尔赛条约》对德国重整军备施加的限制。

因此，多尼尔、亨克尔和容克公司接到要求，设计生产出一种高速、双发、全金属的单翼机，作为德国国家航空公司——德国汉莎航空展现声望的新式客机或者邮政飞机呈现给外部世界，但与此同时，也可以作为一种现代的、最先进的中型轰炸机，以供国家羽翼未丰但还秘密发展中的军事航空兵种，即德意志帝国空军使用。

1935年2月24日，亨克尔的新飞机进行了第一次原型飞行，之后，He-111经历了一系列机械、动力装置和空气动力学的改进。然而，在西班牙内战期间，它已经做好了充分的战斗准备，可以在秃鹰军团的编成内飞行，与 Ju-52 运输机协同行动，参与轰炸任务。到二战开始时，它已经发展出其定型版本 He-111H，配备了两台 1350 马力的容克 Jumo-211 活塞发动机。通过其不对称的玻璃机头，能够立即辨识编配 5 名机组人员的 He-111，其最高时速约为 436 千米 / 小时，最高飞行高度为 6700 米，最大航程为 1950 千米。尽管 He-111 的载弹量根据其型号不同而有所不同，但它通常能携带 2000 千克的内部载弹量，以及同样重量的外部载荷（位于内部弹舱上）。防御性武器包括各种大炮和机枪，分别安装在机头、机背和机腹的位置。

一架 He-111 向目标地区投放炸弹。根据不同的型号和配置，He-111 在内部和外部一共能够携带大约 4000 千克炸弹，外部弹药通常是太大而无法装进内部炸弹舱的类型。

He-111型号和用途的多样性无法简要概括。飞机的角色包括滑翔机的牵引机、伞兵运输机、探路侦察机、夜间轰炸机，甚至是Fi-103飞行炸弹的空中发射平台。然而，它并不能与盟军最优秀重型轰炸机相媲美。

He-111确实是一种中型轰炸机，但远不能与“兰开斯特”或B-17轰炸机的性能相比。例如，“兰开斯特”轰炸机最多可以携带10000千克炸弹飞行4070千米，飞行高度达7470米。当时只有一种德国轰炸机具有类似的潜力，即亨克尔He-177“狮鹫”(Griffon)，其设计始于1938年，当时帝国航空部要求制造一架重型远程轰炸机。He-177是一架细长的飞机，安装有创新的动力装置。取而代之4个发动机（每个机翼两个），该机采用4个DB-601发动机安装在单发机舱内成对耦合，驱动单螺旋桨。该系统功能强大，但问题频出，其中最大的问题就是过热。然而，当情况顺利时，He-177可以携带6000千克炸弹飞行5500千米，并于1942年中期开始服役。任务包括突袭英国，还包括1942年—1943年向斯大林格勒运送物资。更不寻常的改型包括一种能够携带3枚Hs-

1941年4月，意大利格罗塔利，第1教学联队第5中队的Ju-88A-5“L1+GN”。在南斯拉夫和希腊短暂的战役期间，第1教学联队一些飞机上涂装的巴尔干战区标记的颜色，仍然存在一些疑问。图片来源似乎表明了这里所描述的颜色。(John Weal © Osprey Publishing)

293 空舰导弹的型号，包括 He-177A-5 配备了 33 个火箭发射管，甚至还包括一种打算携带未来原子弹的型号。然而，最终只有 1160 架 He-177 被制造出来，数量有限，维修困难，这意味着它们永远无法对德国空军的战时能力作出重大贡献。

He-177 并不是二战中德国空军制造的唯一一架重型轰炸机。这一类别的其他飞机包括容克 Ju-390、梅塞施密特 Me-264 和几架原型机，其中一些原型机被设计成跨大西洋的“美洲轰炸机”，这是希特勒对对手进行科技报复的又一项不切实际的计划。然而，这类飞机要么只制造了个位数，要么从未离开原型阶段。因此，德国空军仍将是一支中型或轻型轰炸机部队，但在这方面，除了 He-111 外，德国空军还拥有三款优异的飞机：多尼尔 Do-217、容克 Ju-88 和多尼尔 Do-17。

Ju-88 中型轰炸机的起源几乎正好开始于战争爆发的前一年，当时的帝国元帅戈林早些时候视察了容克飞机制造厂。那时，德国空军已不可逆转地致力于成为一支完全战术化的空军，其主要任务是在战场上支持陆军。韦弗的继任者都是战术空军力量的坚定拥护者，他们只考虑俯冲轰炸机和双发中型轰炸机。没有任何机型比 20 世纪 30 年代末在容克德绍（Dessau）工厂开发出的轰炸机——或者高速轰炸机更适合后者，即中型轰炸机。

Ju-88 是一架双发轰炸机，有 4 名机组乘员，3600 千克炸弹载荷。这是一种快速飞机，最高速度大约是 450 千米 / 小时，具体取决于型号——并且它具有相匹配的机动性。这款新飞机给戈林留下了深刻的印象，在他造访后的几天内，授权容克主管海因里希·科彭贝格（Heinrich Koppenberg）博士立即开始批量生产。这封信的日期是 1938 年 9 月 3 日，以下面一句话结尾，“现在请在最短的时间内为我建造一支强大的轰炸机队”。

毫无疑问，容克 Ju-88 设计优异，完全配得上“奇迹轰炸机”的称号，而且很快就被授予了这个称号。最初的原型机不配备武器，初始

的意图是像英国皇家空军后来的“蚊子”轰炸机那样，即 Ju-88 将完全依靠其优越的速度来逃脱敌方战斗机的注意。1939 年 3 月，第 5 架原型机展示了 Ju-88 的潜力，当时它为这一类别的飞机创造了新的世界空速记录，在德绍和德国最高的楚格山峰（Zugspitze）之间，以平均 517 千米 / 小时的速度完成了 1000 千米的闭合回路飞行。然而，在戈林 1938 年 9 月去信之后的 12 个月里，Ju-88 的大规模生产并没有完全按照计划进行。事实上，它几乎没有着手开始生产，给帝国元帅留下如此深刻印象的原型机还远未做好批量生产的准备。此外，除了新设计

1940 年初，在德国对低地国家的战争中，出现了两架多尼尔 Do-17 战机。Do-17 的细长外形为它赢得“飞行铅笔”的绰号。

通常面临的各种起步困难外，帝国航空部内部的保守力量还决定给“奇迹轰炸机”装备防御性武器。对Ju-88来说，更具破坏性的是为其配备俯冲制动器，从而使它既可以作为高速轰炸机，也可以作为俯冲轰炸机进行作战。

这次官方对基本设计理念的修修补补，最终的结果不仅是最高时速降低65千米，而且打破了戈林希望稳定地向其作战部队交付新型轰炸机的希望。因此，1939年9月1日，在二战开始时，德国空军原本预期的“强大的Ju-88轰炸机队”并未出现，而是12架容克双发飞机在一线服役。

Ju-88的生产从1940年开始大规模增加，该飞机的作战贡献相应增加。在对法国和低地国家的闪电战中，第2航空队的Ju-88轰炸机战斗编队显示了飞机的多功能性。他们被用于经过验证的俯冲轰炸能力，但没有用于反舰。相反，他们执行了对荷兰和比利时机场的高炮防御力量进行精确打击的任务。

Ju-88在战斗中表现出低损失率，这反映了敌人防御的薄弱本质，同时也反映了飞机自身的速度和机动性。整个不列颠战役期间，在参与空袭的德国空军双发轰炸机三剑客中，Ju-88每架次的伤亡率持续地远远低于He-111或Do-17。英国皇家空军战斗机指挥部的飞行员也坦率承认，在这3种飞机中，容克是最难击落的。尽管他们尽力而为，但在英国上空被摧毁的Ju-88轰炸机仍然顽固地保持在较低水平。在从7月到10月的4个月里，Ju-88的损失只有10天每天超过了3架飞机。通常情况下，损失可能只有一架。只有4次，Ju-88的总损失架数达到了两位数，而且几乎每一次都是因为特殊情况。

令人深思的事实是，到了7月，因训练事故、坠机以及欧洲大陆上空的故障而报废的飞机数量，超过了直接对敌方行动造成的20多架飞机的损失。几乎可以肯定，一旦他们掌握了飞机的控制技术，对于1940年夏天的Ju-88机组人员来说，最安全的地方是在英格兰南部，在

一架 Ju-88 挂弹待飞，在执行任务前接受地勤人员检查。SC-250 炸弹是德国空军标准炸弹之一，用于俯冲轰炸机和水平轰炸机。

那里他们开展了快速的、打了就跑的突袭。

在二战期间，Ju-88服役表现持续亮眼。其性能赋予它很大的战术灵活性，因此它在各种角色中都有所表现——俯冲轰炸机、夜间战斗机、鱼雷轰炸机、重型战斗机以及传统的中型轰炸机。总产量超过15000架，远远超过He-111的6500架，本质上使其成为德国空军轰炸机的支柱。

德国空军对灵活的战术轰炸机的重视，最能体现在多尼尔Do-17上。由于外形纤细，多尼尔Do-17被亲切地称为“飞行铅笔”。Do-17

1944年引入的Ju-88/Bf-109“槲寄生”（Mistel）组合是一种拼命措施。无人驾驶的Ju-88机头装满了炸药，并由战斗机驾驶到目标上空释放。

也是在20世纪30年代设计的，但它是一种轻型轰炸机，只有1000千克的炸弹载荷。它的两台Bramo Fahir径向活塞发动机能够达到最大速度410千米/小时，其机动性非常出色，经常通过快速空中翻转和俯冲来躲避敌机。在1939年对波兰的战役中，它是主要的德国空军轰炸机，但是渐渐地，Ju-88抢了风头，Do-17在战争期间只生产了2139架。

然而，Do-17衍生出了更重的改型Do-217，最终（以Do-217M这一型号）能够携带4倍于原型机的炸弹载荷。然而，日益强大的发动机无法克服Do-217失去Do-17的灵活性能的事实，而且飞行员常常对这一飞机不够满意。总产量不到2000架，其中许多不仅作为中型轰炸机，而且用作夜间战斗机和侦察机。和德国空军的其他兵种一样，德国空军的轰炸机部队也采取了多任务处理方法，这无疑赋予了它巨大的战术灵活性。

战斗轰炸机飞行员

轰炸机机组人员自己又是什么情况呢？尽管许多作为机组人员加入德国空军的男性，很快就被轰炸机吸引，但很大一部分人最初梦想成为战斗机飞行员。然而，那些在性格上不适合这个职业的人，则被重新引导去接受多发机型的训练。虽然一开始令人失望，但这实际上是对他们专业技术水平的极大肯定。起初，德国空军认为轰炸机部队是取得胜利的真正关键。因此，最优秀的新兵被引导到这支精锐部队。战斗机飞行员更需要有创造力，也许需要冲劲，而一名轰炸机机组人员，需要更加深思熟虑、更加审慎。

轰炸机和战斗机机组人员的明显区别是，前者要求更广泛的专业化，包括观察员、无线操作员、飞行机械师和空中炮手。被选来担任观察员轰炸机导航的现实情况。领航员通过时间标记、地标、地图工作以及经常靠运气来找到目标。在许多情况下，整个轰炸机中队都偏离主要目标数千米。

（Beobachter）执行各种复杂任务的人，最初参加导航或者侦察学校（德语：Aufklärungs-Schule；英语：reconnaissance school），直到 1942 年秋季成立了 4 所专门的战斗观察员学校（德语：Kampfbeobachterschule；英语：battle observers' school）。在 9 至 12 个月的在校期间，他们熟练掌握导航、制图和地图判读、摄影、基本火炮射击和空中战术。他们学会了操作各种导航仪器，从简单的飞行计算机到最新的无线电制导系统。技术较低但有效的方法也在运用：教官摇动椅子，模拟飞机的振动和湍流，学员在椅子上进行六分仪识读练习。自然，大量的时间都用于炸弹瞄准，用航空相机（德语：Luftbildkamera；英语：aerial camera）代替轰炸瞄准器。1937 年决定观察员也将担任"机长"（实际上，这是一个非常灵活的称谓：虽然观察员在飞行中有总指挥权，而且通常军衔较高，但是所有的人员都习惯地称呼"飞行员及其机组人员"）。这些人现在必须具备适当的权威和领导才能，因此要么就读于士官学校，要么就读于军官学校，通常以中士或少尉的身份毕业。

无线电操作学员（德语：Bordfunker；英语：wireless operator）被要求在航空信号学校（德语：Luftnachrichtenschule；英语：air signals school）接受为期 9 个月的高强度、严要求的课程，同时学员将前往高炮部队和其他部队服役。他们学习地面无线电接收和传输，必须熟练掌握莫尔斯电码，每分钟至少发送和接收 100 个字母。他们还掌握了导航理论和仪器仪表，但被送往另一所学校（有机场通道）开展实际飞行体验和实际导航、地图判读和无线电测向练习。

飞行机械师在机组人员中享有特殊的地位，肩负着保持飞机在空中飞行的根本责任。学员在飞行技术学校学习技术，时间大约在 9 个月左右。他们学习内燃机理论和基础空气动力学，并在多种航空发动机上获得实践经验。学员们有时被派到飞机制造厂实习。虽然这在一开始似乎有点贬低的意味，但这一过程给了他们关于飞机各种系统的宝贵而详细的体验，以及来自工厂工程师们的内部建议，这些建议也许有一天会让维修人员（Bord-Wart，“wart”的昵称源自 Wartung，意为维护）和他的同伴们非常感激。

第一次飞行

无线操作员正在为其首次作战飞行做准备。从 1937 年 5 月起，1934 式夏季连体工作服增加了特殊的大腿外侧口袋，放置两个急救绷带包和机组人员的重力刀，帮助被缠绕住的飞行员可以割断自己的降落伞绳子从而脱困。胸部口袋可以装地图和轰炸目标的照片，但通常用来放置氧气面罩。细节显示，衣服内里有德国空军的服装管理局（德语：Luftwaffe-Bekleidungs Amt；英语：clothing administration）的验收印章和典型的制造商标签。大部分单位都添加了自己的标识，图中表示第 1 斯图卡轰炸机联队第 1 大队第 3 中队，但这种做法很快就停止。事实证明，AK-39 指南针（Armbandkompass 39[1]）在夜间很难看清，因而更显眼的白色表盘版本得以推出。值得关注的是商业生产的皮质手套，用来放铅笔和记事本，其下缘由几条针线缝合固定。为了方便搭厚重的飞行服，设计了双拉链的飞行员毛皮靴，但制造成本昂贵，后续的靴子使用了完全合适的单拉链。标准皮带可支撑 P-08 鲁格尔手枪，但由于没有实际的替代品，照明手枪和子弹固定在皮带上任何便于取用的地方：这种不令人满意的情况直到 1941 年初才得到解决。（Adam Hook © Osprey Publishing）

Geschwader Immelmann
Luftwaffen=
Bordfunker u.
Bordmechaniker=
Abzeichen
1940
Soldbuch
Luftwaffe
I./St.G.1
3 Staffel
LBA (s) 1937
Bekleidungsfabrik Habelt

在为期5个月严苛的枪法和火炮射击训练中，机炮手（德语：Bordschütze；英语：air gunner）在飞行射击学校（Fliegerschützenschule，从1942年1月起，更名为机炮手学校，Bordschützenschule）的训练中熟练掌握了各种特殊技能。其中包括大量的射击训练（range work），熟悉各种类型的轻武器和机枪，主要是7.92毫米毛瑟步枪和步兵版的MG-13机枪。常规的9毫米手枪射击有助于保持快速瞄准精准度。在教练机上进行了照相枪[2]训练后，他们进一步提升到对空中拖拽目标的空对空机枪射击训练（很多人觉得这特别有趣），使用曳光弹来辅助发展导引技能。在教练的评估下，他们通过跟踪过时的战斗机进行模拟攻击，但后来发展到应对Me-109的“攻击”，这让他们深刻体会到现代战斗机的惊人速度。

每一门课程都包含了很高程度的交叉训练，每一名机组乘员都接受导航、无线电电报和航空发动机原理方面的培训。这将使机组人员在发生伤亡情况时仍然能保持有效的作战能力。即使经过一整天的训练，还有大量的课后作业要做，几乎每一个清醒的小时都用来学习行业的方方面面。通常情况下，飞行机械师、飞行无线电报务员、机炮手的军衔等级相对较低，大多数为二等兵或初级下士。

应该指出的是，众多职业学校并不总是独立自主的机构，通常是在共享基地、机场和建筑物内。此外，他们经常共享飞机，甚至是飞行时间。成组的飞行学员、观察员和机炮手（每一组都有他们各自的教练）挤进同一架飞机上同时展开训练。

1942年，为了缓解前线的燃料短缺，培训学校的供应被削减了近一半。因此，飞行员开始在飞行时间大幅减少的情况下获得飞行资格认证，通常在飞行时间达到220小时到270小时之间就被分配到一个作战单位。事故率随之上升，每年平均有14%的训练飞机被毁，8%的飞行发生死亡事故。各项培训方案不断地压缩，以弥补由此造成的替代不足。观察员的课程缩短到6个月或更少，有时加起来不足70小时的飞

在亨克尔 He-111 的驾驶舱里，飞行员和领航员 / 投弹手并排坐一起。飞行工程师站在后面。在执行任务期间，轰炸机机组人员将不得不在各自的岗位上待上几个小时，忍受寒冷、不适和突然死亡的威胁。

行时间。

完成专业训练后，每个人都获得了飞行机组人员执照，即飞行许可证，并附有相应的机组人员徽章。合格的机组人员随后被派往5所高级轰炸机学校之一，这5所学校编号为1—5，分别建在图托（Tutow）、霍辛（Hörsching）、格里夫斯瓦尔德（Greifswald）、索恩和帕劳。他们中的无线电操作员也可能被派往斯图卡轰炸机飞行学校（Sturzkampffliegerschule）接受俯冲轰炸机训练。

战友

在战争初期，戈林尽力参观每一个轰炸机联队，大多数机组人员即使没有真正与他交谈过，也在他们职业生涯的某个阶段见过他。大多数人都觉得他幽默略带滑稽可笑，穿着一件他自己设计的、装饰华丽的天蓝色制服（在一次访问中，他经常要换好几次衣服）。他拥有普通的一面，长得像个肥胖的、过度发育的男学生，但却充满了自信和热情。和大多数飞行员一样，第3斯图卡轰炸机联队的无线电操作员汉斯·维德曼（Hans Wiedemann）一等兵“甚至没有谈论过戈林”，但随着越来越多的不合理的战时要求被堆加到轰炸机联队和他们过度疲劳的战斗机护航编队上，戈林很快就不再受欢迎了。指令下达，禁止一切休假和休息。疲惫不堪的机组人员再也无法从作战行动中解脱出来恢复体力——每个人不得不飞行。不论天气状况如何，平均每晚执行两至三次任务，每次任务之间的间隙只有一小时。在飞机被匆忙地修补、加油和重新装弹时，机组人员同时接受询问，然后又再次作简报，可能匆匆吃上一顿饭就再次起飞了。德国空军总司令部越来越痴迷于数字，似乎脱离了疲惫不堪的人和破败不堪飞机的实际。即使是缺乏经验的机组人员也不得不加入夜间行动，结果可想而知。疲劳的飞行机组人员和地勤人员，匆忙的维护保养和未经实战的飞行员，在严格的灯火管制下操作，不可避免地导致了灾难性的跑道事故和空中碰撞。部队有时在自己机场损失的人员和飞机比在执行任务时还要多。尽管如此，对联队和大队指挥官的信心普遍仍然很高。

机组人员通常会一起度过休息时间，但并不总是有军官相伴，按照军事礼仪规定，在空中和陆地两个场合的关系截然不同。虽然军衔的差别在飞行中立刻被遗忘且变得无关紧要，但对一些机组人员来说，一旦他们下机，军官和士兵的“天然秩序”又重新出现。来自不同机组人员的军官在餐厅中建立了特殊的友谊，就总会聚在一起分享任务经验。与此同时，他们各自机组的士官和入伍士兵也可能在不熟悉的军官面前有点不自在，而会相互吸引聚到一起。尽管他们之间的联系越来越紧密，但有时甚至在斯图卡飞行员和机炮手之间也存在着类似的隔离。这并不意味着他们的友谊有任何虚假之处，这只是适当的军事行为的结果。

工程师们在未来感十足的 Ju-287 上工作，这是一种四发喷气式轰炸机的试验平台。这种前掠翼飞机的样机只制造了两架，许多部件都是从坠毁飞机上回收的。

然而，到 1941 年年中，机组人员和地勤人员之间的关系出现了明显的分离。这在很大程度上是由于机组人员的快速更替（新的机组人员平均在三到四次飞行任务后就会流失），使得这种友谊几乎没有时间或者意愿去发展。此外，训练标准的稳步下降，意味着缺乏经验的新飞行员经常向本已负担过重的机长报告机械故障和担忧，但是经过调查，这些问题通常是无关紧要的，甚至是完全错误的。时间和精力被无端浪费了，有时把一架完全可以参加行动的飞机从某项行动中移出，使机械师对机组人员的看法大打折扣。这种情况对飞行中队的效率极为不利，以致有人试图通过让一名机组人员暂停任务，由一名地勤人员来代替，来重新整合两个团队。这不仅给了机组人员一些急需的休息时间，而且还

这幅插图描述了轰炸机飞行员为成为一名合格的机组人员而参加的各种训练营活动。这些课程包括突击课程、武器维护、跳伞训练、航空学习和紧急迫降的训练。(Adam Hook © Osprey Publishing)

允许机械师评估飞机系统、防御和行动中的缺点（有时偶尔会导致对装甲或武器平台的设计和安装进行改进）。战斗的刺激，作为对地勤人员看起来不起眼的努力的奖励，凸显出地勤人员工作的重要性，并提高了他们对机组人员任务的尊重和理解。反过来，他们也开始认为地勤人员战友不仅仅只是机械师。虽然是团队建设的一种宝贵手段，但这些工作互换只在时间相对较短和简单的行动上进行。这些练习通常都很成功，并且发展出了一些非常亲密的友谊。

其他替补成员就十分不受欢迎了。战地记者的偶尔出现让人深为不满，指挥官们常常断然拒绝容忍他们参加作战行动。机组人员对宣传部门（Propaganda-Kompanie）的记者不屑一顾，因为他们必须忍受这些

这张非常有名的照片拍摄于 1940 年，照片中一架 He-111 飞机在伦敦泰晤士河上空飞过。主要河流、道路和类似的地标对轰炸机机组人员来说是至关重要的导航辅助设施。

极不准确的报纸和电台的公开报道，即吹嘘以“最小的损失”取得巨大的成功。公平地说，许多记者的原稿（出于戏剧性的政治目的）被政府宣传部的官员篡改了，后者很少冒险接近飞机，更不用说去前线了。戈培尔很快下令空军宣传部门的人必须首先接受适当的训练，担任空中炮手，甚至是投弹手，从 1940 年中期开始，有些人在战斗中扮演非常积极的双重角色。到目前为止，最蔑视当属“沙袋”（谢天谢地是罕见的），这些完全无用的参谋军官，对行动毫无贡献，甚而危及全体机组人员，他们唯一的目的是获取一年的飞行津贴和一枚铁十字勋章。

任何因疾病、休假、替补、受伤或死亡而导致的正常工作的变动，都可能对整个轰炸机机组人员的协调运作产生深远的影响。他们工作的成效需要完全的信任和熟悉，而这种信任和熟悉是通过每个机组人员独一无二的微妙的实践和信号来表现，是从他们在高级轰炸机学校就开始发展起来的。在新战友的鼓励和帮助下，接替者迅速安顿下来，这符合每个人的利益。

1943 年—1944 年，随着德国空军在西线和东线的大量损失，生还的希望似乎变得很是渺茫，以至于空军人员总是产生某种程度的迷信。他们带着幸运符或遵循某些宗教仪式（类似于美国陆军航空队空军害怕把帽子放在床上），但每个人的仪式自然是大相径庭。对于英国人和美国人来说，星期五的 13 号意义相同，而其他偶然事件则被认为是幸运的预兆。例如，一名空军人员被认定死亡，他的家人已得到及时通知，如果他后来返回部队，则似乎被认为必定能够生还。

作战期间

轰炸机联队在战时的服役经历了痛苦且缓慢的衰退。在战争的头 3 年里，轰炸机组成了德国空军首要的作战兵种——空中之矛。作为空中炮兵的作战形式，轰炸机被完美地融合进了闪电战的战术结构中，可以

He-111 的玻璃机头和驾驶舱为其三名乘员——飞行员、投弹手 / 领航员和机头炮手提供极佳的视野。这里我们看到机头炮手正在进行 MG-15 机枪训练。

3架多尼尔Do-215在英国上空执行任务时的俯视图。这种飞机的产量很少，只有100架多一点，它们被用作侦察机和轰炸机。

为地面装甲部队的推进铺平道路。德国空军的空中联络分遣队被部署到先头部队的 SdKfz-251/3 型通信车辆上，利用无线电通信来识别前方接近的敌军目标，并引导炸弹介入打击。中型轰炸机还能飞得更远，打击敌后深处或跨越国界的目标，对城市地区造成巨大破坏。受到轰炸机“关照”的典型目标包括部队集结区、铁路编组场、机场、补给车队和后勤中心。

1939 年，当轰炸机首次在波兰释放其威力时，全世界从未见过如此有效协同使用轰炸机力量。战役开始时，轰炸机部队包括 370 架 He-111 和 527 架 Do-17，以及能够提供精确轰炸能力的 Ju-87。波兰首都华沙在早晨 6 点遭遇了第一次空袭，但这座城市后来的境况还要更加糟糕。例如，9 月 25 日的空袭，只不过是德国在波兰屈膝投降之际展示的一次恐怖性袭击，但是它显示出了战略空中力量极大的发展潜力。在 1000 多架次轰炸中，德国轰炸机投掷了 500 吨高爆炸弹，另外还有 70 吨的燃烧弹，使华沙上空的浓烟上升至 5500 米。数百名平民在空袭中丧生。

在随后的西线、北非、巴尔干半岛和东线战役中，轰炸机飞行员继续展示他们的战术和战略自信。然而，随着时间的推移，这支声威赫赫的轰炸机兵种的光芒开始褪去。例如，1940 年—1941 年的不列颠战役和闪电战无疑表明，德国空军确实有能力造成严重的基础设施破坏。仅在 1940 年 9 月和 10 月，德国的轰炸就造成 1.3 万名英国平民死亡，另有 2 万多人受伤。然而，德国空军仍然无法让这个国家屈服，或将其工业生产降至临界水平。此外，白天作战的大量损失意味着，到 10 月初，在与坚韧且似乎永不疲倦的英国皇家空军战斗机作战时，德国空军开始单独或者以小组形式派遣轰炸机，对特定目标实施打了就跑的突袭。尽管这一新的策略将 10 月份的损失降至一个较低的水平，但并未完全阻止损失的发生。

从 1940 年末开始，几乎所有德国轰炸机在英国上空的活动都笼罩在黑暗之中。轰炸机经常被听到，除了英国雷达的“电子眼”，或在清晨寒冷的阳光下成为扭曲的残骸，其他时候很少被看见。然而，在1940年—1941年冬季的几个月里，德国空军的轰炸机除了对伦敦或一些不幸的英国地方城镇、城市造成破坏（通常比较严重）之外，几乎没有在夜间留下飞行的痕迹。由于英国皇家空军的夜间战斗机还处于起步阶段，而且高射炮发射的数千枚炮弹对提升平民士气比对击败敌人更有作用。

例如，11月14日—15日夜间对考文垂的空袭，可以说是这一时期最臭名昭著的袭击之一，300架参与空袭的飞机中只有一架被击落，第3轰炸机联队的一架Do-17不幸被高射炮击中。尽管这场夜袭给人留下

容克Ju-86是德国最早的轰炸机之一，于1936年投入使用。最初作为一架民用大型客机设计，但正如20世纪30年代的几架德国飞机一样，它很轻易被改装成军用飞机。

的印象永远是这座城市圣迈克尔大教堂被烧毁的空壳，但其他更合理的目标也受到了重创。考文垂是海军航空兵的主要补给站，无论是偶然因素还是有意为之，这里遭到了猛烈轰炸并被完全摧毁。据一位知情人士透露，其影响被“全世界的剑鱼中队都感受到了”。

虽然天气条件还远未达到完美，但随着德国空军空袭的力量和强度的增加，1941 年 3 月中旬将见证一个空袭高潮。3 月 15 日—16 日晚，100 多架轰炸机被派往伦敦开展轰炸。次夜，近 200 架亨克尔和容克对布里斯托尔和邻近的埃文茅斯港口发动了双管齐下的攻击。唯一在联合王国上空坠落的是第 51 轰炸机联队的一架飞机，它的两个发动机都发生了故障。随后，赫尔、南安普敦、普利茅斯和伦敦都遭遇了大规模的空袭，直到月底，天气再次变得恶劣，夜间活动几乎停止。4 月刚开始时很平静，但很快就升级为一连串毁灭性的夜间袭击。各地方城镇，特别是港口和港湾，再一次遭受重创。克莱德河畔、泰恩塞德、利物浦、布里斯托尔和贝尔法斯特都成为目标，伯明翰和考文垂也未能幸免。

然而，袭击者一次次回到伦敦。4 月 16 日—17 日夜间，第 3 航空队对英国首都发动了大规模空袭。超过 500 架的轰炸机（其中近 300 架为 Ju-88）分三波次实施。这是迄今为止战争中最猛烈的袭击，造成了严重的破坏。这次空袭使德国空军损失了 5 架 Ju-88，是容克飞机一个月总伤亡的四分之一，另有一架 He-111。Ju-88 中的 3 架，都来自第 77 轰炸机联队，可能折损于高射炮。另外两架，分别来自第 1 轰炸机联队和第 76 轰炸机联队，和亨克尔一样，据称都是被第 219 战斗机中队的“英俊战士”战斗机（No. 219 Sqn Beaufighter）击落的。

到这个时候，夜间闪电战正迅速接近高潮。过去几周和几个月对那些居住在英国较大城市的人来说是一段考验期，已经有数千人丧生。然而，德国空军的夜间攻势对推动德国的军事事业几乎没什么帮助。

对于轰炸机机组来说，这是一段持续努力的时期，只在恶劣天气时候才会中断。每一个飞行大队都必须锁定并轰炸大范围内的目标，而

这些目标遍及实施灯火管制的英国全境。有时他们在同一个晚上要执行多次任务，虽然代价并不高昂，但他们的损失一直在缓慢增加。到 1941 年 5 月，损失达到了顶峰。那个月损失了 40 多架飞机，是自上年夏天实施白天轰炸以来损失总数最高的月份。

仅在 5 月 4 日—5 日夜间，就有 7 架飞机在贝尔法斯特、布里德灵顿和托基的空袭期间或之后被击落。然而，在 1941 年 5 月 10 日—11 日的夜间，对伦敦的毁灭性袭击持续了整整 7 个小时，结束了德国空军近一年来试图从空中征服英国的努力。然而，到那时，大规模的向东机动已经开始。德国空军继续在俄罗斯大草原上进行同样徒劳的尝试，试图取得它在肯特郡地区上空明显未能取得的成就——将敌人的空军从空中击落。

1942 年，德国的一支轰炸机的机组。新晋的飞行员被分配到各个连中，组成四五人的机组，然后告诉他们，同一机组的人员在理论上将与他们一起度过整个服役生涯。接下来的 3 个月，机组人员进行高强度训练，总共获得约 40 小时至 60 个小时的飞行时间，其中包括编队飞行、远程导航演习（前往数百千米外的机场），以及在乡间靶场进行短程轰炸练习。（Adam Hook © Osprey Publishing）

一架 He-111 飞机在法国机场准备起飞，这张令人引人注目的夜间照片拍摄于 1940 年。在夜间行动中，驾驶舱内一道无防护的白色闪光会干扰机组人员的夜间视力，持续数分钟。

甚至在“巴巴罗萨行动”中，轰炸机和机组人员的损失就已经成为一个严重的问题。事实上，无护航轰炸机的脆弱性从战争一开始就已经引起注意。在对波兰的首次行动中，第 27 轰炸机联队在华沙上空的一次空袭中损失了 6 架飞机，被公认为实力薄弱的波兰空军击落。5 月 10 日—11 日，西线战役的头两天，失去了 69 架轰炸机，到法国沦陷时，已有 468 架轰炸机被摧毁（其中 30 架是出于意外），大约是战役开始时轰炸机全部力量的 30%。不列颠战役中，轰炸机损失情况大体类似。这种伤亡是德国轰炸机机组人员面临严峻局面的开始，因为飞机的损失率已超过生产率。1941 年，随着战场的扩大，这种消耗还在继续，并且愈发加剧。1941 年，轰炸机的总损失为 1339 架，此外还有数百架飞机因机械故障或战斗损坏而暂时无法使用。

1940 年夏天，一架 Ju-88 轰炸机装备一枚 SC-500 炸弹，准备空袭英国。炸弹产生的冲击波效应意味着，在距离弹着点 500 米范围内通常是不安全的。

奖章

1941 年 1 月 30 日，德国空军引入战斗飞行员前线飞行章（Frontflugspange fur Kampfflieger），颁发给水平轰炸机和俯冲轰炸机的机组人员。飞行章分为三个等级：完成 20 次任务获得青铜奖章、60 次获得银质奖章、110 次获得金质奖章。这些总数包括 1939 年 9 月 1 日起执行的作战飞行，但由于执行任务的种类和持续时间差别很大，并不是所有任务都计算在内。1941 年 4 月 22 日，制定了前线飞行的具体标准：机组人员被要求进入敌人领空至少 30 千米，或在海外飞行至少100千米（这一测量的尺度是从德国控制的边界开始起算）。值得注意的是，在第4轰炸机联队的飞行员埃尔马·伯尔施（Elmar Börsch）少尉的头200次飞行任务中（他最终总数是312次），只有8%的飞行任务在敌人领空持续了10分钟以上。机组人员在敌占区上空飞行超过4小时的，飞行时间按加倍计算；超过8个小时的，飞行时间按3倍计算；超过12个小时的，飞行时间按4倍计算；超过16小时的，飞行时间按5倍计算。1944年1月28日，由于被迫从德国前线的空军基地大幅向后撤退，轰炸机飞向目标的距离越来越远，这一本就很长的持续时间得到了增加。很明显，在入侵苏联后不久，最初的命令低估了飞行员积累任务量的速度，许多人远远超过了当时最高等级的飞行章。因此，从1942年6月26日起，金质飞行章得以升级，添加金质前线飞行章的垂饰——一颗饰有月桂叶的星形垂饰。珠宝商把吊坠焊接在飞行章下面，吊坠上标示大幅增加的飞行次数：轰炸机300次，俯冲轰炸机400次。到1944年4月29日，人们认识到，即使是这些升级的飞行章也难以适应任务所需，而且也不够准确，比如：一名完成超过600次飞行任务的人佩戴的飞行章与仅完成300次飞行任务的人相同。因此一套新的悬吊系列设计出来，以适应每名飞行人员的飞行成就。带有飞行次数的金质前线飞行章的垂饰（带有作战编码）是一个简单的菱形，同样由月桂叶支撑，显示着相应飞行任务的黑漆数字，从200开始，以100为增量递增。

一架 He-111 飞机的机组正准备起飞，场景表明他们当时在西欧战场。任务简报通常在户外进行，只有在天气恶劣时才会撤到掩体中。

这些战役，特别是东线战役，也说明了轰炸机部队后勤的巨大需求。空军部队的调动是一项重大的后勤工作，需要精确的时间安排和协调，以确保在尽可能短的时间内具备作战能力。一旦确定了军用机场的界线，一些经验更为丰富的飞行员就会立即侦察周围的乡村，通常是乘坐 Fi-156 鹳式联络观测机（Fiesler 156 Storch），寻找和测绘适当的紧急着陆和飞机疏散地点。

显然，轰炸机联队的飞行基地需要很大的空间。地理限制和出于防止敌人将其作为主要目标的需要，通常阻止了整个联队（约 126 架飞机）从一个机场展开行动。尽管增加了额外的后勤需要，但各个飞行中队将派驻在不同的前线机场，往往相隔数千米。维修组人员、补给、行政管理和指挥人员组成的以“拓荒”为任务的先遣单位，将通过公路前往，为每个空军基地的基础设施做好准备。只要有可能，现有的军用和民用机场会被简单地接管并扩展，以满足对行动至关重要的众多辅助和仓储设施的需要。一旦飞机跑道准备好接受起降，飞机就会开始抵达，带来主要的机械师和必要的物资，这将使飞行中队能够在部队其他人员通过公路抵达之前运转，甚至执行任务。

每个中队都需要使用装备仓库、机械车间、降落伞干燥棚和装箱棚，以及安全但隔离的弹药仓库、炸弹仓库和燃料仓库。几个单位可以在其各自的场地足够近的地方共用其中一些设施，该地区内任何树木掩蔽的小路都可以作为方便的天然伪装的弹药库。最初开放的机场自然要受到保护，以防有人蓄意破坏，因此整个周边地区都要筑起砖墙和围栏，并增加间隔均匀的机关枪塔楼，有时还会建造碉堡。隐蔽的分散机库和坚固的停机坪也必须要建造。为了安全起见，飞机跑道周围过高的树木（在能见度极低的情况下极其危险）被砍伐，高楼顶上安装了警报灯。民用建筑公司经常受雇协助德国空军先遣部队执行这类任务。一位比利时承包商受雇为第 3 轰炸机联队第 2 大队在安特卫普－德恩（Antwerp-Deurne）延长跑道，还热心地拆除了一座教堂的尖顶，因为这座教堂正处于起飞线上。羊群经常获准在平坦的草地跑道上漫步，作为一种简单的、权宜的草坪修剪方式。

除了所有这些需求外，还需要容纳2500人的住宿。附近房屋的所有者可能得到命令在48小时内撤离，以便中队人员入住。如果找不到足够的建筑物，就必须由德国空军的建筑营匆忙建造营房，而且往往得到临时强制征召的工匠和劳工协助。任何可用的人员，包括机组人员，都被用于挖掘狭长掩壕，而这种苦差事在第一次空袭后立刻变得有价值。

一个前线轰炸机联队每天要消耗大约112吨面包、12吨肉、13吨香肠和12吨豌豆[3]。因此，行政部门用政府的经费从当地农民那里购买了大量农产品，缓解了后勤很大一部分压力。在厨房烹制出的日常膳食通常是高标准的，个别飞行人员往往常以当地美食和商品来补充饮食，许多农民和餐馆老板与他的新的（即不受欢迎）顾客做交易时获利丰厚。

为轰炸机提供补给的压力在东线达到了顶峰，其危险性如下所述。将备用配件和燃料，加上飞行中队的人员需求，运输到数百千米外的俄罗斯或乌克兰荒野，对飞机的使用产生了磨损，因为保持飞机在空中飞行越来越变成一种负担。1939年9月，德国空军的轰炸机实际（作战）实力为99%，但到1941年底，情况发生了深刻变化，正如德国空军史学家威廉森·默里解释道：

> 1941年12月，轰炸机部队只拥有其核定实力的47.1%：只有51%的部队可以投入使用。因此，德国空军在1941年12月6日只出动了468架轰炸机，即核定实力的24%，而核定的轰炸机只有1950架。
>
> ——威廉森·默里：《战略失败：1933—1945年的德国空军》

地勤人员在一架 He-111 轰炸机上安装 MG-15 机枪。MG-15 的口径为 7.92 毫米，射击速度为 1000—1050 转 / 分，由一个容量为 75 发弹的弹鼓供弹。

轰炸机的产量确实从1940年的2952架跃升至1941年的3373架，但是轰炸机的产量后来仅仅有两年时间是增加的，分别是1942年的4502架和1943年的4789架。考虑到这些年来德国工厂生产的大量战斗机（仅1943年就生产了近1.1万架），德国维持一支可行的轰炸机部队的决心显然在减弱。1944年，轰炸机的产量下降到不足2000架，到年底，轰炸机兵种事实上已经完全解散。飞行员重新接受单座喷气式飞机（在此过程中有200多人丧生）的培训，他们的机组人员被调任其他岗位，经常成为步兵，与推进中的苏联装甲部队展开残酷的巷战。对于那些为帝国效力的人来说，这些噩梦般的经历往往是致命的。

战斗

对于轰炸机机组人员来说，所有的作战指令都来自战斗司令部（德语：Gefechtsstand；英语：battle headquarters）。地图室（Kartenstelle）主要负责更新和印发恰当的航空地图，根据飞机型号和炸弹载荷选择进出目标地区的常规路线。

气象局（Wetterstelle）在每次任务前后不断向规划人员提供气象预测和报告。气象人员被亲切地称为气象蛙（德语：Wetterfrosche；英语：weather frogs，在德国民间传说中，青蛙以其天气预测能力而闻名），或者，不那么友善地被称为“假预言家”。在无线电和导航官的指挥下，地面控制中心通知机组人员可用的无线电频率，以及起飞和着陆信号。在整个飞行过程中，地面控制中心将通过联队航空信号连与编队保持稳定的联系，通知任何天气变化情况，或者最新修正的飞行控制指令。反过来，飞行编队定期收到飞机无线操作员的报告，将所有关键信息传回战斗司令部，战斗司令部可以决定需要采取的行动方案，发布必要的最新命令。根据这一基本信息，飞行中队长确定精确的接近路线、投弹序列和撤退路线，最后向中队观察员做简报。

从1940年起，对特别挑选的，有时是自愿参加的破坏性机组人员（德语：Zerstorerbesatzungen；英语：destruction crews）给予必要而慷慨的400帝国马克奖金和额外的休假特权。书面命令和目标说明直接来自航空军（Fliegerkorp）总部，虽然没有指定时间，但期望任务尽快完成。机长根据当时的情况和机组人员的准备情况，决定具体的方法和时间，但偶尔也会接到指令，无视上面这些因素，立即执行任务。对敌方关键的军事设施，主要是飞机制造厂、发动机厂和机场等重要设施发动近乎自杀式的袭击，而且这种袭击是在没有战斗机护航的情况下进行的。除了完成常规行动外，机组人员还有义务摧毁他们的目标。

1942年，法国南部的一个德国炸弹弹药所。如果空军基地遭到突袭，弹药所和油料库将极其危险。1942年11月，在东线阿尔马维尔（Armavir）机场的一个油料库，一枚精确瞄准的炸弹摧毁或损坏了近100架He-111和Ju-88飞机。

轰炸莫斯科

冬季给轰炸机机组人员带来了各种各样的问题。大雪和零度以下的低温极大延长了飞机的维护时间，因为在极端条件下即使是工具也需要在使用前预热。

从“巴巴罗萨行动”开始，苏联人就预测德国会对莫斯科发动全面的突袭。参与 7 月 21 日—22 日晚上第一次空袭的 195 架轰炸机，面临着强大的防御：城市前方的 29 千米处部署了 300 盏探照灯，后方是大量远程和近程的高射炮以及 170 架战斗机。目前尚不清楚有多少架参与空袭的战机突破防线到达目标，但肯定超过了苏联一份出版物中提到的“10 架或者 15 架”，因为另一份出版物承认该市平民伤亡惨重。德国空军很显然没有实现将克里姆林宫夷为平地的既定目标，尽管一组机组人员确实接近成功——红场上的一个弹坑，“第二天早晨在当地群众中引发了一阵骚动”。

尽管防御力量强大，但德军首轮空袭只损失了6架轰炸机。7月22日—23日晚的第二次空袭使115架轰炸机损失了5架，包括被I-16击落的3架Ju-88。在接下来的一段时间里，袭击将在夜间继续进行，但袭击的强度很快减弱——第三晚有100架，第四晚有65架，直到9月中旬空袭最终停止。莫斯科既没有遭受贝尔格莱德那种毁灭性打击，也没有遭受伦敦那样空中闪电战式的、持续的空袭。据估计，1941年对莫斯科进行的76次夜间突袭中，除了17次以外，几乎都是由3到10架飞机组成的小编队实施的小袭扰，对城市的破坏微乎其微。

准备

轰炸机机组人员自己往往对目标的确切性质知之甚少，有时甚至连城市的名字都不知道，而且往往不感兴趣。他们唯一真正关心的是了解他们可能遇到的防御水平和类型。只有轰炸机观察员才需要知道这么多的细节，甚至他也只收到最短的简报，目标描述通常仅限于地图坐标。随着飞行中队对其行动地区和路线越来越熟悉，相关信息甚至能够简化到机场或者工厂的名称。不久以后，这就完全足够了，因为经验丰富的机组人员可以仅凭视觉和记忆导航。

1940年8月24日，英国人干扰德国“弯腿”（Knickebein）无线电导航信号，He-111空袭了灯火管制的伦敦市中心，它误以为这是肖特飞机制造厂。此后，任务简报变得极为简洁：伦敦、布里斯托尔、考文垂。不断升级的伤亡只会导致苦战，到1945年，有6万名英国和60万名德国平民在空袭中丧生。

在执行任务之前，机组人员会整合装备，以准备长途跋涉到分散点。征用民用公共汽车最初就是出于这个目的，但燃料短缺的问题一直存在，这种奢侈的机动方式很快被取消，大多数人不得不步行（有时超过 1 千米）到飞行线。地勤人员帮助飞行人员穿上飞行套装，救生衣和降落伞背带也被调整至合身状态。

当投弹手登上飞机，黑哥（指地勤人员）就会“呼”一声关上吊舱的舱口闭锁。几分钟后，当所有人都系好安全带准备起飞时，飞行员通过对讲机询问“是否一切就绪？”每个机组人员轮流回应，对讲机随之关闭。

机组人员安静坐着，等待站在机头前方 10 米左右的机组长发出信号，而机组长则相应关注着来自起飞和着陆观察员（德语：Start-u. Landeaufsichtsoffizier；英语：take-off and landing look-out officer）的信号。当收到起飞信号时，飞行员从打开的窗户里对机组长喊道：“前方一切正常吗？”以确认前方一切正常。

地面控制人员和每个观察员此时都从战斗司令部收到了飞行计划，详细说明了起飞顺序和分配给每架飞机的时间段。

白天使用旗子，夜晚使用灯光或者绿色的信号弹，作为起飞信息。松刹车、施加半油门，接着四分之三油门，飞机准备释放动力。轰炸机观察员注视着仪表盘，示意一切准备就绪。飞行员松开刹车，飞机猛地向前一蹿。油门全开，起飞速度达到 220 千米 / 小时。飞行员判断出准确的时刻后，左手转动平衡杆，压下机尾，右手拉回控制杆。当最后 200 米跑道标记的红灯从下面一闪而过时，机头和起落架开始抬起。晚上，最后一架飞机离开机场时，机场周围和跑道的灯光都熄灭了。前线机场单位可用的设施有限，往往需要聪明才智：在西西里的格尔比尼（Gerbini）机场，第 30 轰炸机联队第 7 中队，不得不有策略地利用几辆停放汽车的头灯来给飞机跑道照明。

在混合编队中，爬升缓慢的 Do-17 和 He-111 先起飞，Ju-88 优越的爬升速度使其能轻易赶上。领航飞机必须保持恒定的速度和高度，以便飞行编队向其集合，直到最后领航观察员为目标设定航线。编队可能会

亨克尔 He-111 的 5 名机组人员在各自的位置上。他们是：观察员（中）、机炮手（左）、无线电操作员（右上）、飞行员（右）和飞行机械师（右下）。（Adam Hook © Osprey Publishing）

1943 年 1 月，在哈尔科夫的西部、南部防区，第 3 轰炸机联队第 2 中队的 Ju-88A-4 “5K+EK”。这架 A-4 涂装完美的冬季迷彩，没有使用复杂的白色轮廓线。苏联隆冬时节，这种洁净状态似乎表明这是一架新到的替补飞机，或是在最近大修中新近重新喷漆的飞机。(John Weal © Osprey Publishing)

聚集在一起，对一个目标进行集群攻击，或者在预先安排的点分散，以小组甚至是单架飞机的方式，朝着各自目标实施打击。

飞行与导航

当飞机以编队飞行时，需要进行飞行中检查；轰炸机观察员和飞行员检查他们共用的仪器阵列，前者操作开关和燃料传输杆，从位置上说，他比飞行员操作更方便。夜间，无线电操作员与侧翼的飞机持续通信，以便保持位置，并报告任何机械或医疗紧急情况。他还与观察员一起监测地面测向设备。与此同时，机炮手负责检查武器和弹药供应，在开阔的陆地或海上进行测试性的短点射。在较大的飞机上，机械师也可能协助一些常规任务。

在 2000 米的高空，空气中的湿气被摩擦产生的机翼热量迅速蒸发成蒸汽，凝结的痕迹或者说飞机的尾迹，在天空中划出清晰的轨迹。当高度到 5500 米时，更大的危险出现了，温度下降到零下 34 摄氏度左右，空气中的湿气在控制表盘、进气口和螺旋桨上结冰。纤细的针状晶体从有机玻璃机头的缝隙中渗入，轻薄的雾气刺鼻。如果不加以检查，结冰可能会导致发动机停转，因此要定期检查。爬过潮湿的带状云层，更靠近太阳，结冰消融，但这也可能带来危险。伴随着巨大的破裂声，大块的固态冰可能会脱落，撞击机身，偶尔还会撞掉无线电天线。在更高的海拔，空气变得更冷，更加稀薄，机组人员必须使用纯氧，尽管长期依赖纯氧会造成疲劳，即使是健康的年轻人也不例外。

夜间，当飞机接近敌人防线时，室内所有的灯光都熄灭了，飞机陷入几乎完全的黑暗中，只留下夜光仪表的刻度盘发出昏暗的微光。此时，保持完全的无线电静默，同时为了减少碰撞的可能性，编队队形散开。由于知道已经有戒备森严的防御部队在等着他们，局势更加紧张了。

观察员先前在地图上标出了独特的地理特征，为整个飞行提供了精确的基准点。准时到达这些点位可以确认原始的风速和航迹偏移计算结果。如果没有准时到达，飞行时间、飞行速度和已经飞行的距离会被用来确定当前实际情况。这些新的计算结果将被应用于未来的航向。

经验丰富的机组成员欢迎探照灯和远处高射炮的出现，因为它们有助于航行。他们可以仅凭探照灯的特征识别城市，并轻松绕过危险区域。某些无法隐藏的地标，如主要河流和发电站，提供了极好的参考点。大型且易于界定的城镇是熟悉的特征，在较低的高度上，飞机可以沿着主要公路和铁路直接到达目标。

浓雾给航行和编队造成很大问题，但机翼上的雾灯却鲜少使用，因为反射通常会恶化情况。在这样糟糕的条件下，地面上敌方的反制措施可能会非常成功。1940 年 8 月 30 日，英国在野外点燃“海星”诱饵火堆，模拟燃烧的城市，诱使德军对利物浦的猛烈突袭，变成轰炸威尔士的一座小山。即使这些大型以石油为燃料的大火可以很容易被识破，但它们有时以浓密烟雾掩盖预定目标，致使德军无法实施精确打击，迫使

德国对马耳他大港的侦察照片。1941 年 1 月—4 月、1941 年 12 月—1942 年 8 月，马耳他是德国空军在地中海的主要目标。

德国空军是第一个展示固定翼飞机战略轰炸威力的空中作战兵种。在这里，我们看到一架 He-111 于 1939 年在波兰战役期间空投炸弹。

德军的飞行编队放弃主要目标，转而搜寻次要目标或者机遇性目标。然而，在有利的条件下，观察员很少会被欺骗，常规的仪器通常使其能够找到目标。

高射炮和战斗机防御

当接近已知的防空炮位置时，飞行员调减两个发动机的油门，以干扰敌方预测员试图确定飞机的高度和航线的努力。如果地面的炮手听到了柔和的引擎声，他们可能会从声音上推测这架飞机超出其射程——这是一种常见且出奇有效的策略。经验丰富的飞行员甚至可以通过偶尔使两个发动机工作不同步，来影响火力方向，使其偏离计划的接近路线。轰炸机可能会不受干扰地飞行，但摇摆的探照灯可能会突然发现并锁定猎物，刺眼的白光如洪水般照进驾驶舱。很快，其他幽灵般的探照灯光线就会汇聚到轰炸机上，当进入下一个防区时，被锁定的飞机会被“交给”邻近的高射炮连。轰炸机开始向高射炮突然俯冲，剧烈地抖动着，然后又爬升以躲避探照灯的捕捉。

第一种被称为熨斗（德语：Bugeleisen；英语：flat iron）的防空炮弹，在白天，通常紧随其后的看似无害的黑烟，或者在夜间以耀眼的闪光划破天空，飞行员在发动机的轰鸣声中通常听不见。当炮手们发现飞机进入射程并开火时，飞机受到剧烈的震动，发动机在上下炮弹爆炸的冲击波中性能降低，炽热的钢铁碎片打在机翼上噼啪作响，就像砾石被砸到铁皮棚上。巨大的弹片撞击机身时发出的金属砰声，产生了巨大的噪声，加剧了混战，还夹杂着炸药刺鼻的硫磺味。

防空火力可以从几门随意瞄准目标的火炮，到高度控制的空中火炮系统。例如，英国的防空火力通常被限制在精确的狭窄区域。皇家火炮部队的炮兵为其火力纪律和精准程度而自豪，只在绝望中才偶尔使用更为纵深或更分散的火力。地面上明亮而转瞬即逝的炮口火焰短暂预警了即将到来的防空火力，但密集编队的飞机几乎无法躲避。相反，机组人员不得不在风暴中绷紧每一块肌肉，这常常导致胃部剧烈的、无法控制的颤抖。尤其是在海拔 600 米至 900 米的低空接近目标时，尿裤子的情况并不少见。在这个高度，地面或海上防御的反应和射击时间大大减少，但在遭遇战斗机攻击的情况下，轰炸机的即时机动空间也受到限

一架 Ju-88 轰炸机周围响起高射炮响声。高空的防空火力通常能更有效打乱轰炸机的飞行路径，而不是击落敌机。

制。1940 年 8 月 18 日，第 76 轰炸机联队第 9 中队的 Do-17 对英国肯利（Kenley）皇家空军基地执行了一次极低空的突袭，他们在低至几米的高度上飞越英吉利海峡和英格兰田野。有些飞机在穿过树林时刮到了树梢上的树叶和小树枝。

尽管地面炮火可怕，但战斗机的攻击引发了更大的恐惧。决心击落轰炸机及其所有机组人员的战斗机飞行员，在这次交锋中加入了个人因素。由于德国机组人员紧密挤在一起，一阵密集火力射入驾驶舱内将是毁灭性的。持续的炮火对发动机和机翼根部的打击，会使主油箱破裂。喷涌而出的燃料，加上爆炸弹和曳光弹，可以轻易地将机翼打掉。

随着接近敌方领土，每个人都在紧张寻找远处的阴影或下方最轻微的动静。即使在近距离，也很难在不断变化的地貌中辨认出伪装良好的目标的轮廓。曾经背叛轰炸机的尾迹可能会成为“盟友”：上方轨迹突然中断，表明战斗机已开始俯冲攻击，很快就要接近轰炸机。许多地面炮兵最初感到沮丧，因为自己的战斗机“护航”，让他们失去了展示技能的机会。然而第一个闯入者很快改变了他们的看法。

突然一声“战斗机！”所有人都为即将到来的攻击做好准备。空中交战是极其短暂的。大部分时间，战斗机飞行员都在选择和到达适合攻击起点，每次过后再重复这个过程。即使是一场持续数千米的空中追逐战，对轰炸机机组人员来说，也时刻充满了疯狂和恐怖。简单地说，这是一场短暂而不平等的对抗，一方只有一挺 MG-15（且视野严重受限），而另一方则迅速逼近，装备有多管火炮或重机枪。以每分钟 850 发的射速，莱茵金属－博尔西格生产的 MG-15 机枪在 5 秒内就打光一个 75 发子弹的弹匣，重新装弹要花费同样多的时间。1943 年，安装的 MG-81 机枪，由 500 发子弹的子弹带供弹，取代了这种严重不足的武器。

尽管训练有素、射击精准，但当战斗机以 233 千米 / 小时的速度掠过时，空中炮手很少能瞄准战斗机精准射击。他只能在模糊的幻影再次完全消失于视野之前，向其大致的方向发射一阵火力。轰炸机通常会遭受持续的攻击，驾驶舱和无线电设备被火花四溅的子弹打得粉碎，但整个机组却看不到周围翻滚的战斗机。在更远的距离，轰炸机上的机炮手有更多的时间瞄准，但打中编队内其他轰炸机的危险，可能让他连这个稍纵即逝的机会也不敢抓住。一发射出的子弹在未命中预定目标时并不

许多德国轰炸机及其机组人员的命运。一架 Ju-88 被击落后在田野中燃烧。

会停下来，而且有效射程高达 2 千米，因此 7.92 毫米子弹和 20 毫米炮弹的偏离不可避免会对友军飞机造成一定程度的损害。

轰炸航路和观察

当编队几乎准时到达目标区域时，领队长晃动他的机翼尖，示意编队分散开准备爬升。片刻之后，一颗绿色的照明弹发射，飞机向四面八方散开，准备各自发起攻击。每架飞机都耐心地盘旋，避开高射炮的集火射击，同时观察员为其轰炸航路选择合适起点。他密切关注着时钟，观察并记录了前一架飞机攻击的结果。每架飞机都被分配了在目标上空的精确时间，一个一分钟的时段来投放其载弹（盟军的轰炸机通常保持编队，根据领队长的指示同时投放炸弹，轰炸周围的大部分地区）。

观察员全然不顾周围的混乱，仍然专注盯着垂直远视炸弹瞄准镜（德语：Lotfernrohr-Bombenzielgerät；英语：perpendicular telescopic bomb-sight），全神贯注地引导飞机接近目标，使目标直接进入他的十字准星。地面风向，可能会使炸弹稍稍偏离路线，这可以从烟囱的烟，甚至是马和牛的行为来轻易判断，因为它们习惯性地背风而立。与此同时，飞行员的注意力在仪表盘、繁忙的交通和指挥官的声音之间快速跳跃。尽管本能地想要避开猛烈的炮火，但他必须保持稳定的航向，仔细聆听每一个细微的纠正指令。Ju-88 飞行员偶尔会扮演主导角色，而不是一直由观察员指挥：在俯冲轰炸攻击中，飞行员成为投弹手，直接通过反射式瞄准镜（德语：Reflexionsvisier；英语：reflector sight）瞄准目标。观察员则必须耐心地坐在旁边，根据左舷窗（port window）的彩色线条，检查俯冲角度是否在 60 至 70 度角。

防空气球

1940 年的一个雾蒙蒙的夜晚，一架受损的 Do-17，其中一个发动机熄火，升降舵卡住，艰难地穿越英格兰准备返航。突然，昏暗的天空中出现了迷宫般的气球缆绳。由于动力和控制能力有限，飞行员别无选择，只能直接飞过这片钢铁迷宫[4]。他勉强把多尼尔飞机从纠缠的缆绳中拉出，而且高度一直在下降，最后再次出现时，离地面只有两米。他又发动熄火的发动机，勉强到达法国进行紧急着陆。在另一起更离奇的事件中，豪约·赫尔曼（Hajo Herrmann）少校驾驶的 Ju-88 突然熄火，停在一只防空气球的顶部，只能从气球的一侧滚落，变成可以恢复俯冲姿势的倒飞状态。

轰炸机观察员最后按下了投弹开关。飞机因瞬间失去高达 1 吨的钢铁和高爆炸弹，突然向上猛冲。如果一个投弹批次正在投放，人们会感到一连串的颠簸，因为每 10 米就会投下一枚炸弹。当俯卧在机腹炮塔里的机组人员，确认所有的炸弹全部投出时，飞行员立即加大油门，侧滑离开目标，为后面的机组人员腾出空间。从 2000 米的高度，炸弹大约需要 20 秒才能击中地面，但它们在此之前就消失在视野中。观察员也许能瞥见他的成果，不过飞行员很少有这样的机会。标准作业程序禁止他再次飞行，而且很少有人愿意这样做。中型轰炸机中的机械师，或者 Ju-87 上的无线电操作员，可以更好地观察到轰炸效果。

一架正在爬升的 Do-17 轰炸机的绝佳视角。1932 年—1945 年间，仅 2000 多架 Do-17 被生产出来，与大约 15000 架 Ju-88 相比，数量很少。从 1942 年起，Ju-88 在前线服务中大规模取代了 Do-17。

1944 年，荷兰。返回的 Do-217 机组人员聚在一起，接受任务情报官的讯问，他们来自第 3 大队大队部的四机编队。作为一名经验丰富的机组人员，少校交叉检查了战斗报告，这是摩托车手直接从每位着陆后的观察员手上收集的，以便构建对任务的详细分析。如果声称完成了一次特别成功的攻击任务，则需要空中照相侦察的证实，通常由相关的机组人员负责进行。

返程

敌人的防御系统现在完全处于戒备状态，返程往往比飞向目标时更危险。夜空中出现阴森的空洞令人恐惧，可能会在闪耀的星空映衬下，显示出阻塞气球的轮廓。探照灯的使用，同时没有伴随炮声，这往往是第一个线索，表明轰炸机已经被布设了盟军军火库中最可怕的武器之一——夜间战斗机，比如英国的“英俊战士”战斗机或者“蚊子”战斗机，或者苏联的“佩特利亚科夫佩–3”战斗机（Petlyakov Pe-3）。很多人根本不知道是什么袭击了他们。

不管原因如何，轰炸机的物理毁灭有多种形式。一架轰炸机可能悄无声息地飞过，突然被炸成碎片，形成一片带油的黑云。或者，它可能会简单地解体，大块残骸坠落。其他直接飞过残骸轨迹的飞机可能会因为撞击到掉落的发动机、垂直尾翼和稳定器而受损或被摧毁。有时，看似毫发无伤的飞机从旁边驶过，机上可能有已经死亡或者垂死的机组成员，其他人根本无法逃脱。看似缓慢而优雅地翻滚到地面，实际上在机身内部产生了大约3G的离心力，使体重变为了原来的3倍，将注定要死的机组人员压进了飞机的机舱壁。

由于有爆炸的危险，附近的飞机必须避开发动机起火的飞机。尽管受损飞机上的人高度焦虑，但他们不得不迅速采取行动，关闭受损的发动机。轰炸机观察员立即启动电动燃油输送系统，将燃油从故障发动机抽到备用油箱。如果电力系统失效，通常由无线电操作员操作一个应急手动泵。即使火被扑灭，飞行员仍然必须“羽化”螺旋桨，将叶片转向迎风，以防其旋转。如果不这样做，叶片就会以不受控制的速度旋转，产生过多的热量，从而重新点燃燃油蒸汽。如果飞机开始倾斜，飞行员会把“活”翼向下推，以平衡飞机姿态。在这种姿态下，飞机可以被重新调整以直线水平飞行，无需手动操作，但额外负担使剩余的发动机几乎不可避免发生机械故障。过度工作的发动机必须被冷却，所以飞行员爬升，进一步提高温度，然后以较低的功率进入平缓的滑行。速度的加快又促使发动机过热，但整个飞行过程中必须重复这个过程。

由于编队经常被打乱，返程路线很少是预定的那条，机组人员常常不得不自己决定回家的路线。在严重损坏或机上有伤员时，飞行员在 1000 米的高度保持水平飞行，而观察员则会寻找最近的紧急着陆跑道或任何合适的开阔地带。这种临时的路线，特别是在夜间，经常使德国的空中警戒人员感到困惑，防空炮台经常向已经受到重创的德国空军飞机开火。当预先安排的照明信号无法让无助的防空炮兵信服时，他们可能会招致机炮手的愤怒还击，后者真心希望击中其中一些人。第 55 轰炸机联队的一架 He-111 在飞往利物浦的途中靠近法国海岸时被击落，飞行员丧生。在德国地面炮兵的防御中，他们面临着盟军空军的昼夜轰炸，因此不得不假定所有看不见的飞机都是敌对的。

着陆

当第一架飞机确认返航时，着陆跑道上的灯光会亮起。发射两枚红色照明弹的机组人员自动获得优先权，这种信号表明他们需要紧急着陆。飞机上的伤员在着陆后立即被抬到跑道的一边，等待救护车的转移，然后飞机再滑回掩体。严重受伤或死亡的飞行员会迫使其余的机组人员进行“黑色着陆”（德语：Schwarze-Landung；英语：blacking landing。即未经许可，由未经训练的飞行员进行降落）。如果幸运，这名非自愿的飞行员驾驶 He-111，总是能实现平稳着陆。飞机的重量使其很难弹跳，尽管刹车需要相当大的力气。与亨克尔相对缓慢而平稳的 153 千米 / 小时着陆速度相比，Ju-88 必须以 250 千米 / 小时的速度冲进来才能控制好飞机，即使在最理想的情况下也难以着陆。其困难在于把机尾放下，而且如果一个缺乏经验或疲惫不堪的飞行员稍微多踩一点刹车，机尾就会剧烈摆动，容易令人紧张不安。

发动机损坏会减慢起落架的电动升降速度，而液压系统的受损则会完全无法放下起落架。如果这套总装配本身完好无损，可以通过手轮或泵手动放下齿轮。如果这个备用系统无法使用，飞行员就必须进行腹式着陆（德语：Bauchlandung；英语：belly landing），很明显，这一程序无法在平时练习，但不得不通过实际操作学会。虽然理论上与正常着陆相同，但从撞击的那一刻起，控制就被大大削弱了。摩擦、火花和爆裂的油箱常常导致火灾。当飞机试图同时着陆时，疲劳、误判和低能见度导致了多次的半空事故和跑道碰撞。正当飞机刚开始着陆时，可能突然从黑暗中传来的炮声，把飞机打成筛子，最终显示原来是夜间战斗机一直尾随着飞机编队回家。在最脆弱的时刻被击中，机组人员几乎没有生还的机会。在经历了无数先前的危险后，在执行任务的最后时刻失去机组人员是特别残酷的。

最后一架飞机甫一着陆，所有的机场灯光立即熄灭。地面工作人员开始他们的任务，交通管制员用绿色指挥灯将引导每一架飞机进入掩体。发动机被关闭，宁静最终归来。

逃避和被俘

在早期对波兰和欧洲大陆的闪电战中，被击落的机组人员尽可能努力回到部队，但那些落入敌手的人只被俘几天或几周就获释。对于在英国上空被击落的人来说，逃回德国的可能性几乎不存在，因为一个散兵仍然可能是敌人的眼中钉肉中刺，会占用不成比例的资源进行追捕。第55轰炸机“鹰狮”联队第8中队的约瑟夫·马克尔（Josef Markl）上士是逃亡时间最长的人。1940年7月，在纽伯里郊外的田野里躲藏8天后，他饥肠辘辘，精疲力竭，终于出来投降。虽然逃亡是被击落飞行员的公认职责，但几乎没有人试图逃脱，而是立即前往最近的村庄投降。有些人很傲慢，或者对他们飞行生涯的暂时中断感到有些忧伤，他们确信正在征伐中的德国陆军肯定会解救他们，但绝大多数人都很顺从、很配合，几乎不做抵抗。他们很容易向手无寸铁的警察甚至平民投降（尽管在朴次茅斯附近，当地酒吧老板挥舞着孩子的玩具手枪）。在高速空难中奇迹般生还后，他们对未来被监禁的前景并不担心。尽管有些人被拳打脚踢了几下，但大多数德国空军士兵还是得到俘虏应得的对待，通常还会得到一杯茶。然而，遭遇美国人就不那么友好了。飞行机械师卡尔－海因茨·梅韦斯（Karl-Heinz Mewes）身受重伤，当时战俘营的一名卫兵从他的外衣上扯下了铁十字勋章，而梅韦斯觉得他们没有权利这样做。

在东线迫降可能是一件极其危险的事情，找到任何轴心国部队的避难所是首要任务。许多红军士兵经过多年的残酷冲突和武装党卫队部队的野蛮行径而变得残酷无情，对法西斯分子几乎没有同情心。在被苏联俘虏的人中，有些人甚至活不到被关押之时，幸存的人面临着

一架亨克尔 He-111 遭到敌人战斗机的攻击后爆炸起火。没有护航的 He-111 因为速度慢，机动性差，防御武器有限，很容易成为战斗机攻击的目标。

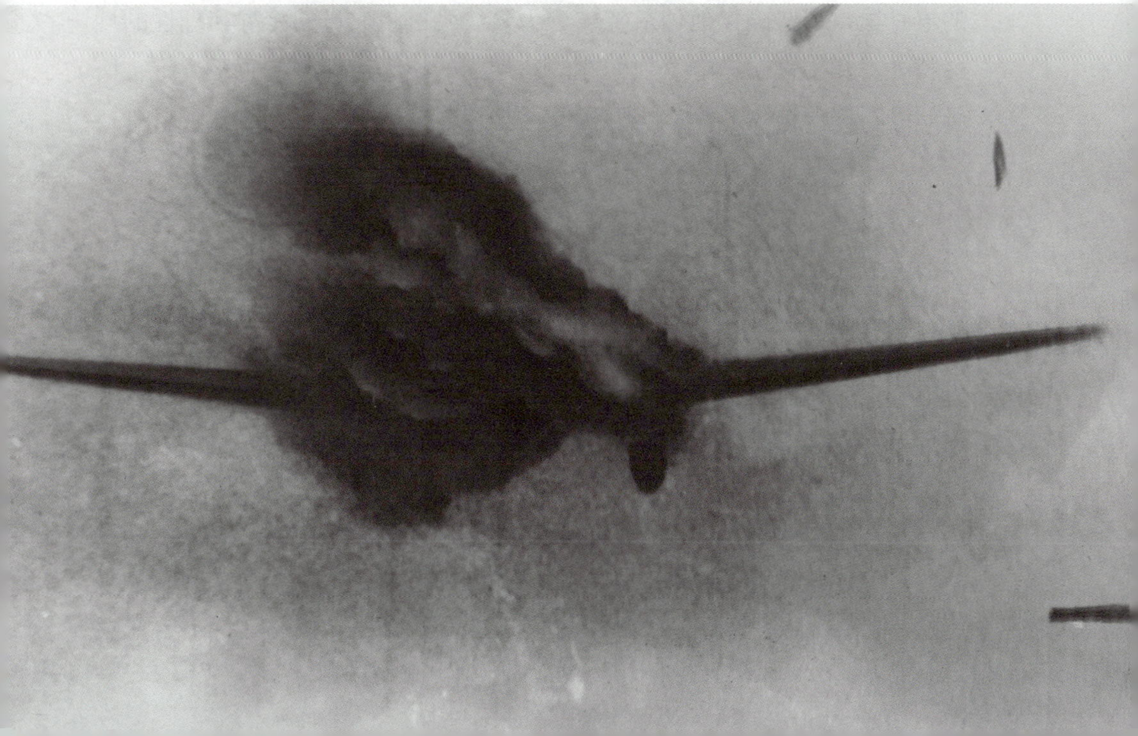

多尼尔 Do-17 是一种轻型轰炸机，以其灵活性和结构韧性而出名。然而，它的炸弹载荷很小，最多 1000 千克。

不确定的未来。由于这种恐惧，一些轰炸机飞行员被迫在坠毁的飞机旁边着陆，冒着死亡或被俘的危险，营救他们的同伴。其他不那么幸运的人则被迫徒步，开启漫长而艰难的旅程，历时数天甚至数月的私人历险之旅，返回德国防线。被击落的机组人员首先必须通过俄罗斯的前线阵地。救援的陆军部队在将晕头转向的飞行员送回所在的飞行中队之前，会慷慨地向他们提供医疗、食物、酒精，还有赞美。

大胆逃跑的故事，常常掩盖了长期监禁的痛苦现实，但在作为战俘的岁月里，那些确保他们最初被选为轰炸机机组成员的冷静和理性的性格特征，几乎肯定影响了他们在囚禁期间的行为。那些最急于逃跑，而且始终不肯合作的飞行人员几乎都是战斗机飞行员。

伤亡

人与飞机一样，即使遭受重创，仍然可以保持运行。虽然机组人员装备精良，但飞行中的医疗救治在一定程度上受到空间的限制（特别是在 Ju-88 中）。然而，死亡有时可能来自意想不到的地方。在自动驾驶仪控制飞机的情况下，发动机单调的轰鸣声可能会对机组人员产生催眠效果，一些轰炸机飞行员坦承自己曾疲惫不堪。有时，全体机组人员会熟睡几千米的路程，错过他们最后可用的飞机跑道，或驶向大海。我们不可能知道到底有多少（如果有的话）机组人员以这种方式丧命，飞入高山和山坡，或因耗尽燃料而坠毁，但这并非不可能。1941 年，第 30 轰炸机联队的一名观察员乌福兹·汉斯·费希特（Uffz. Hans Fecht）与其机组成员在北海上空勉强躲过了这样一场灾难。1940 年 9 月 15 日，已身负重伤的第 76 轰炸机联队的罗伯特·泽贝（Robert Zehbe）中尉在伦敦欧维尔板球场附近坠落。一群愤怒的平民对其进行痛殴，直至警察到来。他后来死于伤势过重。

在整个战争期间，德国和英国空军都尽可能对对方的阵亡者给予充分的敬意。许多德国空军轰炸机飞行员仍然长眠在英国和英联邦的军事公墓里，与他们曾经的敌人并肩，彼此无法分开。

注释

[1] 一种手腕式指南针。

[2] 航空照相枪，装在歼击机、教练机等飞机上，用以记录空中射击实况的小型电影摄影机。因早期的这种设备外形与枪相似而得名，多装在瞄准具或平视显示器的上方。

[3] 原文如此。

[4] 防空气球，是二战中的一种军用系留气球，外加薄金属保护板。即使它被炮火击中也只是部分受损，总升力可基本保持不变。裙式是由若干个钢索相连的气球并列升空。阻拦钢索布设在连接钢索之间，犹如裙子一般形成钢索幕帘。串列式则分上下两层，气球每 3 个构成一组，钢索连成蜘蛛网状。二战以后，由于高空轰炸机的出现，防空气球才销声匿迹。

德国空军王牌飞行员弗伦茨·冯·韦拉在检查Bf-109飞机尾翼上的击杀记录。Bf-109和Fw-190是战争年代王牌飞行员驾驶的主要机型。

第四章 战斗机：天空斗士

FIGHTERS – SKY WARRIORS

讽刺的是，尽管在战争的最后几年中，战斗机部队的重要性不言而喻，但在战前，它最初却被视为德国空军的次要力量。轰炸机，尤其是俯冲轰炸机，被认为将是赢得战争的要素。战斗机的主要职能是实现和确保空中优势，如果没有这种优势，所有的战略行动将受到重创，甚至失败。这一目标在 1939 年对波兰、1940 年对法国和 1941 年对苏联的战争都得以实现；在 1940 年的英格兰上空和后来的马耳他，这个目标几乎也实现了，但在这些情况下，由于德国低估了战斗机部队的成就，以及过早改变目标，最终失去了胜利。

战斗机总是以卓越的战术风格开始战役，但不久就转为防守方，一直承担过重的任务。尽管飞行员始终能给敌人造成重大伤亡，但这些都是短期的胜利，几乎没有战略价值。因为盟军拥有更多的资源，可以弥补这些损失。即使大量的盟军日间战斗机被摧毁，效果也在逐渐减弱。1943 年，随着美国陆军航空队在英国的轰炸机部队不断壮大，即使偶尔大规模屠杀这些“重型巨兽”，也不再对盟军的战略目标构成威胁。夜间战斗机在阻止英国轰炸机飞临其目标的过程中取得的胜利，对保卫德国工业、军事能力和平民百姓的价值更大。然而，面对盟军如此压倒性的优势，这些胜利的作用也有限。战斗机部队被迫不断进化、调整，并接受每一个向它抛来的挑战（并不总是来自它的敌人）。

战斗机

1939 年—1945 年，德国空军装备了史上两种最优秀的战斗机，梅塞施密特 Bf-109 和福克沃尔夫（Focke-Wulf）Fw-190。这两种最先进的单发机型，至少在白天是盟军所有战线上的噩梦，因此我们将在这里对它们进行详细讨论（注意，双发战斗机将在下面的夜间战斗机中讨论）。

Bf–109

毫无疑问，梅塞施密特 Bf-109 是有史以来最著名的德国战斗机，生产数量仅次于伊尔 –2（Ilyushin IL-2），Bf-109 参加过西班牙内战和二战。这架飞机的起源可以追溯到 20 世纪 30 年代初，当时羽翼未丰的德国空军渴望实现其战斗机部队的现代化。

1933 年 7 月 6 日，帝国航空部发布了《陆基战斗机战术要求》。该

梅塞施密特 Bf-109E 是不列颠战役和早期战争年代的德国主力战斗机。“埃米尔”（Bf-109E 昵称）在 1941 年被 F 改型取代，然后在 1942 年中期又被出色的 G 改型取代。

文件指出，德国空军需要一架单座日间战斗机，装备两挺固定机枪（1000 发弹）或一门固定火炮（100 发弹）。它必须配备用于空对空和空对地通信的无线电设备，以及为飞行员提供安全带、氧气系统、降落伞和加热设备。战斗机必须能够在 6000 米的高度保持 400 千米 / 小时的速度持续飞行 20 分钟，至少具有 1 个小时的飞行续航时间，并且爬升到 6000 米高度的时间不超过 17 分钟。其最大升限应为 10000 米。

1940 年 8 月，科隆贝尔特（Colombert），第 3 战斗机联队的大队长（Gruppenkommandeur）汉斯·冯·哈恩上尉驾驶的 Bf-109E-4 战斗机，其上涂装黑色 v 形和三角形图案。在一系列的中队任职后，1942 年初冯·哈恩从第 3 战斗机联队转赴第 1 战斗机联队第 2 大队。他在战争结束时，以意大利北部的战斗指挥官的身份取得了 34 场胜利。（John Weal © Osprey Publishing）

从操控的角度来看，飞机必须能够在不失高的情况下进行俯冲和转弯，并且能够很轻松从翻转中恢复。战斗机还必须能在普通的德国机场（大小为400米×400米）上由一名普通的前线飞行员操作。它还能够在云雾中飞行，并可完成小组（最多9架飞机）的起飞和降落。最后，设计必须足够小，以便能够通过铁路运输。

由于已经为德国空军制造了战斗机，阿拉多、亨克尔和福克沃尔夫被认为是赢得这份利润丰厚合同的领跑者，而在战斗机设计方面毫无经验的梅塞施密特则被认为是毫无胜算的局外人。然而，该公司有悠久的飞机制造历史，早在1926年7月就接管了乌德特飞机制造厂（Udet Flugzeugbau）。当时，德国巴伐利亚航空股份公司（Bayerische Flugzeugwerke AG）已经与飞机制造商梅塞施密特飞机制造厂（Messerschmitt Flugzeugbau）合并，公司创始人威利·梅塞施密特（Willy Messerschmitt）工程师在新企业内负责设计把控。

从20世纪20年代末到30年代初，帝国航空部推出了一系列快速运动飞机，配备低矮的悬臂翼，这让帝国航空部充满信心，指示梅塞施密特公司制造一架四座观光机，参加1934年的欧洲飞行大赛。由威利·梅塞施密特设计的M-23在1929年和1930年赢得了这项久负盛名的国际赛事，公司生产的新飞机最终被命名为Bf-108。

1934年3月，Bf-109的设计工作在位于奥格斯堡－豪恩斯特滕（Augsburg-Haunstetten）的巴伐利亚航空股份公司的工厂秘密开始。许多在Bf-108体现的特性都会出现在Bf-109原型机上，包括平齐铆接的承力表层结构、悬臂单翼，沿着机翼前沿配备“汉德利·佩奇”（Handley Page）“狭槽”，以及与机身相连的窄轨起落架，可向外收缩到主梁前面的起落架舱中。

受到Bf-108成功的鼓舞，梅塞施密特继续推进Bf-109的研发，该飞机融合了前面提到的所有特性。除了翼缝外，飞机还有后缘襟翼，两者与飞行控制面的小面积（得益于航空发动机不断增长的功率）相结

Bf-109F（如图
Bf-109E 的基础上改
空气动力特性，具有
平滑和流线的外形
翼经过重新设计。根
型号的不同，武器装
7.92 毫米 MG-17 机
15 毫米 MG-151 机
组合。

1940 年，在法国
地勤人员正在维修一
Bf-109E 飞机时，被
队的狗暂时分散了注
力。一名仍专注于工
的机械师，穿着橡皮
以保护机身。

1940 年夏天，Bf-109 编队前往英国。与流行的错误观念相反，Bf-109 并不比“喷火”战斗机差，而且确实对所有型号的盟军飞机都造成了重大损失。

合，赋予 Bf-109 无与伦比的机动性。机身本身是由轻金属制成的单体结构，截面大致呈椭圆形，由两半组成，并沿中心线连接。

从一开始，梅塞施密特就计划使用由容克和戴姆勒 – 奔驰开发的新一代倒 V 型 12 缸发动机为轻型的 Bf-109 提供动力。容克 680 马力 Jumo-210 最终被选中，因为在开发阶段它比 960 马力的 DB-600Aa 更先进。然而，容克发动机的交付被推迟了，第一架原型机 Bf-109V-1 不得不安装 695 马力的劳斯莱斯茶隼 Kestrel-VI 发动机。

V-1 的建造工作于 1935 年 5 月初完成，在一系列滑行试验之后，当月 28 日梅塞施密特的首席试飞员“小男孩”汉斯 – 迪特里希 · 诺茨奇（Hans-Dietrich“Bubi”Knoetzsch）从奥格斯堡 – 豪恩斯特滕机场进行了该战斗机的首次飞行。经过初步的工厂试验后，飞机被送到位于雷希林（Rechlin）的测试中心进行服役评估，在那里很快就证明，Bf-109 与战斗机合同的主要竞争对手亨克尔 He-112V-1（其动力也是 Kestrel）相比，速度更快、机动性更强。

Bf-109E-4翼炮

厄利孔（Oerlikon）20毫米MG-FF/M机炮首次在Bf-109E-4战斗机上投入前线使用。这种武器发射地雷弹（M-Geschosse），造成的伤害比标准炮弹更大。机炮拥有较低的射速，强烈的后坐力和超大号的旋转式T60弹鼓，1940年后期被更为出色的MG-151取代。（Jim Laurier © Osprey Publishing）

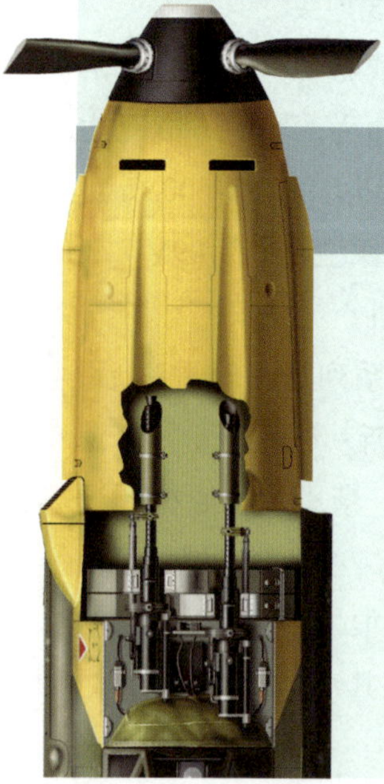

Bf-109E-4机罩机枪

和之前的“埃米尔”版本一样，Bf-109E-4的DB-601发动机正上方安装了一对莱茵金属公司制造的MG-17机枪。每支机枪都有一个弹匣，可以装载1000发子弹。注意两支枪的错位布置，左侧的MG-17被设置得稍微向前，正好是弹药供弹槽的宽度。（Jim Laurier © Osprey Publishing）

大约在 1943 年 2 月，在突尼斯的突尼斯 – 埃奥那（Tunis-El Aouina），第 53 战斗机联队第 8 中队的弗伦茨·席斯（Franz Schiess）中尉的 Bf-109G-4/Z“黑色 1 号”（热带版）。这里显示的 38 场胜利大部分是席斯前一年担任联队参谋期间取得的。在他担任第 53 战斗机联队第 8 中队中队长的 6 个月里，席斯又取得了 29 次空战胜利，直到 1943 年 9 月 2 日在那不勒斯湾附近被 P-38 击落。（John Weal © Osprey Publishing）

1935 年 10 月，以 Jumo-210A 为动力的 Bf-109V-2 升空，并在 3 个月后参加了试飞计划。这架飞机还在机身上方配备了两挺 7.92 毫米 MG-17 机枪。V-3 安装了一门 20 毫米 MG-FF/M 机炮并通过螺旋桨毂发射，并于 1936 年 6 月首次飞行，不久之后，梅塞施密特和亨克尔都从帝国航空部获得了 10 架预生产飞机的合同。

同年秋天的官方测试，在特拉弗明德的一系列测试中达到了高潮，Bf-109 在一次令人难忘的飞行演示中证明了其优越性，包括尾滑、快速翻滚、21 圈旋转、急转弯和终端俯冲。Bf-109 的水平速度和爬坡速度都快于 He-112，能轻松超越亨克尔。得益于机翼前缘槽，Bf-109 可以完成更急的转弯。梅塞施密特从不被看好变成合同的明显选择，官方正式宣布 Bf-109 成为比赛的获胜者。

1937 年 2 月，Bf-109B 产品进入德国服役，这些早期的飞机在梅塞施密特的奥格斯堡 – 豪恩斯特滕工厂建造。然而，形势很快就清楚了，需要一个更大的工厂，因此在雷根斯堡（Regensburg）开发了一个新工厂，“伯莎”（Bertha）的生产工作被转移到那里。公司的设计办公室仍在奥格斯堡。

1937 年 6 月，Bf-109V-10 开始了首次飞行，该机型搭载了更有前途的戴姆勒 – 奔驰 960 马力 DB-600Aa 发动机。这个新的动力装置比 Jumo 更长、更重，为了抵消飞机重心的偏移，梅塞施密特重新设计了战斗机的冷却系统。机头下安装了一个浅浅的散热器槽，机翼下安装了两个散热器。三叶 VDM 螺旋桨也取代了原来安装 Jumo 动力 Bf-109B 上安装的双叶 VDM– 汉密尔顿（VDM-Hamilton）螺旋桨。由于战斗机总重增加，机身和起落架也得到了加强。这架飞机实际上就是 Bf-109E 的原型机。

1938 年早春，配备 730 马力燃油喷射 Jumo-210Ga 发动机和安装了机翼机枪的 Bf-109C 开始交付，首批飞机配发到第 132 战斗机联队第 1 大队。该型战斗机仅生产了 58 架，而后转向生产安装四枪的 Bf-109D，它搭载带化油器的 680 马力 Jumo-210Da 发动机，大约生产了 657 架，当时这型飞机也在莱比锡的厄拉机械厂和不来梅的福克沃尔夫飞机制造厂制造。

到 1938 年 9 月 19 日，德国空军共装备了 583 架 Bf-109B/C/D 型飞机，但是戴姆勒 – 奔驰发动机供应有限，阻碍了 Bf-109E 的快速部署计划。因为在 20 世纪 30 年代末，轰炸机的生产优先于战斗机采购，而大部分 DB-600 发动机被分配给了 He-111。

最终，在 1938 年，飞机生产的重点转向战斗机。到那时，拖延已久的 DB-601A 终于趋于成熟，因此戴姆勒 – 奔驰努力完善这台动力装置。这款新发动机与 DB-600 非常相似，但关键是它采用了燃油喷射而非浮子式汽化器。这意味着 Bf-109 可以进行负 G 飞行，并通过提高燃油的经济性增加战斗机航程。

配备了额定起飞功率为 1175 马力的 DB-601A 发动机，Bf-109E-1

原型 Me-209 战斗机的驾驶舱。Me-209 是一种实验性尝试，以开发一种源自 Bf-109 血统的新战斗机，可以在不列颠战役中遭遇“喷火”战斗机时，获得明显的空中优势。然而，该项目从未进入生产阶段。

梅塞施密特 Me-209 有不同寻常的外形，驾驶舱位于机身后方。它是为速度和机动性设计的，但一旦稳定性问题得到解决，其性能并不比 Bf-109 优秀。

（埃米尔）终于在 1938 年 12 月进入量产，新飞机具有无与伦比的起飞和爬升性能。“埃米尔”更高的机翼载荷增加了战斗机的转弯半径和失速速度，但它仍然非常适合飞行员驾驶。

与之前的 D 型一样，E-1 的武器装备包括机身上方的两挺 7.92 毫米 MG-17 和机翼上增加的两挺机枪。后者每挺机枪有 500 发子弹，而机身机枪各有 1000 发子弹。

在 1939 年初，第一架 Bf-109E-3 开始下线，这些飞机机翼上的 MG-17 被最初在 Bf-109C-3 上试验的 MG-FF 20 毫米机炮替换。每门机炮只有 60 发炮弹，但其破坏力无与伦比。投入前线服役后，E-3“火炮飞机”（Kanonenmaschine）被飞行员评为梅塞施密特早期最优秀的一代，与 Bf-109 其他任何改型相比，这款飞机具有更大的优势。

1939 年 1 月 1 日至 9 月间，共交付了 1091 架“埃米尔”。为了使 DB-601 发动机与机身结构的生产保持同步，建立了 4 个发动机工厂，Bf-109 由德国的梅塞施密特、厄拉（Erla）和菲施勒（Fieseler）以及奥地利的维也纳－诺伊施塔特（Wiener-Neustadt）飞机制造厂建造。

当德军于 1939 年 9 月 1 日向东入侵波兰时，至少有 28 个飞行大队在操作 Bf-109B/C/D/E 战斗机。梅塞施密特战斗机现在已经准备好在欧洲上空占据主导地位。在 1940 年秋天，梅塞施密特的 E 型替代品，即 Bf-109F-1 开始从德国生产线上下来。这款飞机与其前身的主要区别在于武器装备。F 型取消了翼枪，转而采用一门通过螺旋桨轮毂发射的大炮，另外还有两挺安装在上机罩的机枪。各种液压和冷却系统的改进也被纳入，还有飞行员和油箱装甲。从外观上看，这架战斗机在机头周围也更呈流线型，整体加长。尾部根据空气动力学进行了优化，取消了水平稳定器支撑。最后，F 型的机翼经过完全重新设计，翼尖被延长并呈圆形。

1940 年 9 月—1942 年 5 月，Bf-109F 的产量超过 3300 架，分为 4 种子型号（F-1 到 F-4）。像“埃米尔”一样，“弗雷德里希”（Friedrich）在东欧、西欧、地中海和北非同时执行战斗机和战斗轰炸机的双重任务。

1942 年 6 月，F 型在生产线上被 Bf-109G 取代，它结合了“弗雷德里希”的机身和更大、更重，功率达到 1475 马力的 DB-605 发动机。驾驶舱增压也首次在 G-1（“古斯塔夫”，Gustav）中引入，尽管大多数后来的子型号缺乏这一功能。从 1942 年中期到战争结束，总共生产了 24000 多架 Bf-109G，仅在 1944 年就生产了 14212 架。

后来对 G-1 基本型进行了多次修改，要么在工厂完成（像在 Umrust-Bausatze 工厂改型设备），要么在前线完成（改装配件），这些修改包括装备额外武器，加装无线电，引入木质尾翼，安装加长的尾轮，以及安装 MW-50[1] 水 / 甲醇增压 DB-605D 发动机。为使前线部队的装备标准化，梅塞施密特在 1943 年 2 月开始生产 Bf-109G-6 型，该型号包括许多以前临时加装的部备。G-6 将最终被证明是梅塞施密种著名战斗机的最重要改型，生产了 12000 多架，超 Bf-109 总产量的三分之一。

不幸的是，Bf-109 不断加装设备，比如机翼下火炮枪，火箭炮管和更大的发动机，使其原本轻巧的机身失去了曾经传奇的机动性，突出了飞机在低速性能、横向控制和地面操作方面的不足。

然而，在战争后期的 Bf-109G-10 中，装备了厄拉·哈比（Erla Haube）鼓起的座舱罩、加高的木质尾翼和 DB-605D 发动机，梅塞施密特拥有了一款能够在 7500 米高度下达到 690 千米 / 小时的战斗机。令人困惑的是，尽管 G-10 在 Bf-109G 子型号列表中在轻量化 G-14 之后出现，但它实际上最后一款投入服役的 G 型产品！

Bf-109 的最后一个主要作战版本是 K 系列，它直接由“古斯塔夫”发展而来。K-4 是唯一参与前线服役的子型号，这款飞机装备了 DB-605DM 发动机，木质尾翼结构，单门火炮和两挺机枪配置。Bf-109 的不断改进意味着，由威利·梅塞施密特在 1943 年提出的 Bf-209 这样的替代型号从未成为必要。

图中所见，维尔纳·默尔德斯少校佩戴着橡树叶骑士十字勋章，因在 9 月 21 日取得第 40 次胜利而获得。他穿着标准的军官制服，包括束腰外衣和马裤，还有军官尖顶帽和飞行靴。此外还可以看到他戴着羊毛手套。唯一的不符合规定的是他穿着的羊皮夹克。（Mike Chappell © Osprey Publishing）

埃里希·哈特曼

埃里希·阿尔弗雷德·哈特曼是一名医生的儿子，1922年4月19日出生于德国符腾堡州的韦萨克。要不是战争的影响，他本来打算学医。1940年9月，18岁的他离开学校，并于次月加入德国空军。

哈特曼接受了两年的训练，经过柏林的候补军官学校和泽布斯特的战斗机学校学习后，于1942年10月加入了第一支作战部队——第52战斗机联队第7中队，该中队驻扎在东线战场南部辖区的索尔达茨卡亚（Soldatskaya）。1942年11月5日，他在高加索地区取得了第一次胜利——击落一架伊尔-2，但直到将近3个月后（1943年1月27日），他才通过击落一架米格-1战斗机，将他的胜利记录翻倍。虽然起步有点慢，哈特曼在1943年4月30日击落了两架拉格-3（LaGG-3），使他的击落敌机数达到了两位数。几乎在6个月后的那天，也就是1943年10月29日，哈特曼因总共148次击落而被授予骑士十字勋章。他的星途如日中天，每天数次的胜利已是家常便饭。这时他已被任命为第52战斗机联队第9中队的中队长，也就是著名的“卡拉亚”中队。

1944年3月2日击落敌机次数达到200后，哈特曼获得了橡树叶勋章；7月4日，晋升为中尉的3天后，他因239次击落获得了宝剑勋章；7月18日，他成为第4位达到250次击落敌机的飞行员；8月24日当天的11次击落使其总次数达到301。作为世界上第一个被认定击落敌机次数达到300的飞行员，这一成绩使哈特曼在次日获得钻石勋章。1944年9月1日，他晋升为上尉，一个月后正式接任改组后的第52战斗机联队第 4 中队的中队长，同时担任第 2 大队的副大队长。哈特曼被邀请加入装备 Me-262 的阿道夫·加兰的 JV44 专家中队，他拒绝了。他选择回到东线的第 52 战斗机联队，在战争剩余的时间里担任第 1 大队的大队长。1945 年 5 月 8 日，欧洲战争结束的那一天，埃里希·哈特曼完成了第 352 次，也是最后一次的击落，并晋升为少校。

尽管哈特曼向美国第 3 集团军投降，他还是被移交给了苏联军队，随后的 10 年里，他在一系列战俘营里经历了无数困苦。1955 年，他终于回到妻子身边，并加入新成立的联邦德国空军。直到 1970 年，他以上校的军衔退役，离开德国空军。随后他加入联邦航空管理局，还管理着符腾堡地区的几所飞行学校。他在 20 世纪 80 年代末选择完全退休，于 1993 年 9 月 19 日去世。

无法准确统计多少架盟军飞机被 Bf-109 击落，但这个数字肯定是以千计算。许多 Bf-109 飞行员取得了惊人的击落率，特别是在东线。所有“专家”中最有名的是埃里希·哈特曼，他在二战期间驾驶 Bf-109 击落敌机的次数不少于 352，这不仅证明了飞机优秀的飞行性能，也证明了这位飞行员的勇气。

福克沃尔夫 Fw-190

1937 年后期，福克沃尔夫飞机制造有限公司获得了一份开发合同，要求研发一种单座拦截战斗机，作为梅塞施密特 Bf-109 的补充。在库尔特·汤克（Kurt Tank）的指导下，由高级技师布拉泽（Blaser）领导的一支设计团队设计了一款低翼单翼飞机，该飞机配备了完全可收回的起落架，可以由戴姆勒－奔驰 DB-601 12 缸 V 型液冷直列发动机（安装在 Bf-109 上）或 BMW-139 18 缸双排星型气冷发动机提供动力。

星型发动机通常会产生阻力，而且体积庞大且笨重，后者会降低飞行员在起飞和降落时前方的能见度。然而，帝国航空部出人意料地下令开发星型发动机战斗机，以免给戴姆勒－奔驰公司造成负担，这一决定使汤克及其同事感到惊讶。第二年夏天，这架战斗机的具体工作开始了。

1939 年 6 月 1 日，福克沃尔夫公司能力出众的首席试飞员汉斯·桑德尔（Hans Sander）机长，在不来梅工厂试飞了第一架原型机。它由一台 1550 马力的 BMW-139 星型气冷发动机提供动力，装备了特殊的导流旋转器以减少阻力。经过 5 次试飞后，飞机被转移到雷希林，

福克沃尔夫 Fw-190 改变了德国空军的作战能力，特别是在 1944 年秋季引入了主要服役型号 Fw-190D。它提供了优越的机动性，最高时速超过 650 千米。

在那里达到了595千米/小时的速度。在1939年10月期间完成第二架原型机，该飞机配备了两挺13毫米MG-131机枪和7.92毫米MG-17机枪。

1939年6月，BMW-139发动机被弃用，开始大力研发14缸的BMW-801。为了弥补新式发动机带来的更大重量，战斗机的驾驶舱被移到了更靠后的位置。

尽管发动机装置庞大，但Fw-190机身却很小，宝马发动机被巧妙安装在细长的机身中。与Bf-109形成鲜明对比的是，福克沃尔夫战斗机配备了大面积的玻璃驾驶舱罩，为飞行员提供了极好的全方位视野。

早在1940年，戈林参观了福克沃尔夫工厂，并视察了Fw-190V-2第二架原型机。他对此印象深刻，并告诉汤克，他“必须像生产面包一样，把这些新战斗机造出来！”装备BMW-801发动机飞机的成功，导致30架预生产飞机的建造，这些飞机被命名为Fw-190A-0，随后订购了100架Fw-190A-1的生产型

一架福克沃尔夫Fw-190D战斗机的部分被周围的树木伪装起来。与以前的改型相比，Fw-190D的机头更长，以便适应容克公司的Jumo-213液冷发动机。

号。早期的试验在雷希林的试飞中心进行，1941 年 3 月，来自第 26 战斗机联队的飞行员和工程师准备将这种新型战斗机引入德国空军。8 月，第一批 Fw-190A-1 被交付给驻扎在勒布尔热的第 26 战斗机联队第 6 中队。

9 月 18 日，当英国皇家空军“喷火”V 型战斗机第一次遭遇 Fw-190 时，形势很快就明朗了，德国战斗机几乎在所有方面都更具机动性，并有更高的最大速度。Fw-190A 在 1942 年 2 月初进行了首次主要行动，掩护“沙恩霍斯特”号（*Scharnhorst*）和“格内森瑙”号（*Gneisenau*）战列巡洋舰以及“欧根亲王”号重型巡洋舰从布雷斯特驶向德国北部港口的安全地带。德军战斗机击退了英国摧毁这些舰船的尝试，来自第 26 战斗机联队第 3 大队的 Fw-190A-1 战斗机击落了 6 架剑鱼（Swordfish）鱼雷轰炸机。

德国空军 Fw-190 在德国空军基地被烧毁，该基地在 1945 年被美军占领。除了作为一种单纯的战斗机外，Fw-190 也被成功用于对地攻击和夜间战斗。

8
8
460233

改进后的Fw-190A-2的订单随之而来，该战斗机配备BMW-801C-2发动机，在发动机罩上方装备两挺7.92毫米MG-17机枪，在两翼根部各安装一门20毫米MG-FF机炮，在机翼外部也经常额外携带一对MG-17机枪。紧随A-2之后的是Fw-190A-3，它由一台1700马力的BMW-801D-2发动机驱动，并将MG-FF机炮移到机身外侧，换成两门发射速度快得多的20毫米MG-151/20机炮。驾驶舱罩可借助爆炸螺栓弹射，飞行员受到8毫米和14毫米装甲钢板的保护。

到1942年初，Fw-190的月产量超过250架。1942年3月，第26战斗机联队第2大队换装Fw-190A-3，经常活跃在攻击美国日间轰炸机及其战斗机护航队的最前线。4月，第2战斗机联队在西部也装备了Fw-190A-3。4个月后，Fw-190A-4进入生产，由BMW-801D-2发动机驱动，配备水/甲醇喷射装置，能短时间提供2100马力。

尽管Fw-190A已被证明是一款极其有效的战斗机，但作战经验表明，BMW-801发动机的功率在超过7000米高度时会有所下降。因此，在后续Fw-190A、B和C型号生产期间，人们试图改进飞机的高空性能。

1942年6月，Fw-190配发给第1战斗机联队，以对抗出现在帝国上空的美国轰炸机编队，同时也配发给在挪威的第5战斗机联队第4大队。次月，第一批"喷火"IX型战斗机进入了英国皇家空军服役，这些飞机的性能与Fw-190几乎相当。然而，8月19日，当Fw-190在霉运连连的"迪耶普行动"中对盟军战斗机和登陆艇发动攻击时，英国皇家空军损失了106架飞机，其中大部分被第2和第6战斗机联队击落。到当年年底，随着美军白天轰炸强度的增加，更多大队装备了Fw-190。

1943年初，Fw-190A-5出现了，它基本与A-4类似。区别在于这一版本修改了发动机的安装，使BMW-801D-2发动机可以安装在驾驶舱前方15厘米处。这种设计意在消除发动机过热的问题，自两年前开

一名 Fw-190A 飞行员观察正在运转的发动机。随着战争的进行，德国空军战斗机飞行员的生存率显著下降。到 1944 年，替补飞行员的预期寿命约为两至五周。

始服役以来，该问题一直困扰着这型飞机。

1943 年初，驻扎在东安格利亚的第 8 航空队（Eighth Air Force）已经成为一个强大的威胁，他们对德意志帝国的目标进行突袭。到 7 月，情况变得非常紧迫，德国空军不得不从东线和地中海调派战斗机部队到西线的机场。从 1943 年 8 月下旬开始，6 个装备 Fw-190A-4/5 战斗机的大队可以与从英国起飞的盟军飞机作战。8 月 17 日，第 8 航空队袭击雷根斯堡和施韦因富特，300 多架 Fw-190 遭遇了四发轰炸机。美军损失了 60 架“重型轰炸机”，几乎全部毁于德国战斗机。10 月 14 日，当第 8 航空队袭击施韦因富特的滚珠轴承工厂时，79 架轰炸机被击落，其中大部分折损于 Fw-190A-5/R6 战斗机。另有 120 架“重型轰炸机”受损。

迫击炮武器

许多 Fw-190 配备了 Werfergranate（WGr.）210 毫米迫击炮。这些改进后的步兵武器，旨在通过爆炸效果来打散敌方的轰炸机编队，从而减少其防御火力。一个 1.3 米长带膛线的迫击炮发射管悬挂在 Fw-190 机翼下方，由 4 个支撑耳和 1 个带有悬吊支架的中央吊钩连接。3 个固定弹簧，位于发射管的尾部附近，将 112 千克的炮弹（连同 40 千克弹头）固定在适当的位置，并且在管的尾部有一个螺栓，防止炮弹滑出。在紧急情况下，可以通过激活电磁引爆的炸药装置来切断中央吊钩，抛弃发射管。迫击炮由驾驶舱的武器面板控制，包括两个武器开关和一个 Revi-16B 反射瞄准具。当飞行员按下控制杆上的按钮时，两颗旋转稳定的炮弹会同时发射。迫击炮弹安装了定时引信，在交付给作战部队之前预设为 800 米，随后不再进行调整。因此，射程是固定的，由于武器速度较低，意味着它要有效，就必须瞄准目标上方 60 米处，而且炮弹必须在距轰炸机 28 米以内爆炸。（Jim Laurier © Osprey Publishing）

福克沃尔夫进入服役的下一个主要改型是 Fw-190A-6，它的机翼进行了重新设计且重量更轻，能够携带四门 20 毫米 MG-151/20 机炮，发动机上方也安装了两挺 MG-17 机枪。A-6/R1 携带 6 门 20 毫米 MG-151/20 机炮，Fw-190A-6/R3 携带两门 30 毫米 MK-103 机炮，安装在机翼下的吊舱上。1943 年 12 月，Fw-190A-7 开始生产。

A 系列最后一种大规模生产的型号是 Fw-190A-8，它额外配备了一个 115 升的内部燃料箱，并做了其他改进。A 系列最后的生产改型之一是 Fw-190A-9，它类似于 A-8，但搭载了 2000 马力的 BMW-801F 发动机。尽管星型发动机的 Fw-190A 系列是德国空军服役的主要改型，但数千架 Fw-190F/G 最终取代了 Ju-87 斯图卡，成为德国主要的近距离支援飞机。本质上这些飞机是 Fw-190A 系列的对地攻击版本，作为战斗轰炸机使用。由于它们的对地攻击角色，这两个型号都不能被视为与装备梅林发动机（Merlin）的 P-51 直接对抗。

尽管装备 BMW 星型发动机的 Fw-190A 性能出色，但其在高空的性能表现不佳。从 1944 年 6 月 P-51D 在欧洲战区出现后，它就很难成为一流的制空战斗机。经过两年的开发，首批约700架安装容克Jumo-213直列发动机的Fw-190D-9，于1944年8月开始在科特布斯装配线上下线。尽管“多拉–9”（Dora-9，Fw-190D-9的昵称）能够与P-51D相匹敌，但首席设计师汤克只将其视为“紧急解决方案”，他的终极高空战斗机是装备直列发动机的Ta-152H。Ta-152H同样在科特布斯建造，生产样机从1944年11月开始离开福克沃尔夫工厂，到1945年初工厂被放弃时，已经向德国空军交付了150架。这些飞机大部分配发给第301战斗机联队。虽然Fw-190D-9和Ta-152H显然是更好的制空战斗机，但由于数量稀少，意味着直到欧洲胜利日，配备星型发动机的Fw-190A系列飞机仍将冲锋在德国空军战斗机联队的最前线，对抗着数以千计的“野马”战斗机，后者在战争最后一年统治着德国天空。

喷气式飞机和火箭

希特勒统治下的德国，无论优劣，都是一个技术创新的环境。在航空领域，这一创新使德军成为世界上首个将喷气和火箭战斗机引入重要前线服役的空军。

梅塞施密特 Me-262 于 1944 年底进入德国空军服役，其性能达到了传统螺旋桨飞机无法企及的水平。它的最高速度为 870 千米 / 小时，装备不少于四门 30 毫米 MK-108 机炮。

一台 Me-262 正在维修。机头安装的雷达表明这架飞机是 Me-262B-1a/U1 夜间战斗机。其他实验性拦截版本装备了空对空火箭。

尽管这一引入在战争中为时已晚，无法拯救德国免于空战失败，但梅塞施密特 Me-262 等飞机的出现，给盟军轰炸机和战斗机机组人员带来了震惊（和炮火）。

威利·梅塞施密特教授设计的先进战斗机于 1942 年 7 月 18 日首次使用纯喷气动力升空，当时公司的试飞员弗里茨·温德尔（Fritz Wendel）从莱普海姆进行了一次无故障飞行。由于宝马和容克公司的发动机开发和供应问题，在经历延期后，温德尔能够在首次试飞中作出总体操作顺利的报告，期间他达到了前所未有的 720 千米 / 小时的飞行速度。尽管有疑虑，温德尔还是记录下容克发动机 T1 “运转良好”。

德国现在拥有了应对西方盟军日益增长的空中威胁所需的技术。从那时起，直到 1944 年中期，Me-262 的开发稳步前进，使用一系列原型机测试了飞机的各个方面。第一批量产的飞机虽受到技术问题的困扰，但德国空军一直鼓吹 Me-262 的潜在优势。早在 1943 年 4 月 17 日，在梅塞施密特的说服下，沃尔夫冈·斯帕特上尉（因 72 次击落敌机数而获得骑士十字勋章，前第 54 战斗机联队第 5 中队的中队长）就试飞了 Me-262V-2，也是首位这样做的德国空军飞行员。两天后，他向战斗机将军、空军少将阿道夫·加兰报告：

> 飞行特性使得一个经验丰富的战斗机飞行员能够操控这型飞机。特别是，与最快的传统战斗机相比，空中速度的提高值得关注。预计装备了武器和无线电设备后，这一飞行速度不会显著降低。
>
> 典型的喷气式发动机不仅能在高空保持这种速度，而且还能进一步提高。Me-262 的爬升速度比 Bf-109G 快 5 米至 6 米 / 秒，且速度更佳。优越的水平和爬升速度将使飞机能够成功地对抗数量上占优势的敌方战斗机。非常重型的武器（6 门 30 毫米炮）允许以高速度接近并攻击轰炸机，尽管飞机在射击位置的时间很短，但结果仍然具有破坏性。

在加兰听来，斯帕特的报告十分顺耳。1943 年 5 月 22 日，他亲自在莱希菲尔德（Lechfeld）驾驶 Me-262V-4 在（在尝试启动 V-3 的发动机后起火），并向戈林提交了著名的报告，他在报告中热情地说，“感觉就像有天使在推动！”加兰成为进一步发展喷气机的忠实拥趸，他写信给上司，要求采取一切措施确保飞机的快速和大规模生产。他在给德国空军军备总监（Generalluftzeugmeister）埃哈德·米尔希的报告中写道：“这架飞机代表着我们向前迈进了一大步，可能是我们最大的机会。如果敌人坚持使用活塞发动机，它能保证我们大幅领先敌人。”

Me-262 最终成为一种双发喷气式战斗机，搭载两个 Jumo-004 涡轮喷气式发动机。每台发动机的核心是一个八级轴流压缩机，配有单级涡轮，

Me-262 的俯视图。在 1945 年的前几个月，梅塞施密特公司继续生产大量的双发喷气式飞机，但实际上又有相对较少的飞机参与前线部队的战斗。

可在每分钟 8700 转时产生 8.8 千牛的推力。在标准的 Me-262A-1a 战斗机 / 拦截机配置中，它装备四门强大的 MK-108 30 毫米机炮，安装在机头。

然而，随着发动机和机身的组合问题最终被解决，来自元首本人的政治干涉却使得该计划被搁置了好几个月，因为他坚持将飞机发展成轰炸机。1944 年初，理智终于占了上风，当年 6 月，首批飞机到达前线参与了战斗。尽管在战争的最后 12 个月里，德国几乎每天 24 小时都在遭受轰炸，但梅塞施密特还是生产出 1400 多架 Me-262，另有 500 架在空袭中损毁。发动机的可靠性、燃料的短缺和不切实际的作战任务，限制了前线部队在任何时候只能一次性出动大约 200 架喷气式飞机，但无论如何，在白天和夜间的拦截行动中，每次都有超过 200 架盟军飞机（战斗机部队声称 Me-262 取得了超过 745 次胜利！）被击落。总共有 7 个作战单位的 28 名飞行员驾驶这款喷气式飞机成为王牌飞行员。

在战争后期德国涌现的诸多喷气式和火箭设计中，Me-262 是最著

在战争后期，亨克尔 He-162“蝾螈”（Salamander）是一个奢侈实验品，试图制造一种涡轮喷气发动机驱动的单座截击机。目标是到 1945 年 5 月每月生产 2000 架，但到战争结束时仅完成 275 架。

名、最有效的一种，但在细节上还有更多的飞机值得一提。其中包括阿拉多 Ar-234，这种单座战术轻型轰炸机由两台 800 千克推力的 BMW-003A-1 涡轮喷气发动机驱动，最高时速 742 千米。还有亨克尔的 He-162“蝾螈”截击机和亨舍尔的 Hs-132 俯冲轰炸机，两者顶部都安装了 BMW 涡轮喷气发动机，喷出的气流经过双尾翼。

其他的设计更为奇特。容克公司研制出 Ju-287 原型机，这是一种双涡轮喷气式重型轰炸机，具有前掠翼和携带 4000 千克炸弹的潜力。相反，Me-163“彗星”（Komet）战斗机是一种单发火箭截击机，装备有两门 30 毫米 MK-108 机炮。在技术上，Me-163 帮助开发了高速、后掠翼、无尾翼飞机的空气动力学，还帮助开发了使用液体燃料火箭推进的飞机。1941 年 10 月，这架飞机以超过 1000 千米 / 小时的速度飞行，创造了一项非官方的世界纪录，而 Me-262 直到 1944 年才达到这个速度。它的攻击曲线图需要飞行员的神经高度紧张。它从一个发射后被抛

在空中击落敌机方面，格哈德·巴尔克霍恩（Gerhard Barkhorn）仅次于埃里希·哈特曼。他驾驶 Me-109 和 Fw-190（战争结束前他还短暂驾驶过 Me-262），在东线的空战中摧毁了 301 架飞机。

弃的移动起落架上起飞，然后开始以惊人的每分钟 3600 米的速度进行火箭动力的急剧爬升。飞行员将飞机升至 9000 米左右的高度，高于美国的轰炸机群（Me-163 只适合白天作战），然后转入俯冲作战冲刺，快速穿过轰炸机并开炮。在这一飞行阶段，飞机对敌方炮手来说就是个模糊的影子，使其几乎无法锁定目标。最终，火箭发动机停止工作，“彗星”开始滑翔回地面，着陆时使用可伸缩的起落橇。当然，在滑翔阶段，Me-163 很容易成为盟军战斗机的猎物。

总共生产了 300 架 Me-163，但是像许多德国的喷气式飞机和火箭的

贡特尔·吕佐夫（Gunther Lützow）上尉身
夏季飞行套装组合（K So/ 341），飞行服配有许
拉链口袋，搭配军官华达呢野战帽。注意军官
腰带和手枪皮套，后者可以放置各种配发给机
人员的小型 7.65 毫米自动手枪，衣服袖章标明
佐夫的军衔和他的骑士十字勋章，该勋章是在
得 15 次空战胜利后于 1940 年 9 月 18 日被授予
。（John Weal © Osprey Publishing）

约阿希姆·明希伯格（Joachim Müncheberg）少校在飞行工作服外穿了一件“梅·韦斯特”充气救生衣。骑士十字勋章佩戴在脖子上，军衔旗则缝在袖子上。制服裤子有时如图所示松散穿着，而不是塞进飞行靴里。裤子做工宽大，可以装下随身武器、小刀和地图。他戴着一顶热带帽，救生衣的附件中有一个氧气面罩的导管和阅读地图的手电筒。（Mike Chappell © Osprey Publishing）

设计一样，这种努力是不值得的——Me-163 前后总共只有 9 次确认的胜利。Me-163 的操作，还要求几乎同时开发高挥发性火箭燃料的处理和存储技术、飞行员的特殊防护服，飞行员的高空训练以及无线电导航返回和拦截方法。除了 Me-262，尽管它为未来的喷气式飞机设计留下了遗产，德国的喷气式飞机和火箭战斗机在很大程度上只是分散了生产更有价值战斗机的注意力。

战斗机飞行员

德国空军培养了全世界顶尖的“飞行专家”，其中一小部分人取得了击落敌机三位数的空战胜利，这是其他人可能永远无法匹敌的。即使是在晚上，也有少数飞行员的表现超过了盟军飞行员白天的最佳成绩。这些人尽管只占德国空军战斗机飞行员的一小部分，但他们却经常成为评论员关注的焦点。普通的战斗机飞行员并非“王牌”。

像当时所有的战斗机飞行员一样，在执行首次战斗任务之前，飞行员要接受长达两年的训练。许多人在首次交战中就死亡；而对于那些幸存的飞行员来说，后续参加战斗的结果都是无法确定的。在最好的情况下，普通的飞行员可能会对几架敌机造成一些损害，但很少能击落一架。随着时间的推移，他可能会在后来培养出一击必杀的本能，但这通常是一个缓慢的过程。

德国战斗机飞行员与其外国同行之间的一个关键区别，是在前线服役的时间。假设得以幸存，他别无选择，只能继续执行大多数人只能忍受一段有限时间的任务；而盟军飞行员在完成几个月的飞行任务，开展一段时间的教学指导或执行其他后方任务后再返回到中队服役，这是他们自己的选择。形势对德国机组人员的生存全然不利，虽然如此，但是对于大多数飞行员、无线电操作员和炮手来说，在地勤人员支持下，成为一名战斗机飞行员才是最重要的。

招募和训练

在 10 到 14 岁之间，许多德国男孩加入了德国青年团（德语：Deutsche Jungvolk，DJ；英语：German Youth），这个组织取代了德国在世界童子军组织中的参与（该组织被认为"犹太人领导的间谍网络"）。德国青年团鼓励新一代接受秩序和权威，这对德国的重建计划至关重要。从德国青年团，他们发展到更明显政治化的组织——希特勒青年团（德语：Hitler Jugend，HJ；英语：Hitler Youth）。该组织最初是自愿的，从 1936 年开始，所有 14 岁的男孩都必须加入。定期的训练和行军激发了纪律和团队精神，每年两周的营地生活激发了领导潜力。绝大多数人似乎很享受希特勒青年团提供的机会，包括登山、航海、定向越野比赛，而且对那些渴望加入德国空军的人来说，有机会在希特勒青年团滑翔机学校获得飞行员资格。

战斗机部队一直享有年轻种子选手的人才储备以供选择。一些人有强烈的责任感，另一些人因一战后的苦难生活，希望对盟军国家进行报复；但对许多人来说，个人挑战是主要的驱动力。所有人都有一种奇怪的与生俱来的飞行欲望，并对战斗机飞行员生活的"魅力"（几乎没有人能否认女孩的关注是因素之一）产生了共鸣。当然，这些动机，无论是崇高的还是肤浅的，都不足以确保成功：机组人员的选拔是一个特别严格的过程。

最终被选为短程战斗机和俯冲轰炸机训练的飞行员都有各自专门的学校，飞行时间最初在悠闲的 13 个月期间累积 150 小时至 200 小时左右。然而，到 1943 年底，一名潜在的战斗机飞行员可能会被直接从 A/B 飞行员学校直接进阶到战斗机学校（德语：Jagdfliegerschule，JFS；英语：fighter school），在那里特别注重编队飞行和射击训练，在三到四个月的时间里积累相同的 50 小时飞行时间。课程的强度意味着学员现在每月平均飞行 12.5 小时至 16 小时，是和平时期标准的三

1940 年 9 月，一名地勤人员在 Bf-109 飞机的水平尾翼上涂上第 32 次胜利的标记。在不列颠战役期间，德国战斗机的一大限制是，由于燃料限制，他们只能英国上空进行 15 至 20 分钟的战斗或巡航时间。

至四倍。如果某一战斗机学校没有足够的空位，学员可以被临时分配到中级战斗机学校，通常需要进行 15 个小时左右的基本特技飞行。在战斗机学校毕业后，二战后期的飞行员将加入他未来联队的补充大队（德语：Erganzungsgruppe；英语：finishing group），在 9 至 13 个月里总共累积 180 小时至 250 个小时的飞行时间。

那些在 A/B 学校毕业并展示出精通双发飞机的学员，未来将被分配到轰炸机、运输机、侦察机和重型战斗机（“驱逐机”）部队服役；他们立即进阶到 C 学校，在接下来的两到六个月里，在重型飞机上再待上 50 至 70 个小时。这包括在像 Ju-52 三发运输机这样的飞机上初次体验仪表飞行法和测向仪器，比如。从这里，飞行员被分送到适当的学校，那些被选为重型战斗机部队的飞行员将前往驱逐机学校（Zerstörerschule），进行两到三个月的射击和目标飞行训练。在这里，

1943 年春季，在特里奎维尔（Triqueville），第 2 战斗机联队第 2 中队的中队长霍斯特·汉尼希（Horst Hannig）中尉的 Fw-190A-4 “黑色 1 号”。汉尼希的“黑色 1 号”装饰着更为精心设计的复杂图案，这种图案用以掩饰福克沃尔夫战斗机排气管产生的黑烟沉积。这种引人注目的“鹰头设计”通常与第 3 大队的飞机相关联。虽然许多第 3 大队的飞机后来重新改漆他们的发动机罩，去掉了“鹰头”而让位给“Assi”——哈恩（Hahn）远没有那么吓人的公鸡图案。（John Weal © Osprey Publishing）

飞行员被介绍给他们的无线电操作员和空中炮手，他们将继续共同服役。机组人员将首先进入盲飞学校，学习高级仪器导航课程，包括密集的仪表飞行和着陆练习，以及高级的测向技术。经过 20 个月的训练，飞行员和他的无线电操作员总共飞行大约 220 小时至 270 小时，最终将加入作战补充中队（Erganzungsstaffel），成为预备机组。

在进入最后阶段之前，几乎所有的重点都放在飞行技能的培养上，空中射击只是次要的关注点。威廉·霍尔特弗雷特（Wilhelm Holtfreter）是一名年轻的战斗机飞行员，他在开始练习这些技能之前，已经接受了一年多的飞行训练：“他们在地上设置了靶子，我们必须飞过去射击。我打了 50 次，命中 4 次，这就是靶场练习。”（他补充说，“我变得更好了”。）花这么多时间训练一名日后可能会成为糟糕射手的飞行员，虽然看起来有些奇怪，但必须记住，飞行才是困难的部分，起飞和着陆事故比空战更有可能致命。“你开的飞机越多，”霍尔特弗雷特说，“处理不同类型飞机就越有经验。我们飞了很多不同类型的飞机。

准确的射击需要时间和真实的战斗条件。”

经过全面训练，未来参加作战的飞行员最初被送往德国空军的战斗学校（德语：Waffenschule；英语：fighting school），等待分配到作战单位。这些机构的教员通常是战斗老兵，只是对适当的飞机型号继续进行指导，时间从几天到几个星期不等。从 1940 年起，过度扩张的战斗学校的角色，在很大程度上（并且有效地）被补充中队（后来发展成整个大队）接管，附属于最有作战气息的联队。这些补充中队向新飞行员和机组人员在尽可能接近实战的环境中，最大可能地介绍了前线状况和战术。作为经验丰富的老兵的僚机，新飞行员执行相对安全的后方巡逻任务，但偶尔也会在机会出现时攻击防守薄弱的敌方运输机和侦察机。只有一个新飞行员被认为经验丰富和足够可靠，才能加入“老兔子”（alte Hasen）进行战斗，他的岗位才能从联队的补充中队调整到作战中队；后来，在人力减员的压力下，只要任务需要就指派补充中队作为一个整体参加战斗。到 1943 年，机组人员的短缺导致许多补充中队缺乏合适

一架 Me-110 为一支前往北非的轴心国护航队提供空中护卫。Me-110 并不擅长这种任务，因为它的最佳表现是在高空空域。

的教员，最终被解散，并重新引入战斗学校（主要是为单发战斗机飞行员）。从那以后，这些羽翼未丰的飞行员在加入战斗中队之前往往缺乏实际的指导。

即使飞行员完全合格，训练过程也是连续不断的，新的机型和改型不断进入服役，机组人员被重新分配到新的任务。

战术

战斗机战争既是对飞行能力的考验，也是对战术训练成果的检验。每一条战线和每一支敌对空军都带来了自己特定的战术挑战，这就需要战斗机指挥官来设计阵型和策略，从而在战斗中获得优势。6 年战争中，战术演变是复杂的，但可以通过观察两个截然不同的战斗机战争样本——1940 年在不列颠战役中与英国皇家空军的战斗，以及 1943 年—1945 年在帝国上空的空战来理解。

不列颠上空的战术

1940 年，与英国皇家空军交战的德国战斗机部队无疑是当时世界上经验最丰富、战术最先进的。尽管只有不到三分之一的飞行员参加过在西班牙的行动，但他们学会的经验教训被推广至所有的战斗机部队。维尔纳·默尔德斯是所有秃鹰军团老兵中最有影响力的一个，他在与西班牙国民军飞机的战斗中所学到的经验，在二战前的训练中被正式制度化。

他战斗成功的理念认为，更加关注战斗而不是飞行。经验教会默尔德斯，实现这一目标的最佳方式是放弃三机“V”型编队，转而采用两机编队（德语：Rotte；英语：pair），后者反过来又构成所有战斗机部队编队的基本战斗单位。在两机编队内，长机（德语：Rottenführer；

英语：pair leader）负责猎杀，僚机（德语：Katschmarek；英语：wingman）保护长机的尾部。僚机不用担心飞行位置，或者下一步要做什么——他只需要跟着他的领导。僚机通常距离长机200米左右，与长机几乎呈并排飞行。每个飞行员都把视线集中在内侧，以覆盖同伴的盲点。

两个两机编队组成一个四机编队（德语：Schwarm；英语：flight），相距大约300米，大约是Bf-109E以战斗速度飞行时的转弯半径。领头的两机编队通常飞在一侧，并稍微领先于另一队，而一个飞行中队由三个四机编队组成，或是梯次纵队，或是并排队形。战斗机部队还设计出“交叉转弯”战术，以避免在可能与敌人接触的区域，编队在高巡航速度下转弯时，四机编队外侧的飞机掉队。每个飞行员在转弯时都保持着自己的速度，在转弯过程中，两机编队只是在机动中简单地变换了位置。

在二战初期，Bf-109E的性能优于所有遇到的战斗机，所以战斗机部队特有的优势战术就是飞到对手上方，设法袭击它们。如果可能的话，利用太阳来掩盖自己的飞行路线。经过一次射击后，战斗机飞行员会利用俯冲攻击时获得的速度，爬升至可以执行重复攻击的位置。由于敌军战斗机通常速度较慢，且更易于机动，德国飞行员尽量避免进行盘旋格斗。

Bf-109 护航 He-111 轰炸机执行空袭任务。护航任务在战术上是艰巨的。如果战斗机飞得太近，就会牺牲自己的性能，而这正是其生存的基础；如果战斗机偏离路线去应对敌方战斗机，就有暴露轰炸机的危险。

Bf-109E-4驾驶舱

1
2
3
3
4
5
6
7
8
9
10
11
12
13
14
15
16
17
18
19
20
21
22
23
24
25
26
27
28
29
30
31
32
33
34
35
36
37
38
39
40
41
42
43
44
45
46
47
48
49
50
51
52

1.机枪射击按钮
2.控制杆
3.方向舵踏板
4.燃油开关
5.FuG-7号无线电开关
6.燃油油位指示器
7.驾驶座舱灯光控制
8.飞行员头部加热警示灯
9.断路开关
10.空速指示仪
11.发动机启动开关
12.转弯和倾斜角指示器
13.高度计
14.指南针
15.襟翼设置、着陆速度等说明
16.时钟
17. Revi C/12D 型火炮瞄准具
18.增压表
19.指南针偏差表
20.转速表
21.螺旋桨螺距指示器
22.起落架位置指示器
23.燃油压力表
24.起落架控制杆
25.起落架紧急控制杆
26.机械起落架位置指示器
27.过滤泵控制杆
28.冷却液温度表
29.油温表
30.油料偏低指示灯
31.升降舵控制轮
32.着陆襟翼控制
33.润滑油冷却器襟翼控制
34.油门控制
35.主仪表灯
36.发动机紧急制动杆
37.发动机点火杆
38.启动器联动杆
39.座舱盖释放杆
40.座位高度调节杆
41.尾翼倾角指示器
42.断路开关面板
43.氧气软管
44.主仪表灯
45.散热器襟翼控制
46.油泵自动开关
47.地图盒
48.飞行员座椅
49.座椅安全带调节杆
50.燃油喷射泵
51.远程控制通风器
52.氧气装置

假如受到攻击，双机编队或者四机编队通常会各自转弯，以应对战斗。假如没有时间这样做，他们会利用安装在 Bf-109E 上的直接喷射系统，俯冲而下。减速转弯（德语：Abschwung）也被用作另一种逃生路线（这个动作美国人称之为“半滚倒转，破 S 形飞行”，Split-S），飞行员做半翻滚并全速进行大角度俯冲，这种动作只能在足够高度的情况下进行，因为这一过程最高将损失 4500 米的高度。

这些编队和战术在敦刻尔克战役和不列颠战役中发挥了重要作用，这其中，长机只有一项任务：找到并消灭敌人。当敌人被发现时，长机是去猎杀的人，留下僚机掩护他的尾部。通过坚持自由狩猎战术，像默尔德斯、加兰、伊勒菲尔德（Ihlefeld）、奥苏（Oesau）和维克等飞行员都取得了令人印象深刻的成绩。一些不太出名的飞行员也受益于这些战术，包括 1940 年 9 月 26 日第 52 战斗机联队第 3 中队的乌尔里希·施泰因赫尔普（Ulrich Steinhilpe）中尉的经历：

我们快接近多佛时，看见一整个喷火战斗机中队在我们的下方排成纵队，后面两边各有一架交错飞行的护航战斗机。在蓝绿色海水的衬托下，它们的轮廓如此分明，我们不可能错过它们。我的中队长赫尔穆特·屈勒（Helmut Kühle）中尉，指示我对后面交错飞行的一架战斗机采取行动，他说他会“照顾”另一架。当中队的其他人看到任务已经完成时，他们就可以选择自己的目标了。这是很好的战术，因为交叉飞行的战斗机在那里保护着飞行编队的后部，如果能在不引起警觉的情况下干掉它们，那对中队的其他人来说，就有很大的机会击落大部分敌机。这种队形飞行的愚蠢之处就在这里。

我们滚转分开，我开始调整战斗机位置。Revi 火炮瞄准具的红色十字星投射在挡风玻璃上，我打开了机头炮和机翼炮的扳机，准备发动攻击。渐渐地，“喷火”战斗机填满了瞄准具的十字星，

1940 年，生产中的 Bf-109E。德国在整个战争期间生产了 55772 架战斗机，这是一个惊人的数字，但仍然无法阻止战争后期的消耗潮。

我加大了对扳机的压力。4 条曳光弹线冲向目标，我看到命中目标，敌机旋转着离开了。我没有追击它，而是稍微改变航向，朝下一架编队中的“喷火”战斗机。再次看到命中后，我安全脱身。

然而，随着不列颠战役的进行，德国空军的战术优势，逐渐被英国战斗机指挥部坚不可摧的精神、覆盖英吉利海峡的雷达和高效的战斗机控制系统所削弱。当德国轰炸机联队开始攻击更远离南海岸的内陆目标时，Bf-109E 的较短航程也成为一个更大的问题。不列颠战役结束时，第 26 战斗机联队的联队长阿道夫·加兰中校在其自传《空前绝后》中详细描述了这个问题，他说梅塞施密特战斗机航程不足对不列颠战役的结果至关重要：

> 我们从飞机起飞到横渡英吉利海峡最窄处到达英国海岸，大约需要半个小时。Bf-109E 的战术飞行时间大约为 80 分钟，因此我们只有大约 20 分钟来完成任务。这一事实限制了我们继续渗透的距离，驻扎在加来海峡和科唐坦半岛的德国战斗机中队勉强能够覆盖英格兰东南部。以 125 英里（200 千米）的作战范围，从这两个基地画出的圆圈，大约在伦敦地区重叠。远处的一切几乎都超出了我们的作战范围。125 英里的作战半径对局部防御来说是足够的，但对现在我们被要求执行的轰炸机护航任务来说是不够的。
>
> 人们认为，德国战斗机中队出现在英格兰上空，会把英国战斗机吸引到我们的作战范围内，在那里，它们将在大规模空战中被摧毁、击败，或至少被大规模削弱。事情的结果却大不相同。我们的战斗机编队起飞了。第一次空战正如预期按计划进行。由于德国空军的优势，这些攻击如果继续下去，肯定会达到预定的目标，但是英国皇家空军的战斗机在这个目标实现之前就从该地区撤退了。
>
> 受到削弱的英国战斗机中队离开了海岸附近的基地，只在紧急迫降，或者加油和重新武装时使用它们。他们集中在伦敦周围，准备迎接我们的轰炸机攻击。因此，他们避开了空中攻击，以便更有效地主动迎接来自空中的攻击，这是合乎逻辑的后续行动。德国战斗机发现自己陷入了困境，像一条类似于拴着链子的狗一样，它想要攻击敌人，但由于链长限制而无法伤害敌人。

据加兰回忆，随着德国战斗机和轰炸机的损失不断增加，英国战斗机指挥部的决心似乎坚定不移，德国空军的高级军官们试图把责任归咎于战斗机联队的头上：

> 我们有这样的印象，无论我们做什么，似乎都是错的。为轰炸机提供战斗机保护在实际行动中产生了许多问题。轰炸机飞行员更喜欢近距离的掩护，他们的编队被成对的战斗机以之字形航线包围。很明显，保护战斗机的现实存在给了轰炸机飞行员更大的安全感。然而，这是一个错误的推论，因为战斗机只有在进攻中采取主动，才能完成这种纯粹的防御任务。他绝不能等到被攻击后才行动，因为那样就会失去行动的机会。
>
> 我们战斗机飞行员当然更喜欢在接近和飞越目标区域时的自由追逐。这实际上给了轰炸机部队最大的宽慰和最好的保护，尽管对后者来说可能并没有安全感。

然而，帝国元帅戈林并不赞同战斗机飞行员，允许他们按照自己的方式进行不列颠战役。事实上，在 8 月下旬，他命令所有的战斗机联队都要紧随护航的轰炸机，除非他们或他们的轰炸机受到直接的攻击威胁，否则绝不能与敌人作战。由于轰炸机的巡航速度比战斗机慢得多，为了保持在编队中的相对位置，战斗机飞行员不得不交叉飞行，蛇形迂回，但同时要在战斗区域保持高速巡航。戈林命令战斗机部队执行近距离编队飞行的任务，彻底否定了先前德国战斗机优秀战术的有效性，从而将英格兰南部上空的主动权拱手让给了英国皇家空军。

一旦 Bf-109E 战斗机联队被“绑定”到轰炸机编队中，损失陡然上升，其中一个被击落的人是六胜王牌飞行员，第 53 战斗机联队第 1 中队的海因里希·赫恩斯奇（Heinrich Hoehnisch）中士：

1940年8月30日，第603中队的一架“喷火”战斗机与一架Bf-109战斗机交战。由恩斯特·阿诺尔德（Ernst Arnold）中士驾驶的梅塞施密特战斗机被击中，受损严重，但飞行员设法在法弗沙姆（Faversham）附近的田野里进行了受控的机腹着陆。（Mark Postelthwaite © Osprey Publishing）

MARK POSTLETHWAITE

在1940年9月9日的最后一次任务中，我们的任务是直接为He-111轰炸机编队的后方提供战斗机掩护。一个三机编队（三架飞机成“V”形编队）的轰炸机分开了，所以我们中队负责照顾它们。我们只有7架Bf-109，我是尾部的沙尔利（tail-end Charlie，指飞行编队中处于最后位置的飞行员），和米勒（Mueller）上士一起。在接近伦敦码头的时候，我们没有遇到任何敌人，但是我敢肯定，一旦我们180度转弯返航，就会受到来自某个昏暗角落的攻击。吃惊的是，当我望向中队的其他飞机时，看到6架“喷火”战斗机在我上方大约50米处成纵队飞来。为了避免不可避免的攻击，我试图赶上在我前方和下方的中队。当我水平跟上我的中队长时，我以为我成功了。

然而，我的飞机嘎嘎作响，像是快要爆炸了，火焰像喷灯一样打在了脸上。我费了很大劲才离开了飞机，降落时，脸部严重烧伤，右小腿中弹。我在伍尔维奇的医院住了两个月。

作战间隙期间，德国飞行员在法国机场休息，背景是待命的Bf-109战斗机。到了1944年，1939年—1941年的辉煌岁月已经成为遥远的回忆，当时德国空军正在与数量上具有压倒性优势的盟军飞机进行大规模的防御战。

赫恩斯奇被英国皇家空军第 19 中队的“喷火”战斗机王牌飞行员、空军上尉威尔弗里德·克劳斯顿（Wilfrid Clouston）击落，这场交战仅持续了几秒钟，这是在不列颠战役中，“喷火”战斗机和 Bf-109E 发生冲突的典型例子。

日间轰炸机拦截

从 1942 年夏天开始，美国的 B-17“飞行堡垒”重型轰炸机开始攻击法国占领区的目标，从 1943 年 1 月开始，也攻击德国境内的目标。吸取了像英国皇家空军那样的惨痛教训，美国陆军航空队选择坚持轰炸机在白天行动。如果被迫跟随英国人进行夜间作战，他们备受赞誉（也有些夸大其词之嫌）的诺顿 M 系列瞄准器的精确度将被浪费。最初，如英国皇家空军一样，由于缺乏远程战斗机掩护，美国机组人员为此选择付出了惨重代价；但是在 1943 年后期，随着一次性辅助燃料箱的出现，加上性能卓越的 P-51D“野马”战斗机的出现，使得美国轰炸机能够在得到全程护航的情况下深入德国腹地执行任务。

德国空军战术家很快意识到，击落一架重型武装的 B-17 绝非易事。驾驶 Bf-109 或者 Fw-190 突破战斗机护航并靠近轰炸机以确保成功，是一项艰巨而费力的任务。战斗机飞行员的主要目标是尽可能地把护航战斗机从轰炸机编队剥离，将之拉入战斗。最初的接触迫使美国的 P-47 和 P-51 如果想在混战中有机会的话，需要立即抛弃用来增程的“东京油箱”（Tokyo-tanks）。他们的续航时间立即下降，因此战斗机被迫提前返程，迫使轰炸机在后续的任务中自行防御。

针对轰炸机的攻击，主要采取两种基本形式。第一种是“穿越飞行”，就像听起来一样简单：战斗机沿一条直线飞向轰炸机编队，向选定目标的前方尽可能多地倾泻炮弹，但轰炸机飞向火力区，这是一种简单的偏转射击。这种攻击方式可以从任何高度开始，但最常见的是正面

巴赫姆（Bachem）公司的 Ba-349“蝮蛇”（德语：Natter；英语：Viper）战斗机是德国空军反击盟军轰炸的一种更令人震惊的尝试之一。飞机以 10 秒的火箭推力垂直发射，之后飞行员会向敌机发射 24 枚 73 毫米的非制导火箭，然后打开飞机降落伞，飘向地面。不用说，巴赫姆并未取得成功。

攻击，集中火力攻击飞行员和控制台。从侧面或者从后面接近目标将给飞行员最充裕的反应时间，但他会给美国的空中炮手更多的反击时间。不管朝哪个方向飞行，这种穿越飞行意味着飞行员的瞄准目标的时间只有一瞬间，大部分火力都会射偏。战斗机会试图对准尽可能多的敌方轰炸机，通常在开火攻击目标之前，靠近到几百码的距离。如果很明显，对他选定的主要目标已经给予了足够的打击，轻摇操纵杆，或轻踩方向舵踏板，可能会让他瞬间跨越编队上空前对准第二甚或第三个目标。像这样捕捉其他目标需要高超的偏转射击技巧，因为偏转的精确程度会随着接近速度、目标范围、航向和各个目标的速度（以许多不同的方式）而迅速变化。在大多数情况下，对一台飞机造成足够的破坏已经是重大的结果，而且主要是靠运气。以 600 千米 / 小时的速度迎面接近时，战斗机在不到两秒内就会飞过 300 米纵深的方形编队，因为正向迎向 500 千米 / 小时轰炸机的逆行飞行产生约 1130 千米 / 小时的接近速度和离开速度。

第二种攻击方法是“曲线追踪”。无论从哪个方向发起，这种对轰炸机的温和曲线允许战斗机以持续不断的火力攻击目标。然而，如果火力要保持有效，就必须不断地转向，以持续对准向前运动的轰炸机的方向。这样做的不良后果是，当轰炸机飞得越来越近时，自己则成为敌方轰炸机空中炮手的一个可预测且迅速扩大的目标。视觉上看起来，战斗机看似沿着一条直线侧滑向轰炸机尾部（这是其“表观运动”，而非“实际运动”），直接穿过轰炸机侧面的射击线（波束枪的方位角），这通常会使后者腰部炮手和上炮塔炮手能计算出精确的预瞄射击。虽然转瞬即逝，但这可能是防守者最好的一次“击杀”机会。尽管如此，这种危险的第二种攻击方法很快成为切割轰炸机编队的标准方法，使战斗机能够把编队分开。遭受致命破坏的轰炸机无法在相互保护的编队中长时间保持位置，随着它们失去动力和高度，就比较容易成为猎物。

1945 年 3 月，斯托克海姆（Stockheim），第 2 战斗机联队第 2 大队的 Fw-190D-9 "黄色 11 号"。根据在尼达南部的一个小型飞机跑道上发现的一架失事飞机的照片，这架飞机无疑涂装着帝国国防色带，据报道，它们是黄 – 白 – 黄（注意白色色带是断开的，被用来创建第 2 大队的水平标志条纹）。（John Weal © Osprey Publishing）

对照相枪镜头的研究表明，要击落一架轰炸机，平均需要 20 发 20 毫米的弹药；由于实际发射的炮弹中只有 2% 击中了预定目标，因此需要发射 1000 发弹药才能确保击杀，意味着需要持续 23 秒的射击，这是不可能的。在现实中，战斗机飞行员所拥有的稍纵即逝的时间，加上敌人的火力，成功打击目标的机会微乎其微。然而，如果一枚 20 毫米炮弹打在正确的位置，就足以摧毁一架轰炸机；爆炸的发动机或燃料箱可以轻易撕裂机翼，使轰炸机迅速断成两截，甚至裂成碎片，或被火焰吞没。恐怖的 30 毫米 MK-108 炮可以只用三发炮弹就完成任务，并且可以只用一发就击落一架战斗机。

1944 年 7 月，P-51 飞行员亚瑟 · C. 菲德勒（Arthur C. Fiedler）中尉（第 325 飞行大队第 317 飞行中队）在德国上空翱翔时，看到一个奇怪的、交错的 8 × 8 编队方阵，这个方阵正在接近他下方的 B-17 飞行编队。一开始，他把对方当成了更多的"野马"战斗机，但当他意识到是 64 架 Fw-190 从后方一路击落了 6 架"空中堡垒"时，他吓坏了。然而，双方在这些交战中总是认为对手占据上风。德国战斗机部队向来讨厌与 B-17 编队交战，后者的防御火力十分强大，而且只要德国人靠近

地勤人员努力工作，以使Bf-109为行动做好准备。通常，一个中队的12至15架飞机（包括补充飞机）中，大约一半在任何时候都可出动执行任务。

攻击目标，就总会受到持续的伤害。美国人在飞行中谨慎地采取防御性的网状战斗队形，包括三个小的“盒形”编队，每个小编队有 18 架轰炸机，布置尽可能多的枪支相互保护和保证最大程度的视野。仅仅靠近这个编队就是接近自杀。威廉·霍尔特弗雷特称：“当我被派回利普斯普林格（Lippspringer）时，我们与许多四发轰炸机相向而遇，但我未能击落其中任何一架，因为我寡不敌众。”

经过多次代价高昂的试验后，情况愈发清晰，最佳的飞行技术是尽可能地靠近，从前方或者后方沿着轰炸机的中心轴直线飞行。前者更受青睐，可以对敌方驾驶舱和机组人员造成最大的破坏，或者至少造成飞行员神经紧张、六神无主，迫使他们发生碰撞。战斗机离目标很近，保证了对方炮手的机会最小。这时，敌方工程师的机身顶部炮塔有最好的机会击中接近中的战斗机，但不太可能以足够快的速度大角度移位以跟踪退出的战斗机；而在德军战斗机接近或逃跑过程中，机头和机尾的机炮手的机会极短；机身中部机炮手则完全没有机会射击，因为从理论上讲，来自侧翼轰炸机的支援火力有击中队友的危险，因而受到限制。每架战斗机在指定的“空中堡垒”上方全速飞行，理想情况下，开放性齐射至少会击毁一辆“肥车”[2]（德语：Dicke Auto；英语：fat car）；但是反过来，一个中队可能会遭受 50% 的损失。

相反，轰炸机机组人员往往低估了他们造成的伤害，认为自己被战斗机压制。“敌机”快速穿过轰炸机队伍，火炮炽热地燃烧，他们的队形被打乱，炮手们通常没有意识到他们自身联合火力的毁灭性影响。每一架看起来摇摇晃晃、震动不已的轰炸机都不可避免地被看作是德国空军的又一个受害者，但这并非总是事实。一支由 1000 架 B-17 和 B-24 组成的空中舰队，横跨数千米长的空城，总共有大约 1 万挺重机枪的防御武器，携带高达 700 万发 0.5 英寸（12.7 毫米）口径的弹药。虽然无法进行确切研究，但鉴于机群领头的大量飞机在整个编队中受到四面八方的扫射，而有效射程达 1000 码，不可避免的是，相当比例的损失是

"友军火力"造成的。对美国陆军航空队的规划者来说，危险显而易见，他们设计队形，将风险降至最低，同时将梯队安排得足够近，以实现有效的相互支援。火力领域必须重叠，从而消除了方形编队之间的安全通道。这是一个艰难而危险的妥协，但不得不接受。

到 1944 年中期，补充大队的教官们已经基本放弃了经典的"四指"战斗机阵形的教学，取而代之的是早已废弃的箭头阵型。"中队箭头阵型"（Staffel-pfeilspitze）的全体 12 架飞机组成两个紧凑的"V"形（其中 7 架高位领先，第二波的 5 架紧随其后，在其下方位置）。控制队形以保持迎面航向攻击需要钢铁般的意志，但这种战术可以在中队长一声令下的时候，释放出 24 门 12.7 毫米重机枪和 48 门 20 毫米火炮的毁灭性火力。此时，摧毁轰炸机甚至优先于基本的生存技巧。特别是上部安

在动力飞行阶段，Me-163 可以达到 960 千米 / 小时的最高速度，这种速度实际上让飞行员难以将枪炮对准敌人。部分因为这个原因，Me-163 在其短短几个月的战时服役期间只获得了 9 次击落敌机的记录。

1944年8月15日，第300战斗机联队的联队长瓦尔特·达尔（Walther Dahl）少校，在其Fw-190A-8“蓝色13号”（生产编号170994）上，他的僚机飞行员瓦尔特·洛斯（Walter Loos）上士在“蓝色14号”上，带领他们的战斗机大队在比特堡（Bitburg）上空攻击第303轰炸机大队的39架B-17轰炸机，轰炸机编队完成对威斯巴登（Wiesbaden）机场的轰炸后正值返回途中。（Gareth Hector © Osprey Publishing）

装了防御装甲的Fw-190在飞行时，由三个以内执行本土防御的战斗机联队组成的突击集群（Sturmgruppen），不惜一切代价专门致力于摧毁轰炸机。这种绝望的程度在组建志愿的“撞击猎人”（Rammjäger）单位时达到了最高点。飞行员宣誓，如果其他方法都失败了，他们会用撞击的方式在每次任务中至少击落一架轰炸机；撞击中，一个位置合适的机翼可以很容易地切掉敌方的垂直尾翼或飞机稳定器。尽管听起来很矛盾，但“撞击猎人”与日本的“神风特攻队”不同，前者并没有自杀的打算，而是受命在撞击后跳伞（究竟在当时的实际战斗中有多少此类攻击是有争议的）。

在东线，战斗机飞行员无需把注意力放在拦截轰炸机上。在“巴巴罗萨行动”的第一天，苏联空军损失了数量惊人的飞机，包括大量过时

在战争的最后几个月里，一些战斗机在不太可能成功的实验中被无谓浪费。这里我们看到Fw-190被用于效果不佳的“槲寄生”组合，下面的轰炸机是一个无人驾驶、非制导的炸弹。

的轰炸机。此后，苏联的远程轰炸任务保持不大的规模和范围；苏联空军转而采取了纵深防御的政策，诱使德国轰炸机深入苏联领土，最终以强大的战斗机部队迎击。德国地面部队面临的最大空中威胁，反而是来自快速的精确打击、加装重型装甲的地面攻击机。苏联飞机最佳的接近方式是从低处和后面，这是德国战斗机机身顶部机炮手的射击盲点。传奇的伊尔 –2“斯图莫维克”（Il-2 Sturmovik）似乎坚固得难以击穿，德国空军称其为“铁甲古斯塔夫”。众所周知，整个四机编队中的飞机轮流把机炮中的子弹倾泻到一架伊尔 –2 飞机上，却只能眼睁睁地看着它继续直线飞行，毫不受影响。机组成员的素质总是参差不齐。四机编队的队长往往是他们当中唯一有经验的飞行员，也是唯一了解目标的人；如果他被单独攻击，剩下的人可能就会四散逃回家。

在北非战场，一架 Me-110 飞机安装了新螺旋桨。沙漠环境中的沙子和沙砾对飞机的发动机和其他活动部件造成了磨损，增加了定期维护的需求。

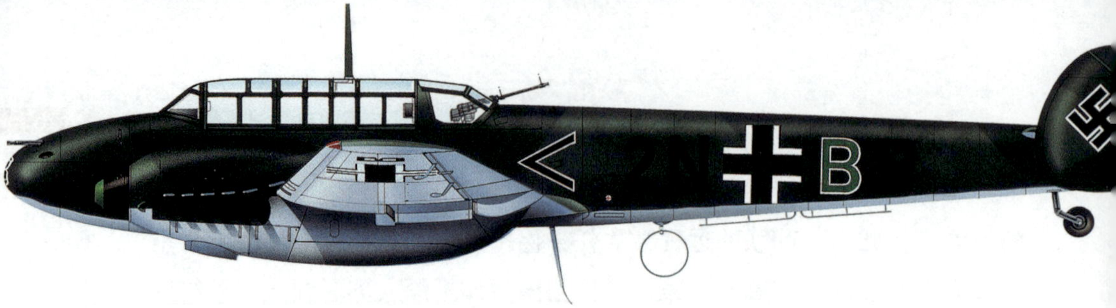

1940 年 5 月，在旺德维尔，第 1 驱逐机联队第 1 大队的副大队长西格弗里德·旺达（Siegfried Wandam）中尉驾驶的 Bf-110C “2N+BB”。旺达作为驱逐机联队的飞行员，并未击落一架敌机，但成为夜间战斗机驾驶员时，击落了 10 架敌机。他最初在第 1 夜间战斗机联队服役，但在 1943 年 7 月 4 日凌晨在比利时上空的行动中被歼。（John Weal © Osprey Publishing）

1939 年 9 月，在东普鲁士耶绍，第 1 教学联队第 1 中队（驱逐机机型）的赫伯特·舍布（Herbert Schob）上士驾驶的 Bf-110C “L1+IH”。机身涂装战争早期标准的迷彩和那个时代教科书式的国家标志，“Ida-Heinrich” 是波兰战役开始时赫伯特·舍布的座驾。他击落了两架 P-7 战斗机中的一架，这两架战斗机在开战的第一天早上落入他的大队。这次成功，以胜利条的形式标记在挡风玻璃下面。（Mike Chappell © Osprey Publishing）

1940 年 5 月，在曼海姆 – 桑德霍夫（Mannheim-Sandhofen），第 1 教学联队第 14 中队（驱逐机机型）的中队长维尔纳·梅特费塞尔（Werner Methfessel）中尉的 Bf-110C “L1+LK”。尽管在波兰战役中没有出现驱逐机联队的王牌飞行员，但第 2 中队的中队长维尔纳·梅特费塞尔以 4 架击落数接近 “王牌”。在这场 “虚假战争” 中他击落敌机数 5 架，在西线战场闪电战的开始阶段击敌数更多。（John Weal © Osprey Publishing）

一架 Ju-88C 夜间战斗机装备有 FuG-202 型“列支敦士登”（Lichtenstein）航空雷达。这种雷达设备可以探测 3 千米以内的盟军轰炸机，于 1942 年首次引入后大大提高了探测和击落率。

夜间战斗机

对德国早期的日晨空袭中，尽管英国皇家空军有部分（如果有的话）战斗机掩护，但仍在德军手中遭受严重损失。战斗机和高射炮造成的伤亡是如此严重，以至于英国人很快被迫转入夜间作战，以牺牲他们已经十分有限的精确度为代价，来换取急需的掩护。然而，从 1941 年 3 月开始，从“点”轰炸到“区域”轰炸的转变，直接减少了对精确轰炸的大部分需求。

尽管双方都曾尝试组建夜间防御力量，但没有一方取得任何实质性进展，而是依赖于防空炮。德国空军在早期的夜间拦截行动中极其混乱，让所有参与者都感到恐惧。起初，他们只是试图布置尽可能多的探照灯照亮目标上空，而常规战斗机，来自战斗机联队内部匆忙组建的夜间中队（Nachtstaffeln），努力排成直线，对付暂时被强光照亮的轰炸机。由于当地的高炮连自然不能停火，Bf-109 经常会受到附近冲击波震荡，这种 88 毫米口径炮弹的爆炸，有时会使发动机熄火。试图协调这三种元素被证明是难以实现的，战斗机飞行员经常进入高射炮炮手的视野。他们的基本仪表飞行法和导航技能使任何夜间任务都充满危险，无论是否参加战斗。

对地面雷达控制飞机和探照灯的持续实验证明了“亮光夜战”（德语：Hellenachtjagd；英语：bright night-fighting）或赫纳亚系统（Henaja System）的可行性，实验性的专业夜间战斗机联队从1940年中期开始组建。在两年的时间里，夜间作战部队已经发展成为技术最先进的空中作战群体，其机组人员也变得训练有素、技术精湛。

德国空军需要专门的夜间战斗机型来继续推进战争，并通过改造其他类型飞机来加以利用。最成功的改装之一是双发动机的Me-110。为了实现构思规划中的高速、远程、重武装的双发战斗机的需要，1934年—1935年梅塞施密特Bf-110驱逐机应运而生。Bf-110被视为终极轰炸机护航机，它能够将天空中的敌机一扫而空，在战斗中更多依靠火力而非机动性以赢得生存。由于在西班牙内战中出现太晚而未能参战，Bf-110C的战斗首演始于波兰上空，德国空军以压倒性的优势控制了天空。这些成功在整个“虚假战争”和早期的西方战场闪电战中持续着，但在不列颠战役中，“驱逐机”概念的严重缺陷被残酷暴露出来。事实上，在这场英国皇家空军和德国空军之间史诗般空战的最后阶段，德国空军驱逐机只有在专门单座战斗机护航时才被允许穿越英吉利海峡！在战役中损失了200多架Bf-110后，日间战斗任务几乎完全交给了单座的Bf-109E编队，而梅塞施密特的双发战斗机则被派往战况相对缓和的巴尔干半岛和地中海的敌对前线。

然而，从1940年起Bf-110重获新生，当时第一支夜间战斗机联队——第1夜间战斗机联队由Bf-110仓促组建而成。尽管梅塞施密特的双发重型战斗机实际上是从日间战斗机部队撤出，但它在欧洲被占领土上空的夜间战争中始终处于前线，直到欧洲胜利日。夜间任务非常适合像Bf-110这样的双发多座战斗机，梅塞施密特生产了一系列专门为夜间战斗角色而设计的飞机。从 1942 年初开始，这些飞机开始取代过剩的 C 型飞机（因不列颠战役惨败从驱逐机联队中移除，1940 年配发给夜间战斗机部队）。Bf-110G 装备有雷达，在战争的最后 3 年里占整个夜间战斗机部队的 60%。所有 Bf-110 夜间战斗机最优秀的型号是 G-4，它搭载了 DB-605B-1 发动机，配备 FuG-212 Lichtenstein C-1、SN-2 或 221a 雷达，而且根据不同的子型号，安装了各种机炮。Bf-110G 是如此胜任这个角色，以至于该型战斗机一直生产到 1945 年 3 月。

Me-110 并不是夜空中唯一的飞机。除此以外，还有 Ju-88、Bf-109 和 Fw-190 夜间战斗机，它们一起在德国上空猎杀盟军飞机。夜间拦截技术分为两种截然不同的类型，分别被恰当地命名为“家猪”（德语：Zahme-Sau；英语：Tame Boar）和“野猪”（德语：Wild-sau；英语：Wild Boar）。当即将到来的入侵者被地面雷达站侦测到后，“家猪”Bf-110 和 Ju-88 重型战斗机被派往指定的防区上空等待，然后通过无线电被导航到敌方的轰炸机群中。这时，对单个目标的精确定位由飞机无线电操作员和飞行员的肉眼来完成。战斗机依次升空，在燃料快耗尽时互相替换，以保持在指定区域的持续存在。最有经验的机组人员总是首先升空，因此往往参与更多的行动；经验欠缺的机组人员坐在驾驶舱内，以坐等待命的状态一直持续到黎明时分才下来。

在空中盘旋的“野猪”Bf-109 和 Fw-190 也完全依靠视觉识别。在扫射的探照灯、敌人使用照明弹的标记，甚至是在它们下面燃烧的城市的对比下，重型轰炸机可以被轻易识别出来。在阴云密布的夜晚，探照灯固定在云底上，在空中形成一个发光的垫子，轰炸机在其上形成鲜明的剪影。在没有云层、月光皎洁的夜晚，英国皇家空军通常会暂停行动，在这种条件下，夜间战斗机可以在 1.6 千米外就看到他们。

1944 年 9 月 17 日，第 300 战斗机联队第 5 中队（突击）恩斯特·施罗德（Ernst Schröder）初级下士驾驶 Fw-190A-8/R2 战斗。在这场决斗中，他的对手是驾驶 P-51B 的第 361 战斗机大队第 376 中队罗伯特·沃克曼（Robert Volkman）中尉。在机炮出现射击故障后，施罗德设法逃脱了。（Mark Postlethwaite © Osprey Publishing）

夜间战斗机的机组人员在出发迎击敌人之前会听取简报。夜间战斗机行动是德国为对抗来自盟军的“夜间访问”而展开的拦截任务中，完成最成功的部分之一。

1942 年 2 月开始，夜间战斗机增加了一项重要的新功能，第一批机载雷达设备安装到 Bf-110 上，此后“野猪”“失业”了大约一年。尽管以今天的标准来看，这些设备很原始，无线电操作员也很难掌握，但它们将夜间战斗机从地面控制的束缚中解放出来，改变了德国上空的夜间战争。最初的“列支敦士登”雷达很快被升级为更复杂的 FuG-202，英国和德国之间的技术竞赛一直持续到战争结束。1942 年的另一项创新是增加了机头炮，在机顶安装了向上发射 20 毫米炮弹的“爵士乐”（德语：Schrägemusik）武器系统。

从 1942 年底开始，英国皇家空军“探路者”机组人员（Pathfinder，负责先行侦察和导航的飞行员）远在“家具搬运者”（德语：Möbelwagen；英语：furniture van，意为大飞机）之前就深入德国领空。这些精心挑选的领航员和主炮手试图用信号弹、燃烧弹和一些高爆弹照亮目标，随后的波次只需将他们的弹药倾泻入火中。对夜间战斗机来说，真正的战利品是找到并杀死这位“司仪”（Zeremonienmeister），从而阻碍敌方整个任务的实施。

在夜空中紧追一个黑影的景象令人不安：碰撞经常会发生，而且并不罕见。由于离得越来越近，飞行员不得不机动，平稳地调整到机尾正下方的最佳攻击位置。在任何时候，黑暗都可能被距离他只有几码远的四联装尾炮的火焰撕裂。一个大胆的英国皇家空军尾炮手可能会让德国飞行员接近，等待向追踪者发射“闪电炸弹”，其装药是一种闪光粉炸药，目的是让接近的夜间战斗机人员眩晕，摧毁其夜视能力，然后在其飞离之前，以 7.52 毫米机关枪猛烈攻击。英国轰炸机经常因其武器装备不足而遭到嘲笑，但事实证明，它们有能力将德国夜间战斗机踢出天空（尽管这种能力不足以大大降低轰炸机机组人员极高的伤亡率）。如果德国空军夜间战斗机能够在不被察觉的情况下潜入，机上装备的 7.92 毫米机枪、20 毫米和 30 毫米重炮的联合火力对英国飞机的薄结构将产生毁灭性的影响。它的炮弹近距离猛烈撞击机翼根部，很快就会引发火焰喷薄而出，从而吞噬被击中的飞机，或者直接将其机体炸成碎片。

为了保持夜视能力，攻击者紧闭双眼，使他的飞机避开坠落的“巨人”；有些人失败了，被自己的目标摧毁。许多人别无选择，只能穿过燃烧的残骸，严重损坏或烧毁他们自己的飞机。自 1943 年中期以来，英国皇家空军的“英俊战士”战斗机，和后来的“蚊子”战斗机夜间攻击者的出现，德国夜间战斗机也遭遇了全新维度的危险。随着空战越来越明显地对德国不利，就连夜间战斗机部队也日益被迫在白天对抗美国轰炸机。由于重型雷达设备的阻碍，Bf-110 在护航战斗机面前不堪一击，在这个角色上他们遭受了沉重的损失。

一名驻扎在东线的 Me-109 飞行员在其飞机的机身画上了又一次击落敌机的标志。由于苏联空军飞行员的糟糕训练，加上飞机型号普遍陈旧，导致了高击落记录，至少在苏德战争的头几年是如此。

夜间战斗机战术

1941 年，在荷兰芬洛，第 1 夜间战斗机联队第 4 中队的教官与经验丰富的日间战斗机飞行员讨论战术，他们正在转变为夜间战斗机飞行员。“哈利法克斯”（Halifax）轰炸机模型安装了金属丝制成的锥形物（代表火力形成的防御弧），用来演示最安全的接近路径。

底部：从上方观察，“追踪曲线”显示出其真正的运动方式，而从 B-17 顶部炮塔位置观察，展示了“感知运动”。在复杂的偏转射击中，对目标的瞄准并不总是具有提前量。图中炮手的环形瞄准器直接对准敌机的飞行路线，轰炸机的前进运动的将炮手的火力引向该飞机。

右上：1941 年底，Bf-110 战斗机的机头上安装了红外传感器，德国人形象地将其命名为“偷窥系统”（Spanner-Anlage），但收效有限，直到被更先进的带有独特天线阵列的“列支敦士登”拦截雷达取代。驾驶舱的后座配备有双联装 20 毫米 MG-151 机炮。由第 5 夜间战斗机联队第 2 大队的鲁道夫·朔纳特（Rudolf Schonert）上尉和保罗·马勒（Paul Mahle）上士设计的毁灭性的“爵士乐”系统，使得从英国皇家空军轰炸机（他们中的大多数没有机腹防御）下方 30 米至 50 米对其盲点进行攻击成为可能。（Karl Kopinski © Osprey Publishing）

一架 Ju-88 夜间战斗机展示其“列支敦士登”拦截雷达系统。当德国的夜间战斗机以战术技巧飞行时，只有在向盟军的轰炸机目标发射炮弹时才会暴露自己的存在。

苏联空军发起的夜间行动有限，并不需要德国空军在东线大量存在。因此与西线德国空军的 5 个夜间战斗机联队相比，那里只有一支夜间战斗机部队（第 6 夜间战斗机联队）和两个单独的大队（第 100 和 200 夜间战斗机联队）。

综上所述，德国空军的飞行员和飞机在德国领空匆匆搭建起来的防御令人难以置信，并在各条战线上重创对手。然而在战争后期，德国战斗机飞行员训练不足，他们不顾一切地仓促投入战斗，只有少数人在第三帝国的致命天空中得以幸存。1944 年，加入帝国防卫的年轻的战斗机替补飞行员在空战中幸存的机会极为有限，他们大部分被当作炮灰。1944 年初，德国战斗机飞行员中，50% 是有作战经验的老兵，其余的是替补飞行员。后者大多数人只有最低限度的一线战斗机飞行经验，根本没有战斗经验来弥补德国空军当时遭受的严重损失。

替补飞行员在到达前线之前从未驾驶过全副武装的战斗机，这种情况并不罕见。以编队形式进行起飞和降落也很少在训练单位进行，飞行员在进入战斗之前从未发射过 MK-108 和 MG-151 机炮。在前线使用的战术也是全新的任务，需要学习。所有这些都发生在大约两个月的时间内，由于汽油供应日益有限，飞行时间受到严格限制。1945 年，一名年轻的飞行人员爬进战斗机驾驶机舱，而机舱却在碎石满地的临时机场上，我们只能想象的是，他面临的挑战毫无胜算。

注释

[1] M 是甲醇，W 是水，MW50 就是一半水一半甲醇的混合剂，储存在驾驶员座位后方的钢瓶中，通过导管注入增压器，使其在低气压的条件下也能正常工作。

[2] 德国人对美国 B-17 重型轰炸机的戏谑称呼。

阿拉多 Ar-234 是战争后期出现的喷气式侦察轰炸机。其容克双涡轮喷气发动机可以使其飞行速度超过 740 千米 / 小时，使盟军战斗机难以拦截。然而，像许多德国喷气式飞机项目一样，这种飞机的数量太少，不足以对战争产生影响。

第五章

对地攻击：来自高空的打击

GROUND ATTACK – STRIKE FROM ABOVE

在一战后战败的德国，关于对地轰炸机和俯冲轰炸机相对于传统的高空水平轰炸机的任何争论，都必然是纯学术性的讨论。根据1919年《凡尔赛条约》，德国被剥夺了所有进攻性武器，武器制造商被明确禁止生产任何替代品。然而，这份令人憎恶的命令的墨水几乎还没干，企业就开始寻找办法绕过这些严格限制。

对地攻击机

其中之一是位于德绍的容克航空股份公司，该公司于20世纪20年代早期在瑞典马尔默的林汉姆（limham-malmo）设立了子公司AB Flygindustri。在这里，他们可以专注于军用而非民用飞机的生产和开发。在林汉姆建造的机型中，有一种高度先进的双座战斗机。这两架容克K-47原型机由该企业的工学士卡尔·普劳斯（Karl Plauth）和赫尔曼·波勒曼（Hermann Pohlmann）设计，在1929年首次飞行，随后在苏联沃罗涅日北部的利佩茨克德国秘密空军训练中心进行了评估。

第一批12架K-47战斗机在瑞典生产完成，用于出口（6架供应给中华民国政府，4架最终出口到苏联），德国防卫军购买了2架原型机，以及剩下的2架出口飞机。该型飞机在翼下吊架上能够携带100千克炸弹载荷（8枚12.5千克的杀伤炸弹），其中3架在利佩茨克进行了俯冲轰炸任务适应性测试。虽然获得了成功，但高昂的单价成本使预算紧张的帝国防卫军无法授予其生产合同，这4架飞机（现在被指定为A-48）在帝国服役期间从事各种准民用任务。

然而，种子已经播下，最初的K-47虽然没有弯曲的机翼和双尾翼组件，但已经能看到战时斯图卡战斗机的雏形，后者将成为德国空军最臭名昭著的对地攻击机。在容克Ju-87出现之前，还有两架飞机将在德国俯冲轰炸机发展的历史中发挥了重要作用。第一架是由于日本人对俯冲轰炸日益浓厚的兴趣而产生的。虽然日本在一战期间曾是西方列强的盟友，但现在日本自己在建造主力战舰的数量和吨位上也受到国际条约的限制（3∶2 的比例有利于美国和英国 [1]）。为了寻求平衡，并且日本敏锐地意识到太平洋彼岸的美国海军正在进行俯冲轰炸机试验，日本转向德国寻求援助，接洽的并不是容克公司，而是著名的水上飞机制造公司恩斯特－亨克尔股份公司（Ernst Heinkel AG）。

由此产生的双座双翼飞机在设计上强调俯冲，最初配备了浮筒，后来作为亨克尔 He-500 出口到日本，到日本后被作为日本帝国海军（Imperial Japanese Navy）自己的爱知 D1A（Aichi D1A carrier-borne）俯冲轰炸机的基础。

亨克尔随后向帝国防卫军提供了第二架（陆地）原型机。1932 年在雷希林试验中心进行了一次演示，随后在利佩茨克进行了试飞，1933 年阿道夫·希特勒上台之际，该型飞机作为 He-50A 临时俯冲轰炸机纳入服役。因此，魏玛共和国支持下的德国防卫军，而非新生的纳粹政

1944 年，克里米亚的克伦索斯南部（Khersonyes-South），第 2 对地攻击联队第 2 大队的 He-123A “黑色 V 形 / 黄色 L”。令人难以置信的是，这些肯定是最后剩下的在运行中的 He-123，在 1944 年 4 月底重新出现在第 4 航空队的战斗序列中。它们被分配到第 2 对地攻击联队第 2 大队。在克里米亚半岛的最后几天里，它们在基地与 Fw-190 一起部署。注意安装在 50 千克 SC-50 炸弹上的触发棒。（John Weal © Osprey Publishing）

调情时刻。Ju-87 的飞行员和地勤人员在给斯图卡装备武器的同时，与一群挪威女滑雪者调情。

权，负责为引入俯冲轰炸机和对地攻击机奠定基础，并将其引入德国秘密但发展迅速的新军火库。然而，希特勒和他仍然秘密运行的空军首脑赫尔曼·戈林非常愿意踏上已经为他们铺好的道路。因此，当20世纪30年代早期一战“王牌”战斗机飞行员转变为国际特技飞行员的恩斯特·乌德特从美国旅游回来，对柯蒂斯公司的霍克–2（Hawk II）战斗机的优点和俯冲能力大加赞赏，这种战斗机当时正在提供出口，戈林授权新成立的帝国航空部向乌德特提供必要的资金购买两架样机，以供航空特技飞行表演。这一举措的动机精明，因为它不仅让德国设计师有机会研究美国最先进的技术，而且还作为一种贿赂，诱使“自由逍遥人”的乌德特重新回到官方的德国空军的怀抱。

柯蒂斯飞机能执行双重任务的能力，促使帝国航空部技术局在1934年2月为单座战斗机和俯冲轰炸机发布了类似的规格要求。获胜方的设计是亨舍尔Hs-123，并于次年5月在柏林–约翰斯塔尔（Berlin-Johannisthal）首次公开亮相。这架飞机由恩斯特·乌德特亲自驾驶，它的表现大大加强了帝国航空部内部支持斯图卡（即俯冲轰炸机）的力量。然而，除了它早期在西班牙的历史，亨舍尔注定不会以俯冲轰炸机的身份参加行动。在其漫长的作战生涯中（1944年它仍然在东线飞行），Hs-123主要用于低空近距离支援。尽管它是第一种被德国空军订购的斯图卡设计，但Hs-123从一开始就被看作是一种“即时方案”或者“临时手段”，直到第二型才缩小差距，最后阶段的俯冲轰炸机项目产生了更先进的双座机，性能得到改进，载弹量更大。

为此，帝国航空部再次求助于容克公司的赫尔曼·波勒曼工学士，原来K-47的共同设计者（在K-47完成之前，卡尔·普劳斯在一次飞行事故中丧生）。早在1933年，当斯图卡轰炸机第二阶段计划的项目第一次被提出时，波勒曼就主动开始了Ju-87的设计工作。大约两年后官方的性能参数最终发布时，他已经开始了三架原型机的建造，把竞争对手阿拉多和亨克尔远远甩在了后面。

虽然很明显是和 K-47 一样稳定的产品，但是相比之下，早期的 Ju-87 尤为丑陋，棱角分明，反向的鸥形机翼是 5700 多架斯图卡飞机的标志。然而，Ju-87 设计的初衷是实现一个特定的角色，在这个角色中它是无与伦比的，它几乎垂直地俯冲到预定目标，因此被比作一只邪恶的猛禽。

第一架原型机 Ju-87V-1，由劳斯莱斯茶隼 Kestrel V 型 12 缸发动机驱动，液冷发动机，采用与其前身 K-47 类似的双尾翼组。然而，在中等角度试验俯冲飞行中，这个系统失败导致 V-1 坠毁，剩下的原型机经过重新设计，中心安装了单独的尾翼和方向舵。

后来，第 4 架原型机 Ju-87V-4，汲取了前面 3 架原型机战斗飞行中出现的所有经验教训。这架飞机采取了修正后的容克 Jumo-210Aa 倒 V 型发动机，降低发动机罩以提高前方可视性，重新设计驾驶舱罩，扩大垂直尾翼表面，V-4 直接导致了首批全武装的 Ju-87A-O 的预生产型号的诞生，并于 1936 年底之前开始从装配线上下来。随后，在 1937 年期间的 A-1 和 A-2 量产型，后者配备了升级版的 Jumo-210Da 发动机。

1938 年，紧跟着最后一架“安东”（A 型，Anton）的建造，第一架“波塔斯”（B 型，Bertas）出现：与 Ju-87A 相比时，B 型不仅配备了更强大的带燃油直喷技术的 Jumo-211 发动机，而且完全重新设计和重建了机身、驾驶舱和垂直尾翼。然而，两者之间最显著的区别是，B 型放弃了 Ju-87A 巨大的带减阻罩的起落架，取而代之的是稍微不那么突出的，因此在空气动力学上更清洁的带护套的起落架。这两架飞机，和其他新生的德国空军对地攻击机一起，很快就要接受首次战斗测试。

西班牙内战

1936 年夏天，西班牙内战的爆发为希特勒提供了理想的机会，在作战条件下测试新空军的人员和飞机的实力。他迅速派出了第一批志愿军部队，后者很快发展成秃鹰军团，与弗朗西斯科·佛朗哥（Francisco Franco）

将军指挥的西班牙国民军联合作战。

3 架早期的 Hs-123 飞机是首批被派往西班牙的飞机之一。它们于 1936 年秋天到达，被编入秃鹰军团 VJ/88 的斯图卡三机编队（Stukakette），这是军团当时仍在试验阶段的战斗机组成部分。1937 年 1 月，由海因里希·“鲁比奥”·布吕赫（Heinrich “Rubio” Brücker ）少尉指挥的 3 架亨舍尔飞机首次参加行动，支持民族主义对抗马拉加。然后，他们被调往北方，参与对西班牙比斯开海岸毕尔巴鄂周围所谓的“铁环”防御的攻击。

然而，情况很快明朗，Hs-123 作为俯冲轰炸机还有很多不足之处，因为布吕赫和他的飞行员无法达到 6 年前在美国演示霍克 –2 给恩斯特·乌德特留下深刻印象的精准水平。现在人们发现，这是因为亨舍尔在俯冲时无法保持足够的稳定性。

因此，秃鹰军团的参谋长，男爵沃尔弗拉姆·冯·里希特霍芬 [一战传奇人物男爵曼弗雷德·冯·里希特霍芬（Manfred Freiherr von Richthofen）的堂兄] 中校，决定使用布吕赫的小分队执行非俯冲对地

1940 年，一架 Me-109 在机库外。Me-109 被证明是一个灵活的平台，必要时可以轻松在战斗机和对地攻击机之间切换。

攻击任务。在这方面，他们取得了极大成功。1937 年春天，又有 3 架 Hs-123 战机抵达西班牙，现在“卢比奥”·布吕赫下辖的 6 架飞机，开始着手重塑和完善低空对地攻击战术，上一次使用这种战术还是近 20 年前在拉脱维亚对红军作战。飞行员很快报告，亨舍尔飞机在离敌人纵队和阵地只有几米高的地方轰鸣时，“单单是可怕的噪音”常常就足以引起恐慌和混乱，有时甚至会引发逃跑行为。这一战术在二战的头几个月里反复使用，效果显著。

尽管亨舍尔具有固有的坚固性，但这些早期的“实验性”任务使部队损失惨重。到 1937 年夏天，它已经失去了 4 架飞机，第二年剩余的两架被移交给了西班牙混合飞行大队。在秃鹰军团服役的过程中，Hs-123 不知何故得到“魔鬼之头”的绰号。奇怪的是，在移交给西班牙国民军空军之后，该空军随后又接收了十几架改进的 B-1 型号，亨舍尔飞

1938 年 1 月，在西班牙卡拉莫查，秃鹰军团的第 88 战斗机大队第 3 中队的中队长阿道夫·加兰上士驾驶的 He-51B“2.78”。He-51 到达西班牙后，在战场上使用了许多非标准的绿色和棕色作为迷彩伪装，“2.78”是阿道夫·加兰最为偏爱的座驾，至少在他担任第 88 战斗机大队第 3 中队的中队长时是这样。像许多秃鹰军团的其他战斗机飞行员一样，他对自己黑色的机身圆盘进行装饰从而使其个性化，用白色勾勒出轮廓，并加上一个大马耳他十字勋章。(John Weal © Osprey Publishing)

机被重新命名为“小天使”（德语：Angelitos；英语：Little Angel）！

然而，Hs-123 并不是唯一一款在西班牙服役期间暴露出操作缺陷的飞机。亨克尔 He-51 让德军指挥部更加失望。亨克尔被新生的德国空军选为标准的单座战斗机，在 1936 年 8 月 6 架样机运输到西班牙南部的加的斯很久之前，就已经通过公开表演和编队飞行，向全世界的新闻媒体显示其优雅且极富攻击性的线条。

在这里，与柏林宣传营造的德国空军的优越形象相比，现实大相径庭。尽管最初取得了一些成功，但当人们发现 He-51 实际上远不如他们的共和派反对派驾驶的大多数（主要是法国）战斗机时，这无疑是一个震惊的打击。这一点在 9 月中旬的一次事件中被强烈体现出来，当时只有两架共和派的飞机护送着一群老旧的布雷盖（Breguet）轰炸机，不仅阻止了 6 架亨克尔的攻击，而且还将德国战斗机成功驱离！如果不是法国

大约 1943 年 4 月，在东线南部战区，第 4 航空队第 3 轰炸中队（3. Störkampfstaffel/Lfl. 4）的 He-46C “1K+BH”。1931 年首次飞行的 He-46 战术侦察机，是装备在东线上的早期夜间对地攻击中队的老式型号。这架战术编号为“8”的飞机，在其机腹架和机翼支撑杆上携带 50 千克重的 SC-50 炸弹（配有尾部啸声器）。（John Weal © Osprey Publishing）

飞机上的武器装备太差，情况会变得更加糟糕。

一开始，德国人试图通过急剧增加飞机的数量来改变这一局面，到11月底，又有72架亨克尔被派往西班牙（其中24架被派往西班牙国民军空军部队）。然而，同月抵达西班牙的第一批苏联I-15和I-16战斗机，粉碎了德国指挥部可能仍然抱有的幻想，即他们拥有的He-51（装备了秃鹰军团第88战斗机大队4个中队）是世界级的战斗机。

到年底时，德国战斗机部队在西班牙的地位被形容为“滑稽可笑”，其飞行员受到了彻底的羞辱。作为一种空中战斗机，He-51完全落后了，甚至无法有效执行轰炸机护航任务。据报告，当敌机接近时，德国战斗机经常“被迫躲进轰炸机编队内，以获得轰炸机机关枪的防御性火力的保护”。然而，正如Hs-123作为俯冲轰炸机的缺点，随着更有效的Ju-87的出现，Hs-123很快就被遗忘。因此，在继任者——历史上真正的战斗机之一梅塞施密特Bf-109出现后，人们很快就忘记了完全弱不禁风的He-51。

1937年早春，第一批Bf-109B被紧急派往西班牙，在那里他们重新列装到第88战斗机大队第2中队。现在的问题是如何处理秃鹰军团的He-51？决定是替换成Bf-109的第2中队的飞机，加上那些即将解散的第88战斗机大队第4中队的飞机，将全部移交给西班牙国民军，而第88战斗机大队第1中队和第3中队在更多的梅塞施密特飞机到达之前，将重新承担对地攻击的主要任务。

西班牙人已经开始使用亨克尔执行类似任务。事实上，正是他们发展了“卡迪纳战术”（或称链条战术），该战术由一队He-51组成，成纵队飞行，向敌军战壕俯冲，沿着战壕一次又一次进行机枪扫射。当领头的飞机完成扫射后，会做陡峭的半翻滚，然后重新加入队伍的末尾。这样，战壕里的敌人被持续不断的火力压制。进攻将持续到亨克尔的弹药耗尽，或者己方进攻部队占领阵地。第88战斗机大队第1中队和第3中队的飞行员，于1937年春天在北部战线毕尔巴鄂和桑坦德附近进行

Ju-88A-14 是德国大量生产的中型轰炸机的近距离支援版本。它机身下的吊舱里装备有一门 20 毫米 MG-FF 火炮，可以摧毁许多坦克和所有的非装甲车辆。

第一次地面攻击任务时，采用了类似的战术。他们还增加了一个机腹武器挂架，使每架飞机能够携带 6 枚 10 千克的炸弹。

与此同时，作为一种令人望而生畏的俯冲轰炸机和对地攻击机，Ju-87 也正在建立自己的声誉。从派往参加西班牙内战的少数斯图卡中获得的经验确实是无价之宝。空军和地勤人员都在练习和完善他们的技能和技术，装备进行了诸多修改。Ju-87 证明了它能够从近乎垂直的俯冲中命中精确的目标，B-1 的“耶利哥小号”（德语：Jericho-trompete；英语：Jericho Trumpet）俯冲鸣笛声，或安装在炸弹上的哨子，能够给敌人制造恐怖之感。然而，有一种关键要素一直缺失，即强烈的对抗。在空中，Ju-87 享有强大的战斗机保护，除了在被认为是至关重要的目标附近以外，西班牙共和政府几乎不存在有效的防空火力。斯图卡在西班牙的表现使人们对俯冲轰炸机产生了极大的信心，这并不是什么坏事，而且这种信心在即将到来的战争的头几个月里，对全体机组人员都有好处。然而，在一个重要的方面，Ju-87 仍然未经测试，即在完全敌对空域中的生存能力。

德国空军对地攻击大队

Ju-87 实际上是一种对地攻击机，但在二战中专门用于对地攻击的编队主要集中在其他飞机上。在这项工作中，关键人物之一是著名的德国空军战斗机飞行员，王牌飞行员和指挥官阿道夫・加兰。在秃鹰军团结束服役后，加兰于 1938 年 5 月下旬不太情愿地放弃了第 88 战斗机大队第 3 中队的指挥权，不久之后，该中队的飞机换装为 Bf-109。这位充满激情的战斗机飞行员在西班牙期间没能击落一架敌机。令人尴尬的是，他的继任者维尔纳・默尔德斯，迅速利用新配备的梅塞施密特战机

1944 年 9 月 19 日，拉脱维亚的沃尔玛（Wolmar），第 3 斯图卡轰炸机联队第 10 中队（反装甲）的约瑟夫・布吕梅尔（Josef Blümel）中士驾驶的 Ju-87G“S7+EN”（生产编号 494231）。这架飞机在机罩上适当展示了反装甲徽章，为约瑟夫・布吕梅尔于 1944 年 9 月 19 日宣称击毁第 60 辆苏联坦克时驾驶的。然而，在当天上午晚些时候的第二次任务中，这架 Ju-87 被防空机枪火力损坏，布吕梅尔被迫在拉脱维亚首都里加以南的敌后降落。他和他的无线电操作员被红军处决。（John Weal © Osprey Publishing）

击落了几架 I-15 战斗机。而这只是 14 场胜利中的开端，默尔德斯将成为秃鹰军团击落敌机数最高的得分手。

加兰希望回归帝国也意味着重返战斗机部队，但他失望了。希特勒已经满怀信心将他的军队开进了莱茵兰的非军事区，且吞并了奥地利，而这两项行动都被《凡尔赛条约》明确禁止。现在元首把目光坚定地投向了捷克斯洛伐克的苏台德地区。

为了增加他要求的分量，希特勒命令不断壮大的德国空军在有争议领土的边境上空显示强大的空中存在。德国空军按照要求部署了 40 多个飞行大队，主要是轰炸机、俯冲轰炸机和战斗机。在这些斯图卡大队中，装备了 Hs-123 的第 165 斯图卡轰炸机大队，是当时唯一一支还未列装 Ju-87 飞机的大队。

作为额外的保障，这种力量的展示是不够的，并且需要一场真正的武装入侵，把苏台德地区从捷克斯洛伐克夺过来，还决定组建一支对地攻击力量，类似于但要比近期在西班牙取得成功的部队更为强大，将是打开捷克前线防御缺口的理想武器。谁能比刚刚在秃鹰军团待了 10 个月，而且完善了遂行任务所需战术的那个人，更适合组织这样一支部队？

阿道夫·加兰巡演后的休假突然被取消，他发现自己坐在柏林帝国航空部大楼的办公桌后面，参与创建 5 个临时的对地攻击大队。尽管混乱和匆忙，“但是当然，一切都要求在前天之前完成”。这 5 个新单位，被命名为飞行大队，在到达德国与苏台德边界之前，已经及时地组建起来，参与了一次大规模的演习。

其中 3 个大队被分配到德国空军第 1 大队（Lw.Gr.Kdo. 1），该指挥部位于捷克斯洛伐克北部和西北部的西里西亚、萨克森和图林根。第 10 和第 50 飞行大队分别驻扎在布热格（Brieg）和格罗德库夫（Grottkau），现在都装备了以前学校使用的 Hs-123，而位于布雷劳斯的第 20 飞行大队，则不得不使用陈旧的 He-45，这种飞机早已被淘汰为轻型轰炸机，但仍在执行侦察任务。另外两个单位，第 30 和 40 飞行大队由德国空军第 3 大队（Lw.Gr.Kdo.3）控制，部署在捷克斯洛伐克西南部和南部的巴伐利亚州和奥地利。第 30 飞行大队的 Hs-123 部署在施特劳宾，而第 40 飞行大队已经过时的 He-45 部署在雷根斯堡。

到 1938 年 9 月下旬，希特勒的地面部队和空军全部集结完毕，他的“力量展示”已经就位。结果，他并没有释放那种力量的机会。显然，英法两国政府不惜一切代价，一致希望走上绥靖之路。9 月 30 日，他们共同签署了《慕尼黑协定》，将捷克斯洛伐克苏台德地区割让给大德意志帝国。24 小时后，希特勒的军队几乎兵不血刃地越过了名存实亡的边界。

大部分德国空军部队集结，准备执行“绿色方案”（德语：Fall Grun；英语：Case Green，“苏台德行动”代号），但很快就被分散，回到各自本土的基地。在 5 个地面攻击大队中，只有齐格弗里德·冯·埃施韦格（Siegfried von Eschwege）上尉的第 30 飞行大队被调到新占领区。然而，它在马里恩巴德（Marienbad）停留的时间很短，10 月 22 日在德国北部的法斯堡重新加入第 40 飞行大队。

虽然他们在飞行大队的作战生涯是短暂的，但是组建这 5 个单位的努力并没有白费。3 个大队重新装备了 Ju-87，并被重新命名为斯图卡大队，第 4 个大队换装成 Do-17 飞机，转型为轰炸机大队（Kampfgrupp），第 5 个大队即第 10 飞行大队，于 1938 年 11 月加入了教学联队的序列，成为仅有的一个促进对地攻击技术研究的大队。一些消息来源称，装备了 He-45 的第 20 飞行大队被选中承担这个角色。

德国空军的教学联队是混合编队单位，任务包括对新飞机进行作战评估，以及研究与发展新战术。教学联队内的每个大队都装备了不同类型的飞机。例如，第 2 教学联队由战斗机大队、侦察大队和装备 Hs-123 的第 10 飞行大队组成。因此，在战争倒计时的最后 10 个月里，他们代表了德国空军唯一的地面进攻力量。

惨痛教训与全新角色

在慕尼黑危机期间帮助建立 5 个飞行大队后，加兰终于被允许回到他的真爱——战斗机身边。然而，他作为第 433 战斗机联队第 1 中队（1939 年 5 月变更为第 52 战斗机联队第 1 中队）队长的任期只持续了 9 个月。他在地面攻击行动方面的知识和经验没有被高层忘记。1939 年 8 月 1 日，当战争的阴云笼罩欧洲的时候，他被调任第 2 教学联队第 2 大队（对地攻击），现在这一大队是冯 · 里希特霍芬少将指挥的空军特别任务指挥部（Fliegerführer z.b.V）的一部。这个特别任务指挥部主要由 Ju-87 斯图卡轰炸机组成，为世界第一次闪电战行动提供空中支援：由第 10 集团军突破波兰防御工事的狭窄缺口，随后由第 1 和第 4 装甲师

Ju-87B 俯冲轰炸机停放在冬天雪地中。如果所有方法都失败了，重新启动冻住的发动机最后办法就是在它下面点火。

为先锋，向东北进军波兰的首都华沙。

然而，如同当代的一些战地指挥官一样，在西班牙战场，冯·里希特霍芬经常从附近小山顶的有利位置观察他行动中的部队，他不仅了解Hs-123的能力，也知其局限性："当施皮尔福格尔（Spielvogel）和他的破飞机从奥特－西德尔（Alt-Siedel）最终到达前线时，"他抱怨说，"他们已经消耗了近一半的燃料。"因此，他下令在波兰边境附近为维尔纳·施皮尔福格尔少校的飞机开辟一个前方着陆场。

二战正式爆发前20分钟，Ju-87被选中执行第一次行动，这并非偶然。鉴于目标的性质，没有其他可能的选择。

东普鲁士是德意志帝国最东部的一个省，与德国本土被波兰走廊（Polish Corridor）隔开。这片备受争议的狭长地带让波兰人可以进入波罗的海，这是《凡尔赛条约》的另一个产物，也是希特勒决定入侵波兰的一个因素。这条狭窄地带有一条铁路连接该省和柏林，在战争时期它将是两个地区之间的重要生命线。最薄弱的环节是特切夫（德语：Dirschau；英语：Tczew）的桥梁，跨越了维斯瓦河。德国人和波兰人都意识到了这一点，后者已经做好准备一旦受到攻击就将这座桥摧毁。

因此，战争首个轰炸目标并不是桥梁本身，而是摧毁位于特切夫车站附近碉堡里的爆破点，以及沿着铁路路基延伸到桥上的电缆。目的是防止德国地面部队通过装甲列车进入波兰之前，该桥被波兰人摧毁。这个任务只有斯图卡才能完成。受命执行攻击任务的第1斯图卡联队第1大队的飞行员，身着便服，亲身经历了直接侦察，在密封的火车（不可避免地被称为"走廊列车"）里来回反复数次经过，通过这种方式，德国人可以穿过连接其祖国和东普鲁士100千米长的狭长地带。

1939年9月1日凌晨4点26分，第1斯图卡轰炸机联队第3中队的一支三机编队，由中队长布鲁诺·迪里（Bruno Dilley）中尉带领，从东普鲁士的前沿基地起飞，8分钟后飞临目标。尽管地面弥漫着浓雾，但装载了一枚250千克重的炸弹和4枚挂在机翼下的50千克炸弹的3架斯图卡轰炸机，很快就清晰地发现了前方隐约可见的铁桥。这3名飞行员在距平坦的维斯瓦平原上空仅10米的高度飞行，他们一起爬升，然后分开将炸弹准确无误地投放到车站的碉堡，炸断了粗如手指的电缆。尽管任务圆满完成，但一切都无济于事。因为德国人的装甲列车延误了，波兰人在德国地面部队到达之前设法摧毁了这座桥。第一次空袭是一次精心策划的行动，尽管最终失败了。

同样在1939年9月1日黎明前，第2教学联队第2大队（对地攻击）的39名飞行员，正在奥特－罗森伯格（Alt-Rosenberg）小镇外的田野上发动引擎起飞，距离德国与波兰边界的瓦尔特河（River Warthe）不到15千米的地方。尽管地面上的草地上还有一层薄雾，但所有人都安全起飞。冯·里希特霍芬的前线指挥部就在格伦斯鲁（Grunsruh）过境点的南面，他能听到正在逼近的Hs-123的声音。它们的身影在河上空盘旋，形状清晰可见，发动机“像一群受惊的大黄蜂一样嗡嗡作响”。

4点45分，施皮尔福格尔的资深中队长魏斯（Weiss）上尉带领亨舍尔轰炸机发动袭击。在河的对岸，他很快发现了大队的目标——波兰军队的设施，情报显示，这些设施被驻扎在普兹斯坦村（Przystain）及其周围地区的敌军第13师的前沿部队占领。

魏斯的第4中队的飞行员精准投放了4枚50千克重的爆炸燃烧弹。紧随其后，第2教学联队加兰领导的第5中队（对地攻击）也如法炮制。到第6中队奔袭而来时，敌军阵地已经被浓烟和火焰笼罩。尽管遭到出人意料的突袭，波兰军队还是用轻型防空炮和轻武器进行了还击。然而，这种反抗很快就被压制下去，因为亨舍尔开始化整为零，以三机编队的方式越过树梢和其他障碍，使用机枪对波兰人进行全面扫射。

冯·里希特霍芬少将在里斯沃斯河河岸附近观看了整个过程。在1939年9月1日的黎明，他目睹了二战中德国空军第一次发动对地攻击，直接支援前进的军队。这是一次彻底的胜利。在那重要的一天结束时，国防军最高统帅部（OKW）发表了一份关于事件总结的公报。公报中提到，“此外，几个对地攻击联队（Schlachtgeschwader）为军队前进提供了有效的支持”。

在敌对行动开始的第一个早晨，对普兹斯坦的成功进攻为战争的头一周定了基调。在接下来的7天里，施皮尔福格尔少校的第2教学联队第2大队（对地攻击）继续为第10集团军的装甲部队开辟道路，他们正在奔赴华沙。每当一支装甲或摩托化步兵部队受到当地敌人的强大抵抗而暂时停止前进时，他们就会发出呼叫“1－2－3”来清除障碍。在这个过程中，亨舍尔为自己赢得了一个新绰号，由西班牙的“劳工”变成了波兰的“屠夫”。当一打甚至更多的Hs-123轰鸣着在头顶上方仅10米的地方咆哮着飞过时，几乎没有队伍能承受这种景象和声音。人和马在惊慌中逃窜，驾驶员和乘员从车上迅速跳下来，寻找他们能找到的任何掩体。如果他们知道的话，亨舍尔飞机发出的噪音越大，地面上的人们实际上就越安全，因为据说在那种转速下，飞行员因害怕将自己的螺旋桨打掉而无法开火！

然而，也有很多机会采取更致命的措施。亨舍尔的飞行员不断施压，只要是白天，就进行一次又一次的出击，扫射并投掷一整套50千克的高爆炸弹和燃烧弹。斯图卡的机组人员也如法炮制，同时头顶飞过轰炸机学校联队的亨克尔和多尼尔轰炸机。甚至梅塞施密特战斗机和驱逐机大队也被召来执行低空地面扫射攻击。因此，对地攻击飞机在1939年秋季波兰军队的失败发挥了核心作用。随着波兰境内敌对行动的停止，第2教学联队第2大队（对地攻击）返回德国的不伦瑞克休整。1939年—1940年的冬天是记忆中最严酷的冬天之一，他们平静地度过了一段时光。直到1940年2月1日，魏斯上尉的两个中队才被转移到离荷兰边境仅24千米的慕尼黑－格拉德巴赫。

飞行大队仍是冯·里希特霍芬少将特别任务指挥部的一部分，到这时，该指挥部已被提升为官方机构的航空军。新生的第8航空军预料到在西线即将发生的空中进攻，将面临比在波兰更强大的反抗力量，航空军分配了自己的 Bf-109 战斗机保护部队，一个装备了 Do-17 的轰炸机联队也临时加强到航空军，以增加航空军的打击力量。

希特勒的对地攻击机再次成为西线作战的先头部队。1940 年 5 月 10 日，他们支援了德国空军对比利时埃本－埃梅尔要塞的空降突击，然后为穿越比利时的装甲部队进攻提供空中掩护。到当天结束时，该大队已经执行了大约 8 到 10 次地面支援任务，而实际上第 8 航空军的大多数单位也是如此，甚至加强配属的侦察机中队都装载了 50 千克炸弹，以便与“机会目标”交战。

到那时，第 6 集团军的装甲部队和摩托化步兵师开始源源不断地涌入马斯特里赫特镇，并沿着两条向西的出口公路，穿过弗罗恩哈芬（Vroenhoven）和费尔德韦兹尔特（Veldwezelt）桥，进入比利时。在接下来的几天里，盟军的轰炸机对“马斯特里赫特桥”进行了反复绝望的、近乎自杀的攻击，试图阻止德军的部队机动。

现在，由于这些至关重要的桥梁已经被防空连牢牢包围，同时得到战斗机的常规巡逻，魏斯的飞行员在战役爆发的第二天能够稍微向外游荡，这导致他们首次记录到与预期的“强敌”对抗。当时，英国皇家空军第 607 战斗机中队的一架“飓风”战斗机，与德国空军第 5 中队的一架飞机发生了四五次冲突，当时第 5 中队正忙于轰炸沿默兹河的比利时阵地。虽然声称是一场搏杀，但亨舍尔返回基地时只受到轻微损坏。

但是，这种进攻北翼的早期猛烈活动尽管取得了显著成功，但事实证明，这是一个巨大的佯攻，故意设计来引诱盟军地面部队进入比利时。接着，由第 12 集团军的 5 个装甲师组成的主攻部队，从法国南部的阿登高地出发，穿过法国向前推进，并再次得到对地攻击编队的有力支援，几乎将一路战斗到法国海岸。

到 6 月初，法国境内的战役实际上已经结束，因此 Hs-123 的作战生涯似乎也接近尾声。在接下来的一周，冯·里希特霍芬的斯图卡开始

反坦克战术

这些机组人员的学员与他们的上尉教官讨论反坦克技术。

1. 典型的攻击从4500米开始。当目标通过底部窗口被锁定时，设定距离定时器。发动机降至空转速度，关闭进气口，打开俯冲制动器。机头瞬间俯冲80度并启动定时器。

2. Ju-87在俯冲中往往会振荡，但飞行员将目标定位在Revil-16B反射瞄准器中，使其保持在十字线中。蜂鸣器在2100米（大约在俯冲后30秒）的高空响起，飞行员开始启动投弹，然后恢复定时器。

3. 飞机继续以大约560千米/小时的速度俯冲，主要是由重力驱动。在1000米的高度，挂弹架解锁，将炸弹从机身摆

出并避开螺旋桨。炸弹脱离时，自动恢复系统启动滑落。机组人员把头往后靠在垫子上，以防止下巴被痛苦地压入胸部。

4. 自动恢复系统使飞机陡然脱离俯冲状态，以致机组人员在 3G 至 4G 压力下常常会昏厥。炸弹继续向目标下降（大约 15 秒后击中目标）。飞行员恢复意识并控制飞机。（Adam Hook © Osprey Publishing）

转移到诺曼底，准备将战争带到英国海岸，第 2 教学联队第 2 大队（对地攻击）并没有随之随行。亨舍尔已经证明了它们粗糙皮实、吃苦耐劳的性能，能够从最原始的草地上起飞作战，能够承受巨大的打击。它们还清除了诸多水上障碍，为地面部队提供了支援。

然而，第 8 航空军面临的下一个障碍，既不是波兰的溪流，也不是比利时的运河或法国的河流，而是将瑟堡和多塞特海岸分开，宽度 112 千米的英吉利海峡，这是短程的 Hs-123 根本无法克服的障碍。

7 月 1 日，奥托·魏斯晋升为少校，他带着自己的飞行大队回到不伦瑞克 – 瓦古姆（Brunswick-Waggum）更新装备。不仅仅只是 Hs-123 这种“临时俯冲轰炸机”变成的对地攻击机正面临退役，整个对地攻击兵种都面临着迫在眉睫的解散危险。Hs-129 是早些时候双翼飞机的预定“接班人”，是一种从一开始就设计用于对地攻击任务的重装甲双发飞机，它早在一年多前就已经试飞。然而，现实证明这个重大决策令人失望。

把第 2 教学联队第 2 大队（对地攻击）改装成一个装备 Ju-87 的真正的俯冲轰炸机部队已经作为计划提出来了。许多人认为，尽管一战期间在战壕上空使用低空扫射和轰炸的飞机取得了成功，但专门的对地攻击飞机在现代战争中却没有立足之地。闪电战时期新的“神奇武器”是 Ju-87 斯图卡，它已经证明了自己的能力，不仅执行精确的俯冲轰炸攻

1939年斯图卡袭击后燃烧的华沙。斯图卡能够进行精确的对地攻击作战，但它也可执行更具无差别的攻击，正如在东线列宁格勒和斯大林格勒上空所见。

击，而且还执行低空扫射任务，而后者实际上是对地攻击行动。

波兰上空的俯冲攻击

第2“殷麦曼”俯冲轰炸机联队（StG 2 Immelmann）第1大队的大队长奥斯卡·迪诺特（Oskar Dinort）少校，回忆起1939年9月1日中午刚过不久在波兰上空最早的空中行动，当时空中侦察报告，大规模的波兰骑兵正在向维隆推进，威胁着德国第16军的北翼：

“我们向波兰前进。我们的新基地在琴斯托霍瓦（Czestochowa）市的茨琴斯诺查（Tschensrochau）小镇外约7千米处。我们大约在中午时分到达，基地人员立即开始搭建帐篷，组织防御阵地。毕竟，我们是在敌人的领土上，据报道，东北边境的树林里到处都是波兰的散兵。

“……果然，夜幕刚降临，林边就传来了枪声，我们的地勤人员用机枪和轻型高射炮进行了还击。整个田野被闪烁的探照灯光线和红色的曳光弹照得如同白昼。枪声持续了一整夜，但在凌晨4点刚过开始下雨时就停止了。我们机组人员终于可以小睡一会儿了。”

迪诺特和他的机组成员们得到了需要的休息。雨一直下，他们直到第二天下午3点才起飞，其目标是华沙北部莫德林堡附近维斯瓦河上的桥梁：

“我们爬升然后穿破灰色的云层，大约在1200米高度进入更清澈的天空。在我们脚下是积云密布下怪石嶙峋的山谷，在上面是铅灰色暗无天日的天空。

“东北航向的能见度仍然不好。挡风玻璃上满是雨水。只有偶尔瞥一眼地面，透过云层的缝隙看一眼维斯瓦河，才能让我们保持航向。最后，我看到了我们下面的堡垒。它躺在褐色如画的风景中，巨大的，灰色的，尖尖的，像某种燃烧的星星，还有维斯瓦桥。在黑暗的河床上，反衬出的一条细细的点亮的带子，这就是我们的目标。

“这一时刻已经到来。翻转进入俯冲！飞机像石头一样落下，高度下降200、300、500米。仪表几乎跟不上下降的速度。然后是每个斯图卡飞行员都熟悉的红色面纱[2]。离地面1400米，离地面1200米，按下按钮。炸弹落入下方的深渊。

“我恢复了常态，采取了常规的规避措施。离开时我回头看。我身后大队部的三机编队正在俯冲的中段，第1中队正好在其尾部，在闪亮的天空下反衬出黑色的影子。他们的目标很明确……一枚炸弹击中了目标的中心。”

然而，维斯少校的大队重新装备的不是Ju-87，而是Bf-109战斗轰炸机。政策改变的原因尚不清楚。英国皇家空军战斗机指挥部在英格兰南部上空击溃斯图卡还在几周后。然而，换装梅塞施密特飞机对第2教学联队第2大队（对地攻击）来说可能是一次幸运的逃脱。

战斗轰炸机的出现进一步模糊了对地攻击概念的界限。Bf-109战斗机和Bf-110驱逐机也都在波兰和西线执行过地面扫射任务。此外，装备这两种型号的实验性飞行大队当前正在接受训练，准备发动跨海的轰炸机行动。

为承担战斗轰炸机的角色，第2教学联队第2大队（对地攻击）开始在德国南方的伯布林根再度进行训练，一直持续到8月。因此，它错过了不列颠战役的第一回合。

1939年在波兰上空，接着1940年在斯堪的纳维亚、法国和低地国家的上空，斯图卡似乎证明了以俯冲轰炸实施对地攻击任务的理论和实践。在先头部队之前实施的精确打击，对盟军阵地和部队机动产生了恐怖的效果，并为先头装甲部队铺平了道路。Ju-87 对敦刻尔克撤离的英国人进行了最后的空中打击，在一天之内在法国海岸线附近击沉了 31 艘盟军船只。然而，正如本书引言指出，1940 年夏天一切都改变了，当时德国空军试图在不列颠战役中制服英国皇家空军。

不列颠战役

不列颠战役实际上始于 Ju-87、Do-17 和其他飞机企图封锁英国船运的海峡之战（德语：Kanalkampf；英语：Channel Battle）。在斯图卡作战生涯的最新阶段，公开报道中 Ju-87 和英国船舶之间的第一次遭遇战，是一次不起作用的俯冲轰炸（据信是由第 51 斯图卡轰炸机联队第 3 大队发动的）。当时正值 7 月 1 日下午早些时候，一支“巨无霸”深海护航船队在接近普利茅斯时遭到攻击。第 213 中队的 3 架“飓风”战斗机从埃克塞特仓促赶来与斯图卡交战，但当他们到达护航船队上空时，袭击者早已离开。

3 天后，第 51 斯图卡轰炸机联队第 3 大队竭尽全力对波特兰港发动了一次袭击，这可能是对不列颠群岛的所有空袭中单次空袭造成的最大军事人员伤亡。在新指挥官安东·凯尔（Anton Keil）上尉的带领下，大约 33 架斯图卡完全神不知鬼不觉地在海军基地上空盘旋，尔后冲破晨雾俯冲而下。他们集中攻击港口最大的船只，即英国皇家海军（HMS）的作战支援防空舰“福伊尔班克”号（*Foylebank*），短短 8 分钟内，22 枚炸弹击中了这艘船，176 名船员丧生死亡。

附近没有英国皇家空军的战斗机，大队飞机几乎毫发无损地逃回瑟堡，还使用一枚 500 千克炸弹直接命中停泊在韦茅斯湾的一艘油轮致使其着火，这艘船燃烧了 24 小时后，火势才得到控制。Ju-87 遭受的唯一损失是一架飞机在目标区域坠毁，它的机翼被“福伊尔班克”

一架 Ju-87 斯图卡从近乎垂直的俯冲中投下炸弹，然后开始爬升。对斯图卡来说，这实际上是攻击中最危险的时刻，因为它的速度和机动性在爬升过程中已经消耗殆尽。

号的一枚 4 英寸防空炮弹直接击中，随后飞机坠毁，施瓦茨（Schwarz）和他的机炮手殒命。另有一架斯图卡在受到高射炮弹的轻微毁伤后，返回瑟堡着陆。

在这个月剩下的时间里，斯图卡继续对盟军在英国海岸线附近的船只造成沉重打击，英国战斗机经常来得太晚，无法对俯冲轰炸机造成伤亡。7 月临近尾声时，天气恶化，但斯图卡大队已经圆满完成了赋予他们入侵英格兰计划的前期任务。通过堵塞英吉利海峡的两端，摧毁英国皇家海军南部海岸的小型驱逐舰舰队（5 月中旬以来已经损失了 12 艘船，加上其他许多因必要维修而撤出该区域的舰艇），德国空军已经为德国入侵舰队保障了横渡英吉利海峡的航线，这些舰队现在正集结在北欧的港口。

接下来是征服大不列颠的第二和第三阶段。8 月德国人将重复在波兰和法国的战术，在一系列精确打击中摧毁了英国皇家空军战斗机指挥部的前线机场，为登陆做准备。9 月，一旦德国陆军安全登陆，他们将在地面部队向北推进到英格兰的心脏地带的过程中，恢复作为“飞行炮兵”的经典角色。他们相对轻松地完成了第一阶段（代价是损失了几十架飞机），却没有任何迹象表明他们即将面临的风暴。

1940 年 8 月 13 日，即“鹰日”，也就是不列颠战役的开端[3]，德国空军对不列颠群岛发动了第一轮主要的空袭。对于战场的主角来说，他们的“大日子”并没有一个好的开始，因为清晨的恶劣天气导致了最后一刻的延期令。然而，并不是所有单位都收到了命令，结果造成一些轰炸机在没有战斗机护航的情况下继续执行任务，而其他战斗机则恪尽职守地飞到指定的目标地区，它们本应保护的轰炸机并未随行。

然而，到了下午，天气已经有所改善，足以让斯图卡大队启动总体三部分入侵计划中的第二阶段行动——实施一系列精确的攻击，摧毁英国战斗机指挥部的前沿机场。他们沿指定攻击地带的两翼进行打击。在东部，第 2 航空队派遣第 1 斯图卡轰炸机联队第 2 大队空袭罗彻斯特，派遣第1教学联队第4大队（斯图卡）空袭德特灵。前者未能找到目标，但冯·布劳希奇（von Brauchitsch）上尉率领40架Ju-87在德特灵造成严重破坏，67人死亡（包括基地指挥官爱德华·戴维斯上校），摧毁机库和全部22架飞机。在没有损失的情况下成功退出，第1教学联队第4大队（斯图卡）返回特拉姆库尔（Tramecourt），按理说他们已经出色完成了任务。但德国的情报出了差错，德特灵并不是英国战斗机指挥部的机场。事实上，唯一常驻那里的飞机是第500“肯特郡”中队的安森（Ansons）飞机，该中队从1939年初起被临时调往英国海岸司令部（Coastal Command）。在中队疏散过程中，该中队的一名负责飞机维护的军械士就空袭作出如下描述：

> 飞行B队（B Flight）的夜班地勤人员吃完晚饭，在丹尼斯卡车（Dennis lorry）周围等候，这辆卡车会把他们送到安森飞机上，当时飞机停放在德特灵机场东北角的伊尔斯特路旁田野里。
>
> 这时，梅德斯通市防空洞的警报声从远处隐隐传来，接着是飞机的嗡嗡声。这些飞机正在接近机场，从东南方向约2英里（3.2千米）处，高约5000英尺（1524米）。这个编队比以往在该地区看到的要大得多，以至于中队的一名军械士比尔·耶茨（Bill Yates）称，他“没想到我们有这么多”。当耶茨爬上丹尼斯的帆布车顶开始数飞机时，这句话几乎可以作为“著名的临终遗言”了。他刚数过30架飞机时，领头的飞机摇动左翼向下俯冲，毫无疑问，这是一架斯图卡。

西面第8航空军部队的遭遇又是另一种命运。第77斯图卡轰炸机联队的部队在寻找瓦姆维尔（Warmwell）无果后，随机将炸弹投到多塞特郡的乡村，尔后安然无恙地返回卡昂机场。尽管缺乏战斗机掩护（护航他们的30架Bf-109来自第53战斗机联队，由于燃料短缺不得不返航），瓦尔特·艾纳瑟鲁斯（Walter Enneccerus）上尉领导第 2 斯图卡轰炸机联队第 2 大队的 27 架 Ju-87R 越过莱姆里吉斯（Lyme Regis）附近的海岸，前往中沃洛普（Middle Wallop），但是他们根本没有成功。由于遭到第 609 中队 13 架“喷火”战斗机的拦截，他们在海岸上空的对决中呈现出一边倒的趋势，损失了 5 架战斗机，另有 1 架在返航途中坠落到英吉利海峡。英国皇家空军宣称，他们摧毁或损坏 14 了架 Ju-87 和 Bf-109，而自身毫发无损。英国首相温斯顿·丘吉尔和一群高级陆军将领在波特兰悬崖（Portland cliff）目睹了大批斯图卡飞机被击落。领导第 609 中队的王牌飞行员约翰·邓达斯（John Dundas）中尉声称击毁一架 Ju-87，并损坏另一架俯冲轰炸机：

> 13 架“喷火”战斗机离开瓦姆维尔，在莱姆湾上空度过了一个难忘的下午茶时间，但对 Ju-87 机种来说则是不幸的，其中至少 14 架遭到摧毁或者受损，这是该中队战果记录中的最高纪录，还包括 5 架护航的梅塞施密特战斗机。这支编队大约有 40 架俯冲轰炸机，呈 4 个 V 型编队，得到同样多的 Me-110 和 Bf-109 飞机的护航，他们对于受到第 609 中队的逆阳攻击感到措手不及。

对于斯图卡飞机来说，多塞特海岸边的 4 分钟大屠杀是未来一段悲惨时期的开始。他们的损失率急剧上升——8 月 8 日—18 日期间，整个斯图卡部队在英国损失了约 20%，另有 33 架其他机型被毁。这些俯冲轰炸机没有在与优越的英国战斗机的空战中独自生存的机动性或力量。他们的俯冲攻击模式，也使他们在爬出俯冲并试图爬升时容易受到战斗机拦截。因此，到 8 月 18 日，斯图卡实际上已经退出了在英国上空的作战服役，就连该型飞机最坚定的支持者也不得不承认，如果遭遇坚决的防御，斯图卡无法作为战略武器使用。

相比之下，自从 7 月中旬开始，实验性的第 210 试飞大队战斗轰炸

1945 年 5 月，捷克斯洛伐克的尼梅斯南部，第 2 斯图卡联队的联队长汉斯－乌尔里希·鲁德尔（Hans-Ulrich Rudel）上校驾驶的 Ju-87G“黑色 V 型和线条”（生产编号 494193）。虽然有一架 Fw-190D-9 供他使用，但汉斯－乌尔里希·鲁德尔始终忠于斯图卡 Ju-87 直到最后。鲁德尔选择这架斯图卡于 1945 年 5 月 8 日执行最后一次任务，并带领联队司令部（3 架 Ju-87 和 4 架 Fw-190 护航机）飞往基钦根（Kitzingen），向美军投降。（John Weal © Osprey Publishing）

机，对英格兰南部进行低空精确攻击所取得的结果令德国人激动。第 210 试飞大队作战的成功，激怒了戈林，他下令将所有基地驻扎在英吉利海峡附近的战斗机部队的三分之一，改装为携带炸弹。

在接下来的几周和几个月里，在整个冬季天气允许的情况下，一直到 1941 年的初春，第 2 教学联队第 2 大队（对地攻击）继续对英格兰南部进行零星的攻击。该大队从圣奥梅尔（St Omer）和加来－马尔科（Calais-Marck）起飞，目标包括英国皇家空军的机场、炼油厂、铁路、码头和沿海航运。虽然通常有一支由第 27 战斗机联队提供的战斗机护航队护卫，但这支部队被派去保护它在法国的亨舍尔，这些行动造成十几架或更大的战斗伤亡。幸运的是，大约三分之二的飞行员幸存下来成为战俘。

当然，第 2 教学联队第 2 大队（对地攻击）在对英国 6 个月的战役中所执行的任何行动都不是真正意义上的对地攻击任务，也就是说，并不是在战场上直接支援陆军的地面攻击任务。然而，奇怪的是，“Schl”这个缩写仍然在部队名称中使用。也许当德国陆军一踏上英国海岸，魏斯的飞行员就会恢复到原来的角色？

与此同时，飞行大队通过在 Bf-109 上运用一套独特的标记，同时保留了它的独立感和与过去的联系。每架飞机都用一个字母来标识，而不是战斗机风格的数字，每架飞机的机身十字架前面都涂有一个巨大的黑色等边三角形。这种三角形最初是在慕尼黑危机期间由飞行大队的飞机使用。他们重新采用这种符号，很可能是在魏斯少校本人的鼓动下进行的，他当时在维尔纳·施皮尔福格尔的第 40 飞行大队担任中队长。

1940 年 9 月—1941 年 3 月，这些三角形标记——最多只需要几升黑色油漆涂装，是如今已濒临灭绝的对地攻击部队的唯一外在标志。然而，这个三角形得以幸存，被认可为对地攻击兵种的官方象征，因为复兴即将发生。在 1941 年 3 月 15 日最后一架 Bf-109 在英格兰上空（或者更准确地说，被击落后掉入邓杰内斯外的英吉利海峡）失踪后不到两周，第 2 教学联队第 2 大队（对地攻击）获得一些比单纯的标记更实在的资产，以显示他们仍然非常专注于对地攻击事业——一批新的老式 Hs-123。

1941 年—1943 年的东线

到 1941 年 1 月的第一周，第 2 教学联队第 2 大队（对地攻击）在圣奥梅尔 / 阿克斯（St Omer/Arques）的实力已下降到只有 11 架可用的 Bf-109。这可能是战争中德国空军对地攻击部队的最低点。然而，元首战略政策的改变预示着命运的逆转，并标志着对地攻击部队的崛起和扩张，成为国防军最重要的战斗组成部分之一。

原定于去年秋天实施的入侵英国的计划现在被无限期搁置。希特勒的注意力转而集中在纳粹德国的宿敌——苏联。进攻苏联的计划已经稳步推进，时值南斯拉夫人民反对他们亲轴心国政府的起义，迫使元首发动一场非计划内的战役来稳定他的东南边界。

在匆忙集结的德国空军当中，第2教学联队第2大队（对地攻击）准备对南斯拉夫和希腊（后者当时与德国的盟友意大利发生冲突，并彻底击败意大利）发起一场联合打击。大队飞机不足的情况很快就得到了改善。到1941年3月底，他们装备了30多架Bf-109。然而，由于即将在巴尔干地区采取的行动将是前一年闪电战的重演，对敌军进行全面进攻，梅塞施密特被分配到大队下辖的两个中队。第三个中队重新装备了可靠的对地攻击作战的亨舍尔Hs-123，这是它第二次从退役中“返岗”。

此外，一个全新的中队得以组建，即第2教学联队第10中队（对地进攻），并同样装备Hs-123。这两个中队总共32架亨舍尔，加上其他的Bf-109，意味着这个飞行大队在即将到来的战役中在数量上再次成为最强大的参战部队。到4月的第一周，作为冯·里希特霍芬的第8航空军的一部，第2教学联队第2大队（对地攻击）再次转移到保加利亚。该大队主力部队的基地设在保加利亚首都附近的索菲亚－乌拉兹德纳（Sofia-Vrazdebna），而第10中队与第2斯图卡轰炸机联队的部队共用附近的克莱尼茨（Krainici）机场。

1941年4月6日凌晨，德军发动“玛丽塔行动”（Operation Marita），以真正的闪电战风格对敌人的机场和边境防御力量进行猛烈袭击。也许更习惯于之前对英格兰南部进行跨海战斗轰炸的长途飞行，飞行大队的一些Bf-109飞行员似乎被战术地面支援行动的即时性和猛烈程度所震惊。至少有3架飞机在返回基地时坠毁，尽管尚未确定这是否直接由于先前地面火力造成的损害。大队的Bf-109和Hs-123很快就以真正的对地攻击战斗风格证明了它们的价值，通过轰炸和机枪扫射所有报告中的抵抗力量，为进攻部队扫清道路，迫使其投降或撤退。到 1941 年 5 月底，巴尔干半岛已经落入德国之手，此时，对地攻击的飞行部队已经为更大的冒险做好了准备。

在入侵苏联前夕，第 2 教学联队第 2 大队（对地攻击）驻扎在波兰德占区最北部靠近立陶宛边境的普拉希尼兹（Praschnitz）。其实力包括 38 架 Bf-109E，除了一架以外，其余都可投入使用，另外还有 22 架 Hs-123（17 架可用）。亨舍尔现在似乎都由附属并扩大后的第 10 中队操作。

飞行大队仍然是冯 · 里希特霍芬将军第 8 航空军的一部。大部分部队刚刚在成功参与克里特战役后抵达该地区。冯 · 里希特霍芬指挥部本身也是两个航空军中的一个，这两个航空军共同构成了第 2 航空队的打击力量，该空军舰队的任务是在即将到来的东线战役中支援中心区域的地面作战。

第 8 航空军的具体职责是为第 3 装甲集群（Panzergruppe）的 4 个装甲师和 3 个机械化师提供空中支援，而这些地面部队的任务是，粉碎苏联占领下的波兰和白俄罗斯边境地区的所有反对力量，然后尽快向斯摩棱斯克推进，这是“通往苏联首都莫斯科之前最后的大堡垒”。

尽管有 350 万德国军队及其盟军参与大规模进攻，战线从波罗的海到黑海长达 3000 千米，“巴巴罗萨行动”却仍然依靠于之前的基本闪电战模式。这首先意味着要消灭敌人的空中力量。第 2 教学联队第 2 大队（对地攻击）的飞行员在入侵第一天对 66 个苏联边境机场进行持续疯狂扫射，给苏联造成了惊人的损失，包括在地面上摧毁了 1489 架飞机。如此令人震惊的战果使得德国空军总司令部起初拒绝接受这份战报，直到后来的实地调查才证实了它们的准确性。

尽管损失惨重，苏联空军还是设法发动了报复性轰炸，但这些任务都留给了战斗机大队来处理，第 2 教学联队第 2 大队（对地攻击）现在

1941 年 11 月，莫斯科前线的中央战区，第 2 教学联队第 4 中队（对地攻击）的 Bf-109E“白色 C”。在第 2 教学联队第 2 大队（对地攻击）长达 28 个月的作战生涯接近尾声时，“白色 C”的标准东线装饰和标记几乎都被一层厚厚的、不规则的冬季临时白色涂层覆盖。奇怪的是，这架飞机既没有单位标识徽章，也没有黑色的对地攻击三角形标识。（John Weal © Osprey Publishing）

开始专注于它的主要任务——支援德国先头装甲部队。1941 年的夏秋的几个月里，对地攻击飞机在各个战区之间调动，在每个地方都让苏联军队、车辆和装甲部队损失惨重。“巴巴罗萨行动”最初的计划是设想在冬季之前占领莫斯科，但由于对南斯拉夫和希腊的干预行动而被迫延期，这意味着当第一场雪降临时，德国军队仍然远离苏联首都。他们准备不足，缺乏装备，无法应对接下来几个月可怕的严冬。

即使强悍的亨舍尔也发现，无法从其靠近莫斯科以西约 80 千米处的鲁扎河（River Ruza）基地继续作战。暴风雪天气和零下 20 到 30 度的低温使他们大部分时间都只能困在地面上。苏联红军调用来自远东的西伯利亚师，在莫斯科周围重新发起反攻，迅速结束“巴巴罗萨行动”的最后希望终于破灭了。德国前线部队别无选择，只能挖掘战壕，然后稳住不动，等待春天。

1941 年底也见证了第 2 教学联队第 2 大队（对地攻击）的终结。然而，这个在过去 3 年中单枪匹马保持对地攻击部队的旗帜飘扬（既是象征性也是实际意义上的）的大队，正在被召回德国，不是为了解散，而是为第一个对地攻击联队提供核心力量。奥托·魏斯少校，几乎指挥

1942 年 11 月，在利比亚埃尔阿德姆，第 2 斯图卡轰炸机联队第 4 中队（反装甲）的中队长布鲁诺·迈耶（Bruno Meyer）上尉的 Hs-129B“白色 V/ 蓝色 0”（White Chevron/ Blue 0）。该中队是第二支专门组建的 Hs-129 反坦克中队，其命运注定一开始就被派往北非战场，其工厂应用的迷彩涂装为整体棕褐色并带有绿色斑点。布鲁诺·迈耶后来指挥装备了 Hs-129 的第 9 斯图卡轰炸机大队第 4 大队（反装甲），并在执行了 500 多次对地攻击和反坦克任务后，在战争中幸存。（John Weal © Osprey Publishing）

了该大队的全部作战生涯，也是第一个获得骑士十字勋章的对地攻击飞行员，于 1941 年 12 月 31 日成为第一个被授予橡树叶勋章的飞行员，1942 年 1 月初被任命为新单位的联队长。

第 2 教学联队第 2 大队（对地攻击）的目的地是德国韦尔（Werl），这是位于多特蒙德东部的战前战斗机机场。就在这里，魏斯建立了第 1 对地攻击联队的司令部，并将第 2 教学联队第 2 大队（对地攻击）改编为第 1 对地攻击联队第 1 大队，成为新单位第一个大队。在附近的利普施塔特（Lippstadt，同样是一个长期存在的战斗机机场），第 1 对地攻击联队的第二个大队也从白手起家完成组建。

第 1 对地攻击联队的主力是 Bf-109，但两个大队都配发了 Hs-123，以及重武装和重装甲的双发 Hs-129。它将用来装备两个新的中队，第 1 对地攻击联队的第 4 中队（反装甲）和第 8 中队（反装甲）。正如“Pz”（Panzer）在其单位名称中的缩写所示，这两个中队被指定为专门的反

在克里米亚的塞瓦斯托波尔，一名德国空军斯图卡飞行员坐在一门被摧毁的苏联火炮上。1942 年 6 月，Ju-87 对塞瓦斯托波尔发起了几乎连续不断的打击，机组人员每天从萨拉布茨附近的基地起飞多达 8 架次。

坦克单位参与作战。尽管持续存在动力装置问题，但 Hs-129 确实会发展成为一种强大的坦克杀手，因为随后的型号装备了更专业的武器，包括大口径腹部反坦克炮和空心装药的穿甲炸弹。

1942 年春，德军从 1941 年底中断进攻的地方，又恢复了对红军的行动。然而，新的一年使东线战役的战略方向发生了变化。北方对列宁格勒的封锁仍将继续。然而，在中央战区，德国陆军的目标已不再是夺取莫斯科。元首下令，1942 年攻势的主要目标是遥远南方高加索地区的油田。

因此，第 1 对地攻击联队受命从鲁尔区向东南方行进 2200 千米，前往克里米亚。途中的恶劣天气使其延期抵达，但5月6日这支部队在格拉马蒂科沃（Grammatikovo）机场列队接受冯·里希特霍芬将军的检阅。冯·里希特霍芬的司令部隶属于第4航空队，负责南部战区的所有行动。

格拉马蒂科沃位于刻赤半岛（Kerch Peninsula）的底部。1941年末，德军占领了克里米亚的最东部，不料在隆冬时节的反攻中被红军夺回。现在德军必须再次占领它。

对于大多数第1对地攻击联队第2大队的年轻飞行员来说。清剿刻赤半岛的两周战斗将是他们首次参与东线作战，这一过程并不顺利。当第8航空军的斯图卡轰炸了苏联前线阵地时，第1对地攻击联队被派往敌人后方，破坏其补给线，包括公路和铁路，并攻击任何报告的部队机动。

然而，红军已不再是“巴巴罗萨行动”最初几个月里那支组织混乱、士气低落的部队了。即使是第1大队的老兵，也吃惊于苏联士兵现在坚守阵地的方式，吃惊于自己面对的火力（从大炮到轻型武器的强度）。5月21日，位于半岛顶端的刻赤镇最终沦陷，两个飞行大队都在敌人猛烈的地面火力中损失惨重。

从表面上看，“蓝色方案”（德语：Fall Blau；英语：Case Blue）似乎只是一系列经典闪电战中最新的一次。然而，到战争中期时，裂痕开始显现。有明显的迹象表明，德国国防军的资源正被日益增长的需求所透支。例如，第1对地攻击联队的飞行员现在经常需要亲自进行战前侦察，因为第8航空军唯一的专门侦察中队往往从事更紧迫的任务。

对地攻击飞行（Schlachtflieger）也不再享受例行安排的战斗机保护的奢侈。他们经常不得不为自己提供保护。诚然，从战争早期开始，偶尔有敌机被对地攻击机击落，但这些通常是偶然遭遇战的结果。现在，偶尔变成必然，因为苏联空军飞行员开始专门针对联队携带炸弹的对地攻击机Bf-109E，苏联空军认为他们比德国空军的Bf-109F战斗机更容

1943 年 7 月，库尔斯克突出部（Kursk Salient）的米高扬诺夫卡（Mikoyanovka），第 1 对地攻击联队第 4 中队（反装甲）的 Hs-129B-2 “蓝色 E”。根据一张据称是在“堡垒行动”（Operation Zitadelle，库尔斯克大规模坦克战）期间拍摄的照片，这张“蓝色 E”的侧面图证明，尽管 Hs-129 的形状和结构特征明显，但它的标记却在淡化。黑色的“对地攻击”三角形早已消失，现在亮黄色的机头板，对苏联高射炮手来说是理想的瞄准点，也可能很明智地被取消了。（John Weal © Osprey Publishing）

易击落。然而，作为交换，Bf-109 经常自己去猎杀敌机，飞行员根据自己的意志主宰行动，成为一名战斗机飞行员。

这种职责交叉结合了攻击机和驱逐机的任务，表明了德国空军对地支援部队的日益复杂程度。长期以来对地攻击部队和斯图卡部队一直从事本质上类似的工作。在此基础上又创建了战斗轰炸机（Jabo）和快速轰炸（SKG）两个战时编队。双发动机的“驱逐机”，最初被安排为远程战斗机护航，但在不列颠战役中被证明是灾难性的，因此现在也被归类为对地攻击飞机。

作战方面，地面攻击部队在斯大林格勒灾难的背景下发挥着他们的作用。由于 1942 年—1943 冬季的作战行动在 11 月至次年 3 月间降至最少，平均每 10 天才会有一天的天气适合飞行。因此，他们利用这段时间重新装备。人们早就意识到，Bf-109 的窄轨起落架在东线不平坦且未经准备好的草地机场的使用并不理想。福克沃尔夫飞机 Fw-190 在海峡前线担任战斗轰炸机角色，宽起落架腿设计，能够更好地应付粗糙的地面，它的空冷径向发动机前面的装甲环也提供了更多的保护，以抵御敌人地面火力（许多 Bf-109 都因脆弱的冷却剂管道上被子弹打穿而结束战斗）。此外，Fw-190 在中低高度表现最佳，这是对地攻击飞机的天然好环境。

因此，从晚秋开始，希奇霍尔德（Hitschhold）少校的部队每次轮调一个中队返回波兰的登布林–伊雷纳（Deblin-Irena），换装为福克沃尔夫飞机。这个漫长的过程，直到 1943 年 4 月底才完全完成。第 1 对地攻击联队直到 1943 年 5 月，才在第 4 航空队的战斗序列中全部重新出现。尽管在返回东线作战时仍然只有两个飞行大队（加上专门的反

Fw-190 的对地攻击版本。除了两挺 13 毫米机枪和两门 20 毫米火炮外，Fw-190D-9 这种改型还在机身中心线上携带了一枚 500 千克的炸弹。

坦克中队)，但联队代表了一支远超 100 架飞机的强大的战斗力量。5 月中旬的数据显示，阿尔弗雷德·德鲁茨尔（Alfred Druschel）少校的扩编后的司令部由 6 架 Fw-190 组成，而另外有 67 架福克沃尔夫飞机，加上 32 架 Hs-129，几乎平分给他的两个飞行大队。

Hs-123 可能已经接近其服役生涯的终点，但仍然急需一种飞机能够对抗数量不断增加的红军坦克，后者现在开始主导东线战场。一个答案似乎在于另一个亨舍尔设计中，即 Hs-129，尽管其动力装置问题仍然存在，但已经摧毁了相当数量的装甲力量。因此，有人提议，除了已组建的反装甲中队之外，东线的每一个战斗机联队都应该有自己的 Hs-129 反坦克中队。然而，最终只有第 51 战斗机联队第 10 中队（反装甲）得到组建并参与了战斗。

另一个解决问题的尝试，是 1942 年末在雷希林成立的反装甲战争实验指挥部（德语：Versuchskommando fur Panzerbekampfung；英语：Experimental Command for Anti-Tank Warfare)。该单位的任务是在其他类型的飞机上测试重型反坦克武器。该指挥部由 4 个中队组成，其中两个中队的 Ju-87 机翼下挂载了 37 毫米 BF-37 火炮，还有一个中队的每一架 Bf-110 和 Ju-88 都安装了大口径武器，Bf-110 的机腹整流罩里安装了一门 37 毫米的 BK-37 火炮，Ju-88 则在前机身下方加装了 75 毫米的 PaK-40 反坦克火炮。

Bf-110 和 Ju-88 投入战场试验，分别作为第 110 和第 92 反装甲战斗机中队参战，但结果不尽如人意。加装了 PaK-40 的 Ju-88 特别笨重，一名飞行员仍然记得火炮的后坐力经常将机头和发动机的罩板震飞！虽然机头（和螺旋桨叶片）随后得到了加强，但是起装甲保护作用的内部发动机机舱板此后总是捆绑起来，以增强安全性。

相比之下，Ju-87 的 37 毫米翼下火炮对苏联装甲非常有效。1943 年 6 月，两个实验中队，反装甲战争实验指挥部第 1 和第 2 中队于是被正式命名为反装甲中队（德语：Panzerjägerstaffeln；英语：anti-tank squadron），每个中队分别被分配到第 1 和第 2 斯图卡轰炸机联队，作为前线专门的坦克杀手部队。

时任第 2 斯图卡轰炸机联队第 1 中队的中队长，有机会驾驶其中的一架测试飞机参与作战，并迅速看到了这种新武器的潜力。装备 BK-37 火炮的 Ju-87G 将成为汉斯－乌尔里希·鲁德尔在战争剩余时间的首选飞机，他是最著名、最成功的斯图卡飞行员。

许多轰炸机联队建立了所谓的“铁路中队”。那些飞行 He-111 的，通常只是在机头额外加装武器来对铁路目标进行低空扫射。装备有 Ju-88 的部队稍微好一些，因为他们能够使用加装火炮的 Ju-88C 重型战斗机来摧毁铁路。后一种技术的经典代表之一是第 3 轰炸机联队第 9 中队（铁路）的乌多·科德斯（Udo Cordes）少尉。绰号“火车头杀手”（德语：Lok-Toter；英语：loco-killer）的科德斯，在 1943 年春季短短的一段时间里，不仅摧毁了 41 辆火车头，还摧毁了 19 列整列火车，包括两辆运送燃料和 3 辆运送弹药的火车。在他的部队被解散后，科德斯驾驶对地攻击大队的一架 Fw-190 战斗机度过了战争的最后几周。事实上，在东线战争的最后两年，无论是在数量上还是性能上，Fw-190 才是对地攻击的主要机型。它不负众望，满足了对它的所有要求，甚至超出预期。在不同的情况下，它本可以对战役进程产生重大影响。事实上，在 1943 年 7 月它被投入库尔斯克的大漩涡，产生了巨大的效果，但随后德国军队向帝国本土开始了最后艰苦的撤退。

到 1943 年冬天，一个新时代即将开始。正如德国陆军在地面上试图稳定并组织其沿东墙（德语：Ostwall；英语：East Wall）的军队一样，德国空军终于开始认识到其迄今为止被严重忽视的对地攻击部队的价值。必须对已在战争最初四年间累积起来、但此时都在执行基本相同任务的各种地面支援单位——俯冲轰炸机、攻击机、驱逐机、快速轰炸机、战斗轰炸机、反坦克单位，进行某种程度的整合。

第一步——建立统一指挥——已经完成。1943 年 9 月 1 日，博士恩

一架 Bf-110 机头的机炮正在进行维修。在 Bf-110E 和 110G 的改型中，德国空军装备了 30 毫米或 37 毫米的火炮，拥有强大的反装甲武器，这种武器在 1941 年的北非和东线摧毁了许多坦克。

斯特·库普费尔（Ernst Kupfer）中校被任命为德国空军第一位对地攻击飞行将军。库普费尔是一位经验丰富的斯图卡飞行员，后来提任第 2“殷麦曼”俯冲轰炸机联队的联队长，近来受命领导“库普费尔”战斗编队。这是一个混合战斗群，包括第 1 对地攻击联队的 Fw-190 和 Hs-129，在库尔斯克攻势失败后，他们曾救援受困奥廖尔的第 9 集团军。

10 月 11 日，阿尔弗雷德·德鲁茨尔少校让出第 1 对地攻击联队的指挥权，成为库普费尔博士的参谋，担任日间对地攻击部队督查员（德语：Inspizient der Tag-Schlachtfliegerverbände；英语：Inspector of Day Ground-Attack Units）。

在一周后的 1943 年 10 月 18 日，德国空军地面支援部队的混乱组合，连同它们繁多、复杂的名称，终于被取消了。因为在那一天，所有的部队都被重组成对地攻击联队，以后用简化的缩写“SG”标识，并被纳入一个新的、更大规模的对地攻击兵种的框架中。

1944 年 7 月，克罗地亚萨格勒布，第 7 夜间对地攻击大队第 3 中队的菲亚特 CR.42 “黑色 58”。另一个装备意大利飞机（与其他各种飞机的杂牌组合）的单位是第 7 夜间对地攻击大队，它在亚得里亚海的另一边参与战斗，由克罗地亚空军指挥部（Fliegerführer Kroatien）控制。既在白天执行反游击队任务，又在夜间执行对地攻击任务，第 3 中队的菲亚特似乎保留了他们最初的意大利皇家空军（Regia Aeronautica）伪装，添加了德国空军的战区标志和国家标识（包括一个巨大的纳粹标志。）（John Weal © Osprey Publishing）

1945 年 4 月，在慕尼黑－雷姆（Munich-Riem），JV44 专家中队威廉·赫格特（Wilhelm Herget）的 Me-262A-1a/U4（生产编号 111899）。之前这架 Me-262 是梅塞施密特股份公司位于莱希菲尔德工厂的测试机型，装备 50 毫米口径机载火炮，1945 年 1 月"威利"·赫格特少校将其带到了 JV44 专家中队。（John Weal © Osprey Publishing）

北非和意大利

到库尔斯克会战结束时，德国国防军已经在包括北非的其他前线，经历了灾难。直到 1942 年 11 月，阿拉曼战役失败，部队全线撤退之际，隆美尔才得以征召一个对地攻击大队提供支援。但那时，任何单一的大队都无法扭转北非战局。

就像东线的同类部队，我们讨论中的第 2 对地攻击联队第 1 大队，是由 3 个单发战斗机（这里是 Bf-109F）中队和一个附属的 Hs-129 坦克杀手中队组成。后者是组建的第二个 Hs-129 中队 [1942 年初在利普施塔特组建第 1 对地攻击联队第 4 中队（反装甲）之后]。据报道，该中队于 1942 年 9 月下旬在波兰登布林－伊雷纳成立，其骨干人员由短命的第 2 对地攻击联队 Pz.J.St. 92 第 4 中队（反装甲）提供，最初装备 12 架双发动机的亨舍尔。但是，由布鲁诺·迈耶指挥的中队于 11 月 7 日抵达托布鲁克南部的阿德姆时，飞机数量已减少到 8 架，且只有 4 架可用。尽管如此，Hs-129 在一周后的首次作战中，声称击毁了 12 辆英国坦克。

然而，Hs-129 Gnome-Rhone 发动机的可靠性仍然不足，再加上与利比亚普遍存在的灰尘和沙子的混合，无疑是灾难。在仅仅几次行动之后，其中两架飞机在迫降在盟军防线后方而损失，中队被撤回到的黎波里。在这里，德国曾尝试为毛病重重的发动机制造一种令人满意的砂滤器，但并不成功。当前进的第 8 集团军于 1943 年 1 月 23 日进入利比亚首都时，据称剩下不可用的亨舍尔已经被摧毁，中队撤退到意大利巴里，重新补充装备。

德国非洲军团（Afrika Korp）的指挥官埃尔温·隆美尔，准备乘坐一架福克沃尔夫“猎鹰”（Harrier）进行飞行侦察。隆美尔在北非从未获得他所需的大量空中支援，盟军最终能够在空中优势的条件下作战。

Bf-109 中队在应对北非战役的艰苦条件中表现得稍好一些。这也许是得益于第 2 对地攻击联队第 1 大队的创建，该大队部分来自原来的沙漠战斗轰炸中队（第 27 和第 52 战斗机联队）。这两支分队合并后组成了实力更强的非洲战斗轰炸中队（Jabostaffel Afrika），随后迁往西西里，在那里被重新命名为 OBS 战斗轰炸大队（Jabogruppe OBS）。正如其名字暗示的那样，该飞行大队现在由德国空军南方战区总司令（德语：Oberbefehlshaber Süd；英语：Luftwaffe Commander-in-Chief South）阿尔贝特·凯塞林空军元帅（Generalfeldmarschall）直接指挥，并执行了对马耳他的战斗轰炸任务。

1942 年 10 月底，该队再次被命名为第 2 对地攻击联队第 1 大队，开始转移回非洲。在撤离利比亚东部的过程中，该飞行大队损失了 12 架 Bf-109F 战斗机和至少 4 名飞行员。撤到的黎波里塔尼亚未带来任何喘息的机会。第 8 集团军继续施压，驱使德国非洲军团及其意大利盟友撤出利比亚，穿过加贝斯隘口（Gabes Gap）推进到突尼斯南部。这时由菲舍尔（Fischer）少校指挥的大队，尽其所能减缓敌人的前进速度，不仅攻击对手的装甲部队和补给纵队，而且用高爆弹和反步兵炸弹攻击缅地因（Medenine）周围的空军基地，比如英国皇家空军的战斗机机场。由于在飞机数量上大大落后于对手，同时面临来自地面不断增加的防空火力，事实证明这些行动的代价高昂。当大队慢慢撤回突尼斯，第 2 对地攻击联队第 1 大队的损耗率开始不断攀升，到 1943 年初春，其可用的飞机数量已经很难达到两位数。

1943 年 5 月，突尼斯的陷落预示着第 2 对地攻击联队的分队走到了岔路口。两个反坦克中队全部从地中海战场撤出。他们在柏林的斯塔肯（Berlin-Staaken）集结，各自的实力增加到 16 架亨舍尔，随后转移到东线参加库尔斯克会战。

第 2 对地攻击联队第 2 大队在对突尼斯为期 6 周的突袭中幸存，建制相对完整，撤回到意大利中部，似乎在等待事态的发展。与此同时，第 1 大队正在巴里换装成 Fw-190。虽然在此期间地中海战场并没有发生大规模的地面作战，但盟军重返欧洲大陆只是时间问题。轴心国情报机构认为，盟军最有可能从撒丁岛或西西里进攻。

以意大利中部和南部为基地，第 2 对地攻击联队的两个大队正好处于欧洲“薄弱腹部”的前线，而盟军狂风暴雨般的轰炸也让这一事实变得更加明显。由于不擅长拦截轰炸机，第 2 对地攻击联队只能依赖高射炮防御和邻近的战斗机大队来保护自己。然而，作为额外的预防措施，他们尽可能地分散配置自己的飞机，第 1 大队的部分部署到布林迪西完成 Fw-190 战斗机的训练。

6 月底，第 2 对地攻击联队第 1 大队转移到撒丁岛的米利斯 (Milis)。盟军并没有忽视这一举动，很快大队遭受进一步的轰炸。7 月 3 日，一波又一波的 B-26 袭击导致 4 架新的 Fw-190 被毁，其他几架也受损。尽管遭受如此严重的损失，但英美军队一周后在西西里登陆时，该部队仍有 20 架可用的 Fw-190 战斗机（比第 2 大队多 4 架）。

然而，似乎只有第 2 大队参与在西西里的反进攻，在格尔比尼和卡斯特维特拉诺两地遂行对地攻击的作战行动，而约瑟夫・贝尔拉格上尉的第 1 大队则在接下来的一个月里穿梭往来于撒丁岛和意大利。在 7 月下半月，它驻扎在靠近蒙特卡西诺的阿奎诺，然后在 8 月初短暂返回撒丁岛，回到意大利北部的皮亚琴察，在那里第 2 对地攻击联队第 1 大队接到指示，前往奥地利的格拉茨接受进一步训练。

最终，作战任务落到了第 2 大队头上，在多恩布拉克（Dornbrack）上尉的指挥下，执行第 2 对地攻击联队在地中海的最后任务。其中包括 9 月第二周对那不勒斯南部萨勒诺桥头堡发动攻击。在接下来的几个月里，该大队将继续参与对意大利中部的顽强防御，但在 1943 年 10 月 18 日以后，它将以新的身份继续作战。

1944 年 7 月，意大利拉文那（Ravenna），隶属于第 9 夜间对地攻击大队第 1 中队的 Ju-87D“E8+DH”。最初第 9 夜间对地攻击大队只有两个中队，装备意大利飞机（菲亚特 CR.42 双翼机和卡普罗尼 Ca.314 轻型双发机），但在 1944 年春换装为 Ju-87。起初，大队的 3 个中队受意大利的空军指挥部控制，在意大利战争的剩余时间里，他们彼此独立作战。图中所示的机翼下的大型容器是所谓的通用型集装箱（Universal-Behälter），可用来携带补给和物资。（John Weal © Osprey Publishing）

斯图卡轰炸机排列在北非的一个机场上。其中一名飞行员汉斯－乌尔里希·鲁德尔，在其战斗生涯中，至少击毁了 519 辆敌方坦克，其中许多都是被加装火炮的 Ju-87G 击毁。

一架 Me-110 装备一台照相机，准备执行空中侦察任务。Me-110 很快就暴露出它作为战斗机的不足，但它是一个成熟的对地攻击平台，特别在北非对抗英国卡车车队时就得到了证明。

对地攻击兵种的没落

1943 年 10 月 18 日，新成立的扩编的对地攻击部队，一举改变了对地攻击部队的性质。在此之前，成为一名对地攻击飞行员几乎就像是成为一名相当高级的俱乐部会员，有点像战前的皇家空军一样，在那里每个人都彼此认识，或至少听说过对方。

然而，实力突然扩大 5 倍，无可否认提升了对地攻击部队在德国空军中的地位，同时也带来了不可避免的客观虚假的表象，任何大的组织都会受到这种现象的侵蚀。对地攻击兵种确实已经变成一个非常庞大的组织，部队部署从北极圈到地中海，从英吉利海峡到黑海。因此，在战争剩下的几个月里，它的许多行动只能用宽泛的笔触来描绘。

这支新部队的主体是通过简单的权宜之计建立起来的，即把所有现有的斯图卡大队重新命名为对地攻击大队。然而，这个过程并不完全简单明了，为了能够展示 4 个对地攻击大队“旧卫队”（隶属第 1 和第 2 对地攻击联队的）如何被拆分到其他单位中，对地攻击编队的血统图可能最简洁地通过以下表格说明：

新单位	命名来源	原单位
第1对地攻击联队第1—3大队	改编自	第1斯图卡轰炸机联队第1—3大队
第2对地攻击联队第1大队	改编自	第2斯图卡轰炸机联队第1大队
第2对地攻击联队第2大队	以前的	第1对地攻击联队第2大队
第2对地攻击联队第3大队	改编自	第2斯图卡轰炸机联队第3大队
第2对地攻击联队第10中队（反装甲）	改编自	第2斯图卡轰炸机联队反装甲中队
第3对地攻击联队第1—3大队	改编自	第3斯图卡轰炸机联队第1—3大队
第4对地攻击联队第1大队	以前的	第2对地攻击联队第2大队
第4对地攻击联队第2大队	以前的	第10快速轰炸联队第2大队
第4对地攻击联队第3大队	以前的	第10快速轰炸联队第3大队
第5对地攻击联队第1大队	改编自	第5斯图卡轰炸机联队第1大队
第10对地攻击联队第1大队	以前的	第2对地攻击联队第1大队
第10对地攻击联队第2大队	以前的	第10快速轰炸联队第4大队
第10对地攻击联队第3大队	以前的	第77斯图卡轰炸机联队第2大队
第77对地攻击联队第1大队	改编自	第77斯图卡轰炸机联队第1大队
第77对地攻击联队第2大队	以前的	第1对地攻击联队第1大队
第77对地攻击联队第3大队	改编自	第77斯图卡轰炸机联队第3大队
第77对地攻击联队第10中队（反装甲）	改编自	第1斯图卡轰炸机联队反装甲中队

从上面可以看出，第 2 斯图卡轰炸机联队第 2 大队没有列入 1943 年 10 月的全面改编中。在接下来的 5 个月里，这支部队在第 4 航空队的编成内，以第 2 斯图卡轰炸机联队（反装甲）第 2 大队的身份作为一个专门的反坦克大队继续作战。事实上，直到 1944 年 3 月，该部队才被拆分，创建两个装备 Ju-87G 的反坦克中队，即第 3 对地攻击联队第 10 中队（反装甲）和第 77 对地攻击联队第 10 中队（反装甲）。后者随后取代了上表中的第 77 对地攻击联队第 10 中队（反装甲），并重新回到其最初的母体联队，成为第 1 对地攻击联队第 10 中队（反装甲）。

然而，5 个东线的 Hs-129 反坦克中队是 1943 年 10 月 18 日重组的一部分。他们统一成一个单独的大队，即第 9 对地攻击联队第 4 大队（反装甲），如下表所示：

新单位	命名来源	原单位
第9对地攻击联队第10中队（反装甲）	以前的	第1对地攻击联队第4中队（反装甲）
第9对地攻击联队第11中队（反装甲）	以前的	第1对地攻击联队第8中队（反装甲）
第9对地攻击联队第12中队（反装甲）	以前的	第2对地攻击联队第4中队（反装甲）
第9对地攻击联队第13中队（反装甲）	以前的	第2对地攻击联队第8中队（反装甲）
第9对地攻击联队第14中队（反装甲）	以前的	第51战斗机联队反装甲中队

建立一个完整反坦克联队的意图从来没有实现，而计划组建的第 9 对地攻击联队唯一实际组建的部分是其第 1 大队。然而，直到 1945 年 1 月这个大队才得到组建，当时它包括两个 Ju-87G 中队，即第 1 对地攻击联队的第 10 中队（反装甲）和第 3 对地攻击联队的第 10 中队（反装甲），加上以前第 9 对地攻击联队第 12 中队（反装甲）（改装为火箭火力突击的 Fw-190 战斗机）。

斯图卡兵种的解散意味着所有俯冲轰炸机训练机构也必须并入新的对地攻击组织。这导致创建了 3 个新的学校联队，即第 101、第 102 和第 103 对地攻击联队（第 4 个学校联队将在 1944 年 12 月组建），加上两个高级训练单位，即第 151 和第 152 对地攻击联队。

这些联队中有几个后来建立了所谓的作战编队，要么是中队实力，要么是大队实力。编队由教官和挑选出的学生组成，在 1945 年 2 月 13 日德国空军总司令部下令解散之前，他们将参加前线的所有战斗。

在 1943 年 10 月 18 日进行的重大改组中，最后一批部队是东线的夜间骚扰中队。在北部地区，德国第 1 航空队的 4 个中队成对分开，组成 2 个夜间对地攻击大队，分别是第 1 和第 3 夜间对地攻击大队。第 6 航空队的 3 个中央防区的中队组成第 2 夜间对地攻击大队，而在南部，第 4 航空队将其 6 个中队分别组成第 4、第 5 和第 6 夜间对地攻击大队。

大约在同一时间，另外两个大队得到组建。第 7 夜间对地攻击大队由东南部的指挥中队（Störkampfstaffel Südost）和克罗地亚近程侦察中队（德语：NASta Kroatien；英语：Short-range Recce Squadron Croatia）组成，主要遂行巴尔干半岛北部的日间侦察和夜间反游击队行动。第 11 夜间对地攻击大队由爱沙尼亚志愿者组成，他们之前在本国波罗的海沿岸执行海上巡逻任务，现在改为在同一地区执行夜间对地攻击任务。

另外 6 个夜间对地攻击大队，加上 2 个独立的中队，将在战争的最后几个月组建起来。然而，在 1943 年 10 月新一轮复杂的重新分配中，最后一个参与的单位是位于上西里西亚斯塔恩多夫（Stubendorf）的盲飞学校 BFS-11，它作为第 111 对地攻击联队，负责训练所有的夜间对地攻击部队的机组人员。

上述变革无疑简化了对地攻击兵种。然而，在真正重要的地面战场上，它们最初几乎没有明显的效果。德国空军的意图是每个俯

1944 年 2 月，在南部防区拜亚拉 – 佐科夫（Byala-Zerkov），第 9 对地攻击联队第 10 中队（反装甲）的 Hs-129B-2 “白色 M”。第 9 对地攻击联队第 4 大队（反装甲）比大多数单位更有资格称得上是东线的第一“消防队”，它下属的 5 个中队通常在南部和中央防区的广阔区域独立作战，他们的坦克杀手 Hs-129 总是在红军压力加剧，装甲突破变得愈发频繁时，需求不断。（John Weal © Osprey Publishing）

1944 年 3 月，在拉脱维亚的韦丘米，第 3 夜间对地攻击大队第 2 中队的 Go-145A "U9+HC"。德国空军试图利用老式双翼飞机和轻型飞机的杂牌混编队伍，来阻止敌人通过波罗的海国家的进攻，第 3 夜间对地攻击大队中执行夜间任务的这架"海因里希－恺撒"(Heinrich-Cäsar)，主要采用哑光黑色的外观，配有低调的国家标志。由于第 1 航空队的官方战争日志只是用最笼统的术语简单地总结了每晚的行动，因此该单位的确切活动几乎没有留下什么细节。(John Weal © Osprey Publishing)

1945 年春，奥地利，第 10 对地攻击联队第 2 大队的 Fw-190D-9"黑色 6 号"。据悉，至少有两个对地攻击联队，即第 2 和第 77 对地攻击联队，在战争结束时一直在使用"长鼻子"的 Fw-190D-9。"黑色 6 号"属于第 77 对地攻击联队的第 2 大队，它从奥地利的 6 个机场起飞，向东西方向执行任务，对抗苏联和美国军队。值得注意的是，这架飞机仍然涂有黄色机鼻带，这是它最近在匈牙利服役时涂装的。(John Weal © Osprey Publishing)

冲轰炸机单位最终应该换装为Fw-190，但是最先换装的两个大队，也就是第1对地攻击联队的第2和第3大队，直到1944年春末夏初才完成转型。事实上，大多数前斯图卡大队，仍然像以前一样操作着他们的Ju-87。

接下来的8个月，在德国防线全线崩溃的情况下，最初的4个对地攻击大队（1943年10月前成立）在新的名义下继续行动。然而，经过多年的荒凉后，对地攻击兵种最终得到认可并重组为一个独立的实体，为德国空军的作战能力作出了重要贡献。它取代了曾被吹捧的斯图卡成为主要的战术打击力量，而以前的Ju-87单位现在换装为更强大的Fw-190重返前线。对地攻击部队在其历史上终于第一次肩负起发动大规模

Ju-87挂载250千克炸弹，悬挂在机身中心线之下。虽然它的炸弹武器在对地攻击模式下表现出色，但是装备37毫米大炮的Ju-87G，使斯图卡变成了装甲杀手。

作战行动的责任。

然而，1944 年 5 月下旬，就在新的 Fw-190 大队第一次出现在前线作战序列的几天内，甚至在他们还没有机会发挥作用之前，德国人的天空就已经崩塌了。东西方两个盟国，各自发动了一场规模空前的进攻。在北方和南方，压力也在与日俱增，轴心国的卫星国处于倾覆的边缘。

德国空军有史以来集结的最强大的对地攻击部队，立即被迫转入防御，开始了长达 10 个月的撤退，最后只能在四分五裂的德意志帝国的废墟中结束。弹指瞬间，对地攻击兵种就从“开始的结束”变成了“结束的开始”，似乎时间在二者之间也来不及喘息！

几个月以来，希特勒一直主张将 Me-262 喷气式战斗机纯粹作为一种快速对地攻击战斗机。这实际上浪费了战斗机的能力，它最终在战争后期找到了真正用途。

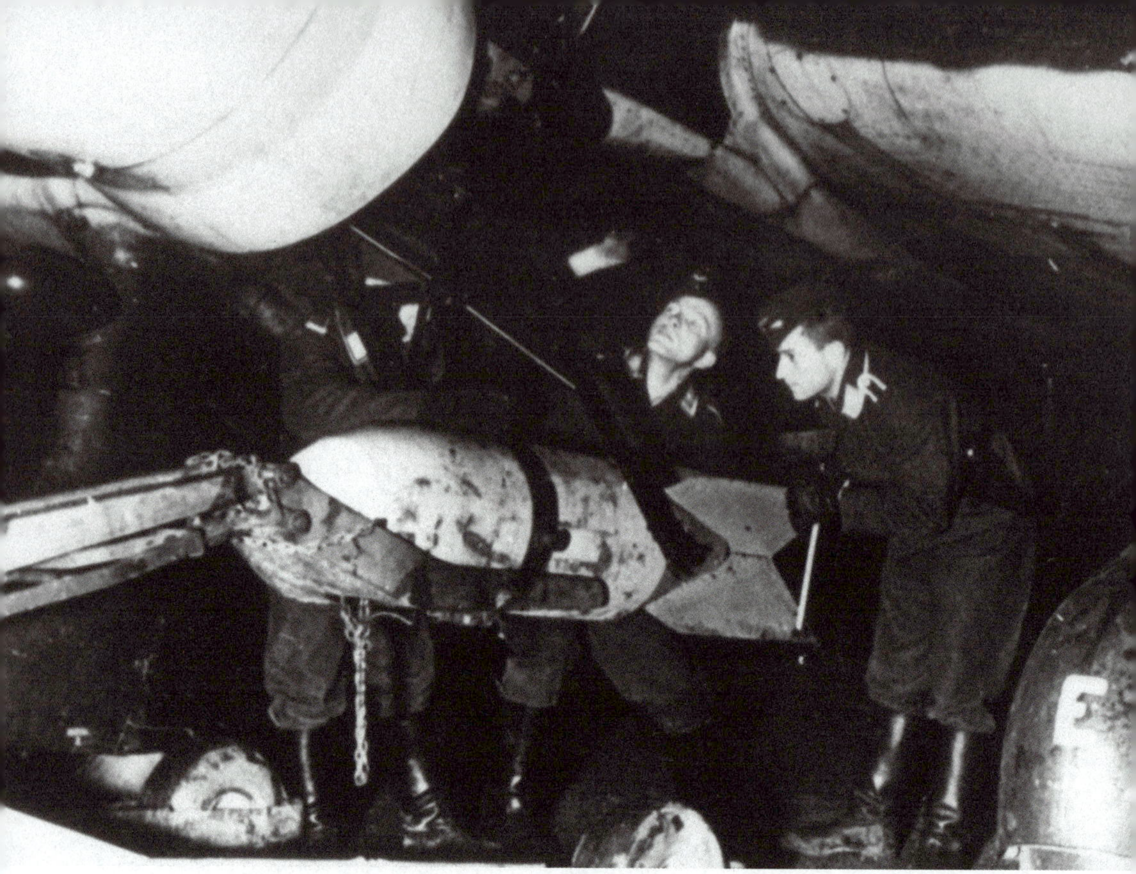

地勤人员为斯图卡飞机安装炸弹，准备在夜间对英格兰进行突袭。事实证明，斯图卡在对盟军航运和地面设施的攻击中证明了自己极具威胁，但它在白天无护航的情况下，太容易受到英国战斗机的攻击，无法坚持作战。

在战争的最后几个月里，对地攻击兵种给盟军造成的代价是沉重的，但却没有阻止危机的蔓延，也无法阻止所有部队不可持续的损失率。此时东线的危机已经如此严重，以至于德国空军仅有的四发战略重型轰炸机 He-177 也被迫投入反坦克作战！专门的反坦克部队则使出浑身解数，尽其所能。9 月 25 日，第 3 对地攻击联队第 10 中队（反装甲）声称他们击毁了第 300 辆敌方坦克［1 个月后，该中队的中队长安德烈亚斯·库夫纳（Andreas Kuffner）上尉将其个人的战绩将升至 50 辆］。在维斯瓦河前线，第 9 对地攻击联队第 10 中队（反装甲）的 Hs-129 四机编队击毁了 25 辆坦克，阻止了当地的红军局部攻势。其中 11

辆被四机编队的指挥员奥托·里茨（Otto Ritz）上士一人摧毁，使他个人坦克摧毁数量达到 60 辆。9 月 30 日，他获得骑士十字勋章。

然而，这些个人的成功，与苏联压倒性的数量优势相比，几乎毫无意义，而且其伤亡率在持续攀升，特别是在西线，美国和英国在空中力量的数量上享有巨大的优势。对地攻击的飞行员一直抵抗到苏联军队涌入柏林的最后一刻。然而，正如他们的一位著名的飞行员汉斯－乌尔里希·鲁德尔所说："我们充其量不过是一块卵石，一个小小的障碍物而已，无法阻挡潮流。"

注释

[1] 此处疑似有误，因为根据 1922 年 2 月 6 日签订的《五国海军条约》，美国、英国、日本、意大利和法国主力战舰的吨位比例为 5.25∶5.25∶3.15∶1.75∶1.75。

[2] 红色面纱是描述斯图卡飞行员在执行俯冲轰炸时所经历的一种生理现象。当飞行员在高速俯冲时，由于重力影响，血液向下流动，导致眼前出现一片红色的视觉效果。

[3] 英语中有"鹰日"一说。

He-51B-2 是 He-51 战斗机的水上飞机版本，它在西班牙内战期间的表现不佳。作为一种水上飞机，He-51B-2 是德国空军使用的几款轻型海上侦察机之一，尽管数量非常有限。

第六章 海上之鹰：海洋作战

SEA EAGLES – MARITIME OPERATIONS

正如我们在贯穿全书中指出的，德国空军在发展前景上主要是战术性的。它的重点也大多放在陆地上的战争，而非海上作战，这是基于德国在欧洲大陆的内陆位置的自然选择。结果就是海空力量从未被令人信服地重视，尽管随着战争的继续，它的重要性与日俱增。

直到 1939 年 4 月，德国空军的海上力量由海军航空兵（Naval Air Arm）组成，分为 14 个海岸航空中队（德语：Kustenfliergerstaffeln；英语：coastal aviation squadron）和 1 个舰载航空大队（德语：Bordfliegergruppe；英语：ship-based aviation group）。然而，那年春天的重组，两个飞行师（Fliegerdivisionen）得以建立，分别是德国空军东部飞行师和德国空军西部飞行师，分别负责德国海军东部司令部（Kriegsmarine's Marineoberkommando East）和德国海军西部司令部（Kriegsmarine's Marineoberkommando West）的空中支援。这一结构的一个重要点是，尽管它是一支海军，但是它仍然在德国空军的权威之下。赫尔曼·戈林是一个专制的人，从未放弃对海上航空的控制，从而使德国海军失去了对这一重要资产的战略控制。

这种在海上航空核心的领域紧张局势将在今后几年产生重要而间接的影响。1940 年 6 月法国沦陷后，第三帝国面对剩下的敌人——大不列颠，只有两个战略性军事选项：对本土群岛发动直接攻击，或采取封锁战略，努力切断英国经济与海外原材料来源的联系。阿道夫·希特勒从未有信心入侵英国，甚至在德国空军在不列颠战役中试图迫使英国在谈判桌上让步前，他就授权德国空军和海军对英国人的贸易发动密集攻势，以使他们的战时经济陷入停顿。虽然德国海军已经准备好用 U 型潜艇部队攻击英国的贸易路线，但德国空军在 1940 年之前并没有认真考虑过对敌方船只开展远程攻击。Ju-87 和各种中型轰炸机被重新用于反舰任务，并在英吉利海峡战役中取得了显著效果，但对于更长距离的行动则需要一种完全不同类型的飞机。德国空军在很短的时间内，巧妙地将现有的远程福克沃尔夫 Fw-200“秃鹰”民用大型客机改装为反舰

布洛姆和福斯（Blohm und Voss）Bv-138 是一种远程海上侦察水上飞机。它的最大航程为4300千米，在机翼上方有一个独特的三发组合。它还能安装500千克推力的助推起飞火箭。

飞机，并取得了一些令人印象深刻的成功，击败了几乎没有防空保护的盟军护航队。虽然“秃鹰”并不是为战争而建，但它建立起了战斗的名声，温斯顿·丘吉尔很快称其为“大西洋的祸害”。

在本章中，我们将深入探讨“秃鹰”在大西洋海战中的作用。我们将看到，这架飞机提供了一个有用的起点，让我们了解到德国空军在走向海上战争中的局限性和机会。然而，从“秃鹰”开始，我们将深入分析，考虑许多其他加入反舰战争的飞机，以及它们在世界海洋上进行的最终失败的战斗。

秃鹰和大西洋海战

1933 年希特勒一上台，他的政权就对扩大德国航空工业的发展和提升第三帝国的国际声望的宣传攻势非常感兴趣。只要可能，这两个政策目标就会结合起来。德国汉莎航空公司提供了开发这种新型两用技术的巨大潜力，这些技术既可以用于未来的军事应用，也可以让全球关注德国的技术实力。由前汉莎航空公司总裁埃尔哈德·米尔希负责运营的帝国航空部成立，旨在确保军用和民用航空之间的密切协调。

德国汉莎航空公司急于在新兴的商业航空市场中占据主导地位，1932 年，它选择了容克公司制造的可靠的 Ju-52/3mce 三发飞机作为标准客机。到 1936 年，汉莎航空机队的 60 架飞机中有四分之三是这种型号。不幸的是，Ju-52 只能在飞往西班牙、意大利和斯堪的纳维亚的中程航线上具有经济竞争力，而且它缺乏加压舱，在乘客舒适度方面很难达到最先进水平。当 1934 年美国制造的 DC-2 出现，随后在 1935 年出现了更先进的 DC-3，汉莎航空的领导层知道，如果他们想要在美洲、非洲和远东的长途航线中赢得竞争，他们需要一架比 Ju-52 更优秀的飞机。在希特勒上台之前，汉莎航空就已经在考虑开发可靠的跨大西洋客运服务，这对德国民航来说似乎是一个非常有吸引力的目标。起初，汉莎航空选择“轻于空气”的方法，建造了齐柏林飞艇（Graf Zeppelin）和兴登堡飞艇（Graf Hindenburg）。这些飞艇被用来验证远程导航技术，但它们固有的脆弱性和巨大的成本使它们更像是试验台，而不是最终的解决方案。

DC-3一出现，汉莎航空就希望获得一种新型民用大型客机，可以进行洲际远程航行，使其可以主导新的航线。帝国航空部也支持开发远程民用大型客机，以便与美国制造的新一代客机竞争，特别是因为米尔希不希望德国航空工业落后于外国的技术进步。

在帝国航空部的眷顾下，汉莎航空开始接触德国的主要飞机设计师，但两个合乎逻辑的选择，容克公司和多尼尔公司，被证明它们的帮助聊胜于无。这两家公司都专注于发展轰炸机，并从德国空军手中赢得大笔合同，而不是将稀缺资源转移到一个小型民用项目上。虽然容克公司确实同意将其取消的Ju-89重型轰炸机原型机改造成一种称为Ju-90的运输版，但它最初并没有全面开发。作为后备方案，汉莎航空公司的技术主管罗尔夫·施图塞（Rolf Stüssel）博士与不来梅的福克沃尔夫大飞机制造股份有限公司进行接触，讨论开发远程多发大型客机的可能性。与容克和多尼尔相比，福克沃尔夫在建造如此大型的全金属飞机方面几乎没有经验。

自20世纪20年代末以来，福克沃尔夫一直与汉莎航空保持着密切的合作关系，为汉莎航空提供Fw-A17、Fw-A32、Fw-A33和Fw-A38单发客机。虽然福克沃尔夫缺乏设计大型多发飞机的经验，但它以高度的积极性和乐观进取的态度弥补了这一不足。1936年7月初，施图塞和汉莎航空公司董事卡尔－奥古斯特·冯·加布伦茨（Carl-August Freiherr von Gablenz）男爵与库尔特·汤克会面，讨论了福克沃尔夫公司关于新飞机的技术方案。汤克是一名航空工程师和试飞员，在福克沃尔夫工作了5年。作为技术部门的负责人，他最近设计了Fw-44民用双翼飞机。汤克做了一次令人印象深刻的演示，让施图塞和加布伦茨相信福克沃尔夫公司不仅可以设计和制造这种新型飞机，而且可以在一年内制造出可飞行的原型机。1936 年 8 月 1 日，汉莎航空公司与福克沃尔夫签署了一项协议，开发一种可搭载 25 名乘客、航程 1500 千米的飞机，帝国航空部将其命名为 Fw-200。

汤克渴望成为一名赫赫有名的航空设计师，他对新项目充满热情。由威廉·班泽米尔（Wilhelm Bansemir）博士领导的福克沃尔夫设计团队很快就勾勒出全金属飞机的布局，汤克开始采购现成的部件，如美国

制造的杜克和惠特尼（Pratt & Whitney）S1E-G“大黄蜂”（Hornet）径向发动机，虽然量产的飞机将实际使用 BMW-132 发动机。令人惊讶的是汤克按计划完成了这一壮举，V-1 原型机在 12 个月内完成了设计和组装。甚至在汤克于 1937 年 9 月 6 日首次试飞 V-1 之前，汉莎航空公司的领导层就对此印象深刻，他们承诺再订购两架原型机和三架量产飞机。然而，汉莎航空公司仍有多种选择，并对更大型的 Ju-90 客机表现出兴趣，这架客机在 V-1 之后不久进行了首次飞行。

“秃鹰”最初作为民用的大型客机投入使用，它的长途航线与新一代的美国大型客机展开竞争。这架汉莎航空的“秃鹰”被用于南大西洋航线。

尽管汤克热衷于炫耀这款名为“秃鹰”的原型机，但在它准备好进行长途飞行之前，又花了一年时间进一步优化。到 1938 年夏天，福克沃尔夫和帝国航空部同意在一次巡回宣传中使用 V-1 原型机，以展示新飞机的航程和速度。1938 年 6 月，库尔特·汤克驾驶原型机从柏林飞往开罗，机上搭载了 21 名乘客。1938 年 8 月 10 日，一组精心挑选的机组人员驾驶原型机从柏林直飞纽约，用时不到 25 小时，全程 6371 千米。见证这一历史时刻的记者几乎没有注意到，“秃鹰”刹车系统故障

一架 Fw-200“秃鹰”在地面工作人员的注视下发动引擎。为了实现“秃鹰”惊人的 2400 千米作战半径，库尔特·汤克在原乘客舱安装了 6 个 300 升的燃油箱。

导致其起落架损坏。在创造横渡大西洋的纪录后，1938 年 11 月，这架原型机进行了一次全球飞行，途经巴士拉、卡拉奇、河内和东京。日本裕仁天皇亲自接见了机组人员，日本人被 V-1 所折服。然而，在继续飞往马尼拉的途中，机组人员在操作燃油泵时出错，导致飞机在海上迫降。尽管失去了原型机，且有迹象表明这架需要精心照料的飞机相当脆弱，但汤克还是用他的“秃鹰”给世界留下了深刻印象。

事实证明，将这一技术奇迹转化为一架可盈利的大型客机比汉莎航

空公司预想的要困难。由于 Fw-200 的成本几乎是 Ju-52 的 3 倍，该航空公司决定在 1938 年只订购 3 架，在 1939 年再订购 4 架。1939 年，“秃鹰”飞往巴西和西非试飞，进一步展示了这种飞机的远程能力，但这些飞行更多的是一种宣传噱头，而不是商业客运服务可行性的证明。为了保持生产线的运转，并希望收回开发成本，福克沃尔夫寻求出口“秃鹰”，并向丹麦、芬兰和巴西各出售了两架飞机。另有两架被卖给德国空军，为希特勒和其他纳粹高官提供 VIP 运输。1939 年初，日本航空公司“大日本航空株式会社”（Dai Nippon Kabushiki Kaisha）又订购了 5 架。日本帝国海军也有兴趣使用“秃鹰”作为海上巡逻轰炸机，并要求福克沃尔夫开发军事版本。1939 年 3 月，福克沃尔夫推出 Fw-200 B 作为标准生产版本，汤克选择了 Fw-200V-10[命名为“海森”（Hessen）]，作为新 B 系列型号的原型机，以满足日本的军需要求。V-10 配备了摄像机和 5 挺轻型机枪，但没有携带炸弹的装备。然而，在 V-10 还没有准备好之前，二战就于 1939 年 9 月爆发了。汉莎航空公司被迫暂停了大部分长途国际航班，但保留了一些飞往罗马、马德里和斯德哥尔摩的民用航班。现有的 6 架“秃鹰”已经移交给德国空军第 105 特别任务轰炸机联队第 4 中队，用作运输机。

尽管英国情报部门确信，德国空军将汉莎作为秘密发展远程轰炸机的试验平台，但二战前，德国空军领导层对将 Fw-200 作为军用飞机并无兴趣。早在 1936 年，德国空军就开始研发 Do-19 和 Ju-89 四发重型轰炸机，但由于成本过高，这些项目在制造了几架原型机后都被取消了。随后，德国空军认为 Ju-86B 大型客机有可能被

1941 年德国的宣传图片，展示“秃鹰”接受任务前的简报场景。在 1940 年—1941 年的冬天，第 40 轰炸机联队对英国航运的打击，某种程度上帮助德国空军恢复了在不列颠战役失败后的部分声誉。

改装为轰炸机，并鼓励德国汉莎航空公司订购5架。然而，Fw-200被认为更像是一种宣传工具，而不是潜在的武器。由于没有料到战争即将爆发，1938年初帝国航空部向亨克尔订购了He-177，以为这将为德国空军提供一种远程轰炸机。He-177可以携带1000千克的炸弹飞行6695千米，远远超过了大型民用飞机改装军用版本的能力。然而，该飞机直到1939年11月才进行了首次飞行，并且最早也要到1941年—1942年才能投入使用。

就在战争爆发前，德国空军意识到如果要与英国发生战争，它需要某种进攻性的反舰能力。因此，德意志帝国海军前军官汉斯·盖斯勒（Hans Geisler）中将，受命组建一个新的特别任务单位的框架。一旦战争开始，盖斯勒的雏形部队被组建为第10航空军，负责攻击北海的英国军舰和商船。

起初，盖斯勒有3组轰炸队，装备中程He-111和Ju-88轰炸机，但他没有远程飞机。由于He-177轰炸机还需要一段时间才能准备就绪，盖斯勒命令其参谋人员埃德加·彼得森（Edgar Petersen）上尉检查现有的民用大型客机，并确定是否有适合改装为辅助海上巡逻机的型号。彼得森最初考察了Ju-90大型客机，但在容克公司中止该项目之前，只完成了两架。1939年9月5日，彼得森前往福克沃尔夫工厂，会见了库尔特·汤克。汤克再次大力推销他的设计，使彼得森相信，原本打算销往日本的6架接近完成的Fw-200B飞机可以在短短8周内改装成武装海上巡逻机，而且更多的飞机可以在数月内建造完成。

彼得森在访问福克沃尔夫后写了一份备忘录，建议第10航空军使用武装后的“秃鹰”进行海上侦察和攻击落单船只。德国空军总参谋部的总参谋长汉斯·耶顺内克（Hans Jeschonnek）少将不愿浪费宝贵的资源，来部署一个装备临时改装的轰炸机实验部队，但第1航空队的指挥官阿尔贝特·凯塞林认为这个概念很有趣，并将其汇报给希特勒。随后

Fw-200 C3/U4“秃鹰”

彼得森被邀请到上萨尔茨堡（Obersalzberg），希特勒在那里听取了他关于 Fw-200 的简报，并批准建立新的单位。在元首的支持下，德国空军最高司令部于 1939 年 9 月 18 日批准了彼得森的计划，同意购买 6 架接近完成的、本打算交给日本的 Fw-200B 飞机，连同两架预留给芬兰的飞机，将它们改装为武装的 Fw-200C-0 飞机。尽管 Fw-200 的民用版本售价超过 30 万帝国马克，库尔特·汤克却急于与德国空军签订合同，他把第一批飞机卖给帝国航空部，每架仅 28 万帝国马克。事实上，在 1939 年，福克沃尔夫只向德国空军出售了 8 架"秃鹰"和 6 架 Fw-189 侦察机，与多尼尔、容克和亨克尔售出的数百架形成了鲜明对比。耶顺内克对 Fw-200C 应如何使用仍举棋不定，彼得森最初授权将它们组成一支远程侦察中队（德语：Fernaufklarungstaffel；英语：long-range reconnaissance squadron），而不是反舰部队。

虽然有些资料将 V-10 原型机视为武装"秃鹰"的起源，但只装备了防御性武器。

一架阿拉多 Ar-196 正准备从德国海军的战舰轨道上起飞。在海军服役中，Ar-196 提供了超视距侦察能力，在接近射程之前就能看到敌方舰艇。

为了满足第10航空军对侦察轰炸机的要求，汤克必须为“秃鹰”提供携带并且精确投送炸弹的能力。这并非易事，因为与特制的轰炸机相比，“秃鹰”既没有炸弹舱，也没有投弹手的玻璃舱机头。从标准的Fw-200B开始，它被重新命名为V-11，汤克在机身下增加了一个腹部吊舱，可以携带一个简单的投弹瞄准器和两挺轻机枪。汤克没有尝试在机舱内安装炸弹，而在机翼下和发动机舱外侧加装挂载点，可以携带总共4枚250千克炸弹。他还在驾驶舱后面增加了一个机顶炮塔（A位），在更靠机尾的位置增加了另一个MG-15位置（B位）。通过移除乘客区座位，代之以内部油箱，油量增加了60%，使得作战半径达到约1500千米。飞机的总重量增加了约2吨，但汤克急于将Fw-200C-0交付给德国空军，以至于他未能加强结构或者检查携带炸弹和沉重燃料负载所带来的影响。Fw-200C-0也明显慢于民用客机版本。1939年12月一完成，V-11就被标准化为Fw-200C-1，德国空军最初命名为“信使”（Kurier），以区别于“秃鹰”的民用型号。

1939年10月10日，彼得森上尉在不来梅指挥远程侦察中队。这个中队于11月被重新任命为第40轰炸机联队第1中队，在1940年2月第一批Fw-200C飞机到达之前，一直在无武装“秃鹰”运输机上进行训练。帝国航空部直到1940年3月4日才与福克沃尔夫签订了一份批量生产合同，合同规定建造38架Fw-200C-1和C-2型号，每架固定价格为27.35万帝国马克，不含武器。当时，福克沃尔夫开始以每月4架飞机的速度批量生产Fw-200，这种情况一直持续到1942年。

在1940年4月入侵挪威之前，彼得森已经有了少量的Fw-200C-0和C-1，用来在纳尔维克附近执行远程侦察任务和骚扰英国船只。尽管彼得森得部队在挪威战役中只击沉了一艘英国商船，但Fw-200的一些局限性已经得以显现，并积累了宝贵的经验。大部分预生产的Fw-200C-0飞机都是汤克在短时间内制造出来的，由于飞机超载和起落架

一架德国轰炸机挑衅地展示出，其在挪威和英国沿海摧毁的盟军船只的数量记录。从1941年起，盟军加强了战斗机护航，使沿海航运成为更难以对付的目标。

无法承受粗糙的飞机跑道，结果机身和机翼出现了裂纹。此外，防御装备相当薄弱，缺乏装甲钢板和自动封闭油箱，使 Fw-200 对轻微受损极为敏感。1940 年 5 月 25 日，一名英国格罗斯特（Gloster）“斗士”（Gladiator）战斗机飞行员在挪威上空拦截了第 40 轰炸机联队的一架 Fw-200C-1，并惊讶地看到飞机在受到 7.62 毫米机枪的一阵短点射后坠毁。彼得森仍然相信 Fw-200 的潜力，但建议福克沃尔夫迅速开发更强大和装备更好的“秃鹰”，以便在海上与英国交战。库尔特 · 汤克花了 3 年时间试图升级“秃鹰”，增加其射程、武器装备和防护，但始终无法否认的事实是，该飞机的基本设计根本不适合苛刻的战斗环境。

战略形势

1940 年 6 月 8 日德国占领挪威、6 月 22 日法国投降，海上战略形势变得对英国极为不利。英国海军部战前的贸易保护计划并没有预料到德国空军会对大西洋构成重大威胁。相反，德国在挪威和法国的突然胜利，给了德国空军和德国海军前所未有的机会接近英国的跨大西洋贸易航线。德国的中程飞机现在可以从法国基地展开行动，攻击英国在西南航线、爱尔兰海，以及直布罗陀护航航线上的船只。1940 年 8 月，随着敌人对护航船队的攻击不断升级，英国皇家海军被迫将包括驱逐舰在内的相当大一部分兵力留在本国水域，以阻止德国可能的入侵。

法国沦陷后，希特勒的主要战略目标是迫使英国坐到谈判桌前，以达成停战协议，从而使德国可以全力对抗苏联。对跨越英吉利海峡的两栖入侵战，希特勒从未乐观过（尽管他已经准备好“海狮行动”），他更倾向于对英国的海上交通线施加压力，从而迫使其屈服。他既接受了海军元帅（Grossadmiral）埃里希 · 雷德尔（Erich Raeder）

1940 年，一艘英国商船遭到德国轰炸机袭击。德国空军的反舰攻击造成了英国沿海数十艘船只的损失，英国皇家海军一度取消了所有通过英吉利海峡的海上交通。

的建议，使用 U 型潜艇和水面舰艇的进攻，升级对英国护航商船队的攻击力度，也接受了帝国元帅赫尔曼·戈林的主张，即德国空军可以粉碎英国皇家空军，然后通过轰炸和布雷封锁英国港口。这一战略似乎为第三帝国提供了一种低成本的方式，把英国赶出战争，同时又避免了在英吉利海峡爆发大厮杀的风险。因此，希特勒于 1940 年 8 月 17 日宣布对不列颠群岛实行全面封锁，并授权德国海军和德国空军切断英国的经济生命线。因此，Fw-200“秃鹰”反舰行动的作用应该在 1940 年—1941 年德国战略动态的背景下加以考虑，其中包括 5 个同时进行但并未协调的战役：空袭港口、港口布雷，以及通过空中、U 型潜艇和水面舰艇对护航船队攻击。如果这些战役能够有序协调，德国就有能力扼杀英国的战时经济。然而，国防军最高统帅部未能有效地同步这 5 个针对英国航运的战役，而是允许德国空军和德国海军进行独立行动。

胡戈·施佩勒空军元帅的第3航空队开始派遣He-111和Ju-88轰炸机在爱尔兰海攻击英国护航船队，但这些飞机的有效反舰作战半径只有805千米左右。考虑到这一范围限制，中型轰炸机只能在英国陆基战斗机的射程内寻找海上目标。Fw-200C的有效航程是其他轰炸机的3倍，是唯一可以在英国陆基战斗机射程之外进行海上空中侦察和反舰作战的飞机。在1940年停战协定签订后不久，换防到法国空军基地的新“租户”是第40轰炸机联队的一支分遣队。它最初于7月从布雷斯特

阿拉多Ar-196双浮筒水上飞机深受机组人员的欢迎，其易于驾驶且为飞行员和观察员提供了良好的视野。它在战争初期开始在舰上服役，随后在1940年加入德国空军的海岸部队。

开始行动，但后来于 1940 年 8 月 2 日开始部署到波尔多－梅里尼亚克机场（Bordeaux-Merignac），也就是 6 月 17 日夏尔·戴高乐（Charles de Gaulle）逃离的那个空军基地。到 8 月中旬，彼得森少校手中已经有 9 架 Fw-200，但早期 C-1 型“秃鹰”能保持战备状态的很少超过 30%。首批 Fw-200C-1 被匆忙投入使用，仅在挪威战役中使用过一段时间后，许多飞机就因为机身裂缝和刹车故障被搁置一边。虽然在法国沦陷后，帝国航空部购买了很多升级改进的 Fw-200，但福克沃尔夫只能在 1940 年最后 6 个月向第 40 轰炸机联队第 1 大队另交付 20 架飞机。令人惊讶的是，福克沃尔夫同时继续向汉莎航空公司交付民用 Fw-200 飞机。

起初，德国空军并不清楚如何充分利用 Fw-200。1940 年 7 月，第 40 轰炸机联队第 1 大队转隶到施佩勒的第 3 航空队第 9 航空师，决定使用“秃鹰”开展空中布雷战役。7 月 15 日—27 日期间，第 40 轰炸机联队第 1 大队在英国和爱尔兰水域执行了 12 次夜间布雷任务，损失了 2 架“秃鹰”。彼得森抱怨说，他的飞机被滥用了，在 7 月底，该大队的任务重新调整为海上侦察。然而，彼得森继续主张使用 Fw-200 承担反舰角色，在希特勒的封锁命令后，施佩勒决定释放彼得森的“秃鹰”，让其攻击爱尔兰西部相对没有防护的英国商船。尽管彼得森在 1940 年很少有超过 4 架的作战飞机，但他的团队开始稳定地击沉并损坏爱尔兰周围的敌舰，形势愈发明朗，“秃鹰”找到了自己在战争中合适的任务。

当“秃鹰”开始攻击时，英国有 4 条主要的护航路线，很容易受到远程空袭的攻击：从哈利法克斯到利物浦的 HX 和 SC 护航船队；从英国南部港口到哈利法克斯的 OA 和 OB 护航船队；从直布罗陀到利物浦的 HG 和 OG 护航船队；从塞拉利昂到利物浦的 SL 护航船队。以 1940 年 8 月 17 日的航运为例，在这条航线上有 13 支护航船队，由 531 艘商船和 22 艘护卫舰组成。大多数护航船队在离开利物浦 3 天后得到强有

“秃鹰”FW-200C-3驾驶舱

序号	对应名称	序号	对应名称
1.	起落架除冰阀	37.	双歧管压力表（右舷发动机）
2.	空气吸入扳倒开关（右舷）	38.	俯仰指示器（左舷外）
3.	空气吸入扳倒开关（左舷）	39.	炸弹紧急释放
4.	仪表盘照明开关（左舷）	40.	俯仰指示器（左舷内）
5.	飞行员氧气压力表	41.	炸弹布防杆
6.	整流罩灯光开关	42.	俯仰指示器（右舷内）
7.	飞行员控制杆	43.	俯仰指示器（右舷外）
8.	对讲机开关	44.	油温表（左舷外）
9.	时钟	45.	油温表（左舷内）
10.	照明开关	46.	油温表（右舷内）
11.	飞行员分罗经	47.	油温表（右舷外）
12.	空速指示器	48.	仪表盘调光开关
13.	陀螺罗盘航向指示器	49.	起落架和着陆襟翼指示器
14.	转向和倾斜指示器	50.	启动器选择开关
15.	航向微调高度表	51.	主电源断电开关
16.	外部温度计	52.	点火开关（左舷）
17.	爬升率指示器	53	点火开关（右舷）
18.	航空地平仪	54.	着陆灯开关
19.	概略高度表	55.	伺服单元应急按钮
20.	机身襟翼控制灯	56.	UV照明开关
21.	机身襟翼释放手柄	57.	纵向配平应急开关
22.	无线电信标视觉指示器	58.	方向配平应急开关
23.	陀螺罗盘	59.	纵向配平指示器
24.	陀螺罗盘加热指示器	60.	油门
25.	陀螺罗盘加热开关	61.	增压杆
26.	飞行员方向舵踏板	62.	油箱选择开关
27.	飞行员方向舵踏板	63.	油门锁
28.	飞行员座板（座椅靠背已被拆除）	64.	方向配平指示器
29.	罗盘装置	65.	方向配平开关
30.	转速指示器（左舷外）	66.	起落架收回杆
31.	转速指示器（左舷内）	67.	螺旋桨俯仰操纵杆（左舷）
32.	转速指示器（右舷内）	68.	螺旋桨俯仰操纵杆（右舷）
33.	转速指示器（右舷外）	69.	襟翼控制杆
34.	双歧管压力表（左舷发动机）	70.	停机开关激活手柄
35.	燃油压力表（左舷发动机）	71.	燃油安全准备控制杆（左舷油箱）
36.	燃油压力表（右舷发动机）	72.	伺服单元应急拉起把手

（续表）

73.	灭火器压力表	91.	时钟
74.	燃油安全阀杆（右舷油箱）	92.	输油启动开关
75.	灭火器（左舷发动机）	93.	油量表
76.	灭火器（右舷发动机）	94.	启动开关
77.	转速同步选择开关	95.	起落架除冰、陀螺装置的吸力和压力表
78.	远程罗盘航向指示器	96.	喷射阀压力按钮
79.	皮托管加热指示器	97.	液压系统压力表
80.	空速指示器	98.	挡风玻璃加热
81.	转向和倾斜指示器	99.	控制面板温度开关
82.	爬升率指示器	100.	燃油泵开关（左舷油箱）
83.	操纵面板温度表	101.	燃油泵开关（右舷油箱）
84.	航向微调高度表	102.	可控散热调节按钮
85.	航空地平仪	103.	螺旋桨除冰（右舷发动机）
86.	汽缸温度表	104.	副驾驶座板（座椅靠背已被拆除）
87.	汽缸温度转换开关	105.	副驾驶方向舵踏板
88.	起动油量表	106.	副驾驶方向舵踏板
89.	巡航油量表	107.	副驾驶控制杆
90.	巡航燃油转换开关		

力的护航，但他们在穿越大西洋时保护非常有限。因此，船队受到“秃鹰”攻击的最大危险，发生在护卫不足的船队离利物浦或直布罗陀约965千米处，超出了陆基飞机空中掩护的有效范围。

尽管“秃鹰”在早期成功地对付了防守薄弱的英国航运业，但德国空军未能充分利用第40轰炸机联队来支援德国潜艇攻击护航船队。由于可供使用的作战飞机数量有限，第40轰炸机联队只能在三四小时内跟踪一个护航船队，而且缺乏足够的飞机来保持长时间的联系。从本质上说，第40轰炸机联队只能进行零星的海上侦察，而不能满足U型潜艇持续监视的需要。雷德尔和他的U型潜艇司令卡尔·邓尼茨（Karl Dönitz）海军中将，都对他们在海上的少量潜艇不得不浪费宝贵的时间寻找英国护航船队，而德国空军未能提供足够的海上侦察而感到愤怒。战前，雷德尔在与戈林关于建立一支独立的海军航空兵部队来支援舰队的争论中失败了，现在德国空军最高司令部不愿意投入大量资源来支援海上作战。

1940年11月，英国唯一真正的进攻工具是英国皇家空军的轰炸司令部，丘吉尔下令对不来梅的波尔多–梅里尼亚克机场和福克沃尔夫工厂发动突袭，直接针对Fw-200的威胁。对波尔多–梅里尼亚克的第一次空袭发生在1940年11月22日—23日晚上，32架轰炸机摧毁了4个机库和地面上的2架Fw-200。接下来的3次突袭都没有成功，直到1941年4月13日的突袭，基地又有3架“秃鹰”被摧毁。轰炸司令部偶尔继续袭击机场，但是德国空军的防空能力已经得到提高，地面上的“秃鹰”再也难以被摧毁。1940年—1941年，鉴于轰炸司令部的飞机几乎无法在夜间命中点状目标，而且瞄准点通常会偏离目标点3千米甚或更远。因此，出动191架次对波尔多–梅里尼亚克展开的空袭，只歼灭了地面上的5架“秃鹰”，这是非常了不起的。对福克沃尔夫工厂的第一次大规模袭击直到1941年1月1日才发生，虽然它对“秃鹰”的生产造成了一些轻微的干扰，但它只是鼓励公司将大部分Fw-200生产转移到内陆的科特布斯。

尽管英国无法在水上拦截 Fw-200 或摧毁其基地和工厂，但“秃鹰”和英国大西洋护航船队之间的较量最终是由双方不同的军种间合作方式决定的。

为了完成希特勒的封锁计划，德国空军和德国海军不得不合作，其中包括使用 Fw-200 支援反护航船队行动，以配合正在进行的 U 型潜艇战役。然而，双方在如何更好地使用第 40 轰炸机联队“秃鹰”的问题上一直争论不休。戈林更关心的是维持对空军的控制，而不是帮助 U 型潜艇对英国护航船队进行致命打击。戈林圣诞节休假期间，雷德尔暂时取得了对第 40 轰炸机联队的控制，他派邓尼茨向最高统帅部汇报“秃鹰”如何支援 U 型潜艇战役。邓尼茨声称：“只要给我最少 20 架 Fw-200，专门用于侦察目的，U 型潜艇的战果就会一发不可收拾！”1941 年 1 月 6 日，希特勒回应邓尼茨的要求，命令第 40 轰炸机联队第 1 大队接受德国海军的指挥，但戈林一度假回来，就要求希特勒改变决定。两个月后，希特勒让步，该大队重新回到德国空军的控制。但是为了更好地使德国空军与海上作战同步，德国空军授权在洛里昂建立空军大西洋指挥部（Fliegerfuhrer Atlantik）。来自第 9 航空军的马丁·哈林豪森（Martin Harlinghausen）少将受命担任此职，他尽力促成第 40 轰炸机联队和 U 型潜艇之间的合作。尽管如此，德国空军继续将第 40 轰炸机联队的飞机和机组人员从海上转移，以支持特殊项目。

战斗能力

“秃鹰”的战斗能力主要依赖 3 项主要能力：发现目标、打击目标，以及规避敌人的防御。1940 年，“秃鹰”只具备发现护航船队和其他合适的商船目标的基本能力。在一次典型的任务中，一架 Fw-200 将从波尔多起飞，飞行约1500千米，搜寻爱尔兰西部的目标，这将给飞机大约3个小时进行搜索。正常情况下，“秃鹰”飞得很低（离水面约500至600米），有利于它更容易发现在地平线上船只的轮廓，又避免给敌人过早预警。从这种低空飞行中，“秃鹰”可以搜索大约“320千米×120千米”的区域，机组人员用双筒望远镜目视搜索海平面。在大西洋罕见的好天气里，观察员们也许能在15千米到20千米范围内发现护航船队，但是如果有云层覆盖，这个距离可能会减半。1941年，改进后的秃鹰具有更长的航程，空中待命时间延长至4个小时，搜索区域增加约25%。1942年12月，当“秃鹰”安装霍恩特维尔（Hohentwiel）FuG-200雷达具备了雷达搜索能力，并且空中待命时间翻倍后，它们的搜索区域几乎是1940年的4倍。霍恩特维尔雷达可以探测到80千米外的水面目标，其波束在该范围内宽41千米。尽管如此，“秃鹰”仍然面临着一个多年来长期存在的问题：由于数量有限，第40轰炸机联队难以在已知的护航船队路线上持续存在。每天或每隔一天派出一个架次，持续时间3小时至8小时，因此不能保证敌方护航船队通过该地区时，“秃鹰”部队正好在场。因此，直到战争后期“秃鹰”发现目标的实际能力是阵发性的，断断续续，这正好解释了第40轰炸机联队为什么错过的护航船队比找到的多。

作为一架改装的民用飞机，Fw-200打击目标的能力由于缺乏合适的投弹瞄准器和较差的前方视野而受到严重限制。很明显，Fw-200从一开始就不能像普通轰炸机那样进行攻击，只能依靠低空攻击（Tiefangriff）战术。当“秃鹰”以290千米/小时的速度在距离水面45米的高度接近时，它会在离目标240米处投入一枚或两枚炸弹。这种方法确保了炸弹要么直接击中船只，要么在水中爆炸从而损害舰只。虽然早期的“秃鹰”只携带了4枚250千克重的炸弹，但低空攻击战术极有可能在发现目标后的每一个架次中至少击沉或损坏一艘船。由于大多数民用货轮没有装甲，而且缺乏强有力的损害控制，即使轻微的损害也往

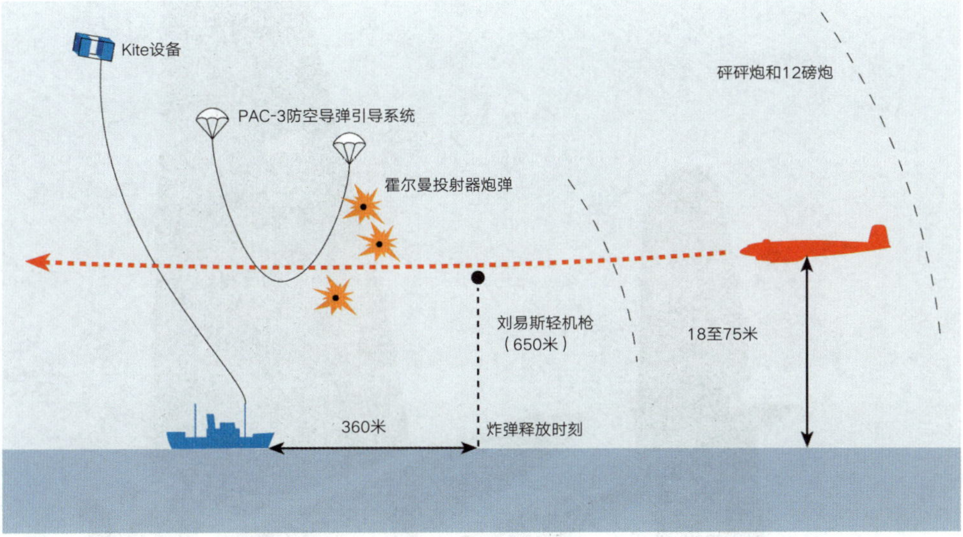

根据一张德国图表，我们可以看到盟军对低空攻击的各种反应，从防空炮到火箭发射的电缆。请注意，该图显示了该船的船头受到攻击，但是大多数攻击发生在船尾或正侧面。（© Osprey Publishing）

往是致命的。

1941 年初，第 40 轰炸机联队在低空战术上变得如此娴熟，以致有时候 4 次攻击命中 3 次。然而，许多击中目标的炸弹都没有爆炸，这是低空攻击战术长期存在的困扰。一旦“秃鹰”转而使用 Lotfe-7D 投弹瞄准器从 3000 米高度进行攻击，该投弹瞄准器对静止目标的单个炸弹的圆概率偏差为 91 米，每 3 枚炸弹中就有一枚落在近处，至少足以造成一些破坏。“秃鹰”也具备低空机枪扫射能力。1940 年，“秃鹰”使用低空攻击战术时，每次对船只进行的 8 秒钟扫射只能从机腹炮塔中的 MG-15 机枪射出一个 75 发的弹匣，这种扫射造成的破坏很小。伯哈德·约普（Bernhard Jope）中尉对“英国女王”号进行了 3 次扫射，只伤了一人（然而，他的 250 千克炸弹造成的伤害要大得多）。当改进的“秃鹰”在吊舱上安装了更大的 13 毫米和 20 毫米武器，并发射 AP-T 和

He-115是一款优秀的水上飞机，除了侦察任务外，还用于布雷和鱼雷轰炸。在20世纪30年代，He-115在同类飞机中创造了8项世界速度记录。

HEI-T 弹药时，它们的扫射变得更加致命，商船的上层建筑被证明对这种火力非常脆弱。然而，一旦盟军的防御使低空攻击的代价过于巨大，“秃鹰”的扫射能力就被有效削弱了。

“秃鹰”的机动性、承受损害和躲避敌人拦截的能力一直是个问题。Fw-200B 设计初衷是在中等高度的稀薄空气中飞行，无法进行剧烈机动。汤克通过设计一种非常轻的机身，使飞机具有了非凡的远程飞行能力。早期的军用型缺乏装甲钢板、防漏油箱或结构加固，“秃鹰”至少比其他同级别的四发轰炸机轻 2 吨至 4 吨。与专门制造的轰炸机不同，后者有一些装甲钢板和冗余的飞行控制装置，“秃鹰”总是容易受损。当飞机被击中受到中等程度的损伤时，机身或机尾的部

一架飞行中的 Fw-200C-3。C-3 的机身得到了加强，炸弹和燃料负载增加，关键区域覆盖了装甲板，动力装置升级，机组人数增加到 7 人。最大打击半径 1750 千米。

分常常会脱落，如果失去一个发动机，动力不足的飞机就很难在空中停留。更糟糕的是，舱内还有 6 个大型的无装甲保护燃料箱，如果被曳光弹击中，它们会把“秃鹰”变成熊熊燃烧的火炬。当“秃鹰”试图快速机动以躲避敌人的高射炮或战斗机时，它们脆弱的结构可能被破坏，导致金属疲劳、裂缝以致损失飞机。防御装备最初很弱，但 C-4 改型有了很大的改进，使其能够避免与敌方战斗机长时间的空战。因为“秃鹰”通常都是在离水面很近的地方活动，它们不用担心来自下方的战斗机攻击，但这也严重限制了它们的选择。在如此低的海拔，它们无法俯冲，也无法盘旋机动或者甩掉对手。这使得它们只能通过闪避来打乱对手的目标，希望 A 位和 B 位机炮手能幸运地击中追来的战斗机。因此本质上“秃鹰”的规避能力较差，这最终是导致其行动失败的主要原因。

FW-200机组人员

在战争期间，Fw-200 的人数规模从 5 人增加到 6 人，最后增加到 7 人。每架飞机都有一名飞行驾驶员和一名副驾驶 / 投弹手，以及一名无线电操作员、一名飞行机械师和一名机炮手。随着防御武器的增加，另一名机炮手得以增加，到 1943 年，又增加了一名无线电操作员来操作雷达。“秃鹰”上的飞行员需要大量的训练和经验，才能在这架复杂的多发动机飞机上形成一个有效协作的团队。小小的错误，比如在一次很小角度的俯冲中未能正确监测流向发动机的油料，就将导致飞机失事。此外，Fw-200 的机组人员经常需要单独行动，几乎总是在水上作战，并且距离任何友军支援都很远。机组人员必须学会高效和自力更生，以避免最后沉到大西洋底。

一开始，尽管商业客运任务与低空的反舰攻击有相当大的不同，但第40轰炸机联队仍然受益于汉莎航空拥有一定Fw-200经验的机组骨干。即使像埃德加·彼得森这样有经验的飞行员，也必须通过实践来学习在海上寻找护航船队的困难技巧。1940年8月，只有少数机组人员有低空反舰攻击的经验，第40轰炸机联队不得不逐步熟悉其人员的独特任务，并制定一套有效的战术程序，作为攻击敌舰的最佳手段。彼得森非常珍惜机组人员和宝贵的飞机，他明智拒绝派遣机组人员执行大西洋的远程任务，直到他断定他们已经准备就绪，这导致了1940年秋天较低的出动频率。在这种情况下，第40轰炸机联队第1大队直到1941年春才成为一支训练有素或随时准备战斗的部队。

像所有德国空军轰炸机飞行员一样，Fw-200的飞行员需要大约两年的飞行训练才能进入第40轰炸机联队。在第一年完成了初级飞行训练后，他们进阶到多发飞机、盲飞学校和高级导航课程。一旦他们通过了标准的德国空军飞行员训练，就被转到第40轰炸机联队的转换部队，即第40轰炸机联队第4大队（替补），该部队在1942年1月以前一直驻扎在德国。这支部队训练飞行员和其他空勤人员水上作战，最初使用6架无武装的Fw-200和一些He-111和Do-217。1942年，“秃鹰”的转换训练被转移到法国中部。第二年，随着Fw-200被取代，转换部队也开始进行He-177的训练。

1940年，“秃鹰”的所有飞行员都是军官，通常是中尉，其余的机组人员由中士或下士组成，而所有的机炮手都是一等兵。到1942年，第40轰炸机联队发现很难应付军官的大量损失，所以更多的飞机由士官来驾驶。

攻击模式

第 40 轰炸机联队的“秃鹰”，从波尔多－梅里尼亚克机场起飞出动一个典型架次，机组人员在午夜时分起床，吃早餐，然后参加目标简报会。通常，这些架次是针对已知的护航船队路线，那里要么是 U 型潜艇，要么是德国海军情报机构已经探测到最近的交通情况，尽管机组人员收到信息时，可能已经是 12 小时至 24 小时以后了。与针对固定目标的标准轰炸机任务不同，“秃鹰”在执行任务时被分配了一个搜索区域，因为在这样一个搜索区域，预期会有移动中的护航船队或独立的蒸汽船（队）通过。当领航员绘制适当的航线时，地勤人员完成了给飞机加油和武器加载。如果不只一架 Fw-200 参与这项任务，他们将相互协调搜索区域，以覆盖附近可疑的护航船队的最大面积。在凌晨 1 点到 2 点之间，飞机将起飞，向西飞向护航船队的行经路线。通常，“秃鹰”在大西洋上空经过漫长且乏味的飞行后，大约 6 小时后就会到达它的搜索区域。1940 年 1942 年，在出航段中，几乎没有或没有敌方拦截的危险，但到 1943 年，机组人员不得不对比斯开湾上空的敌方空中活动保持警惕。在出航段，“秃鹰”即使与几架飞机一起飞行，也要保持无线电静默。

第 54 轰炸机联队的一架 He-115 水上飞机准备执行任务。在二战中，该型飞机最早的一些战斗行动包括在英国海岸线附近布雷，后来被大量用于执行从挪威北部的基地起飞的对抗北极护航船队的任务。

护航船队HG-53

1941年2月6日下午，HG-53护航船队离开直布罗陀，19艘商船在英国皇家海军的驱逐舰“维洛克斯”号（*Velox*）和单桅帆船“德普福德”号（*Deptford*）护航下，驶向利物浦。U-37在2月9日凌晨4点40分发现了这支护航船队并发起攻击，击沉了两艘船。德国U型潜艇的船长报告了这一事件经过，并将其转达给在波尔多的第40轰炸机联队。第40轰炸机联队没有像往常那样派出一两架“秃鹰”，而是派出由弗里茨·弗利格尔（Fritz Fliegel）上尉带领的5架“秃鹰”，首次对一支护航船队发起大规模攻击。他们于16点左右在里斯本西南640千米处发现了该护航船队。一架“秃鹰”迅速命中“不列颠”号（*Britannic*）蒸汽船，几分钟后该船沉没。当“秃鹰”开始另一轮攻击时，护航船队所有可用的武器火力全开，英国皇家海军“德普福德”号成功损坏了埃里希·亚当（Erich Adam）上尉驾驶的“秃鹰”机翼。亚当设法完成了他的轰炸任务，但由于燃料耗尽，不得不在西班牙迫降。然而，剩下的4架“秃鹰”又击沉了另外4艘轮船。图中，施洛瑟（Schlosser）击中“不列颠”号后刚刚转身，而亚当正开始轰炸蒸汽轮船“朱拉”号（*Jura*）。（Howard Gerrard © Osprey Publishing）

F
B

这架 Fw-200“秃鹰”的尾部涂装着其海上猎杀记录。这些数字还包括每艘沉没船只的吨位。虽然“秃鹰”成为德国空军最主要的反舰飞机，但最终还是由经过特别改装的中型轰炸机承担了海上战争的重任。

事实证明，寻找护航船队或者独立船只比彼得森预想的要困难得多。过时的情报和糟糕的水上远程导航技术这二者的结合，导致早期“秃鹰”许多任务的失败。护航船队通常很难被发现，特别是在大西洋上空阴云密布的冬季，能见度通常只有几千米。一旦“秃鹰”到达它的目标区域，尽可能多的机组人员将使用双筒望远镜扫描搜索海上的船只，而飞行员则在该区域进行数次搜索式飞行。如果任务涉及多架飞机，它们会在此时分散开来，覆盖各自的区域。一般在搜索区域的续航时间最初约为 3 至 4 小时，但随着 1941 年—1942 年 Fw-200 改型飞机的到来，续航时间得以延长。

如果观察人员发现了护航船队或其他重要目标，飞行员通常会尽可能利用云层隐蔽，靠近并观察目标一段时间。如果有其他“秃鹰”在附近，无线电操作员会打破无线电静默，利用无线电导航，向目标发起协同攻击。在这个可能持续一个小时的观察阶段，机组人员将试图加以确定护航舰（如果有的话），同时还要确定最佳攻击目标。最理想的情况是，Fw-200 从掉队者或“尾部沙尔利”中寻找受害者，以减少遭受防御火力的风险。因为早期的“秃鹰”缺乏有效的投弹瞄准器，所以只有在低空打击。马丁·哈林豪森在第 10 航空军时开发出“瑞典萝卜”（Swedish turnip）的攻击方法，该方法要求从 45 米至 50 米高的正横面接近目标，然后在距离目标约 300 米至 400 米的地方投放炸弹。理想情况下，炸弹会滑入目标，击中吃水线。这种方法具有很高的命中率，但也使进攻的飞机暴露在舰艇上防空炮的火力之下（如果它配备的话）。

1940 年—1941 年，第 40 轰炸机联队广泛使用“瑞典萝卜”攻击战术，但许多飞行员更喜欢从船只正后方展开攻击。这种角度，舰船被击中的概率降低了，但对“秃鹰”来说更安全，因为带防御火力的商船通常会把他们的防空炮放在船头。在这种情况下，大多数 Fw-200 将使用他们的机腹机枪或 20 毫米火炮扫射甲板，以压制高射炮炮手。

通常情况下，一架“秃鹰”会对一个目标进行多次攻击，每次只投下一两枚炸弹。当飞机飞过目标时，飞行员为了不遭受到太多的防空火力，会从平飞中突然拉起，然后转向另一个方向，或者如果第一次攻击成功，就转向另一个目标。一旦消耗掉所有的炸弹，“秃鹰”就会离开，返回波尔多，或者到挪威的瓦尔内斯（Værnes）。从瓦尔内斯，它将通过不来梅回到波尔多，给福克沃尔夫提供修复损坏或机械缺陷的机会。

德国海军总司令埃里希·雷德尔海军元帅来访，水上飞机的机组成员立正迎接。尽管德国空军仍控制着大部分的空中反舰行动，但德国海军也拥有自己的海上飞机。

每架飞机通常需要几天到一周的时间来完成整个返修周期，该种机制进一步降低了飞机作战的出动率，但有助于保持可用的“秃鹰”处于良好的作战状态。

欢乐时光

1940 年 8 月中旬，从波尔多 – 梅里尼亚克机场展开行动的“秃鹰”开始零星活动，并一直持续到 1943 年 7 月。最初的行动是试探性的，并被指定为武装侦察任务，而不是反舰打击。希特勒宣布封锁不列颠群岛 3 天后，参与这一事件的“秃鹰”出师不利，当时一架 Fw-200C-1 被派往检查爱尔兰西部盟军舰船活动时发生了机械故障，被迫在西南海岸附近的布兰登山迫降。彼得森带着他剩下的两架“秃鹰”进行了几次突袭，他们在 8 月 25 日成功击沉了独自航行的 3821 吨“戈斯兰德”号（*Goathland*）汽轮商船。截至 8 月底，在爱尔兰西部又有 5 艘船只损毁。情况在 9 月份并没有改善多少，当时第 40 轰炸机联队仅击沉了 1 艘希腊货船，并击损了其他 9 艘船只。10 月 2 日，又有 1 艘小型货船被击沉，10 月 8 日，2 万吨级的军用运兵舰“奥罗赛”号（*Oronsay*）受到攻击。经过 8 周的有限行动后，第 40 轰炸机联队只击沉了 3 艘船只，总吨位为 1.1 万吨，损坏了 21 艘船只，总吨位约为 9 万吨。轰炸精度不高，大部分的损坏都是近距离爆炸击中造成的。在现实中，“秃鹰”似乎很难造成足够的伤害来击沉船只，而且看起来更像是一个麻烦而不是致命的威胁。考虑到 U 型潜艇在同一时期内击沉了超过 50 万吨的船只，英国海军部对 Fw-200 的首次亮相并没有感到过分担忧。

然而，当 10 月 26 日上午伯哈德 · 约普中尉重创 42348 吨的“不列颠皇后”号（*Empress of Britain*）远洋客轮（10 月 28 日 U-32 潜艇终结了这艘客轮）后，这种态度彻底改变了。“不列颠皇后”号是迄今为止

事件
1. 1942.12.31，第40轰炸机联队突袭卡萨布兰卡。
2. 1943.7.11，对“信仰”护航船队发动攻击。
3. 1943.8.27，英国第一艘军舰被Hs-293击沉。
被Fw-200“秃鹰”击沉的英国舰船
被英国或者美国陆军航空队击落的Fw-200“秃鹰”
Fw-200有效反舰打击半径
冰岛
雷克雅未克
特隆赫姆
法罗群岛
斯塔万格
北海
罗卡尔岛
奥本
阿达高夫
纳茨角
利物浦
阿姆斯特丹
塔尔贝尼
哈德逊
科勒尔内
布雷斯特
洛里昂
比斯开湾
科尼亚克
波尔多
直布罗陀至利物浦的护航船队行经路线
菲尼斯特雷角
亚速尔群岛
里斯本
塞维尔
直布罗陀
圣文森特角
利奥特港
卡萨布兰卡
N
0 200 英里
0 200 千米
德国空军反舰部队
1. 第40轰炸机联队第1大队（Fw-200C/He-177）
2. 第40轰炸机联队第2大队（Do-217）
3. 第40轰炸机联队第3大队（Fw-200C）
4. 第5远程侦察大队（Ju-290）
参与反“秃鹰”行动的英国皇家空军海岸司令部部队
1. 第48、233、500和608中队（哈德逊）
2. 美国陆军航空队第480反潜大队（B-24D）
3. 第248中队（英俊战士）
4. 第151中队（蚊子）
5. 第157中队（蚊子）
6. 美国陆军航空队第50战斗机中队（P-38F）

一架 Fw-200“秃鹰”停在法国的空军基地。1940 年法国沦陷后，德国空军能够利用“秃鹰”的远程反航运和侦察能力，将其触角伸入大西洋深处。

被击沉的最大的英国船只，它面对空袭显现出的脆弱性震惊了海军部。约普的攻击也让德国空军相信 Fw-200 的能力不仅限于武装侦察。10 月 27 日，一架单独的 Fw-200 攻击了爱尔兰西部的 OB-234 护航船队。尽管有 9 艘护卫舰在场，“秃鹰”还是成功击毁了 5013 吨的“阿尔弗雷德·琼斯”号轮船。来自北爱尔兰阿达高夫（Aldergrove）空军基地的英国皇家空军第 224 中队的一架“哈德逊”轰炸机抵达现场，但当它试图阻止“秃鹰”的攻击时，Fw-200 的机枪手用 7.92 毫米的火力将其击穿。这次攻击是“秃鹰”第一次故意针对护航船队。

11 月，彼得森开始提高第 40 轰炸机联队的作战强度，以对付爱尔兰西北海岸的高价值目标。到圣诞节，第 40 轰炸机联队击沉了 19 艘总吨位高达 10 万吨的船只，损坏了 37 艘总吨位高达 18 万吨的船只，而英国护卫舰未能击落一架“秃鹰”。这场较量的第一回合显然是德国空军赢了。第 40 轰炸机联队现在有足够训练有素的机组人员和新飞机组成两个完整的作战中队，每个中队装备 6 架“秃鹰”。新年期间，德国海军暂时获得了对第 40 轰炸机联队的战术控制权。

1941 年 1 月 8 日，在德国度假结束后，第 40 轰炸机联队的机组人员强势回归，他们在罗卡尔岛附近袭击了 6278 吨重的货船“克莱特尼斯”号（*Clytoneus*），直接命中，将其炸开一条大大的裂缝。在接下来的几周里，第 40 轰炸机联队一次又一次地利用了英国皇家海军低空防御的薄弱和英国皇家空军海岸司令部未能提供有效空中掩护的弱点，对一支又一支护航船队进行猛烈攻击。到 1 月底，“秃鹰”的攻击浪潮已经击沉了 17 艘总吨位达 6.5 万吨的船只，并破坏了另外 5 艘船只。然而，如果说 1 月对英国来说是糟糕的，1941 年 2 月则更糟糕。第 40 轰炸机联队继续派遣单机攻击爱尔兰西部的个别商船，但在 2 月 9 日，彼得森改变了战术和行动区域。他派出 5 架 Fw-200，由该组最优秀的飞行员驾驶，攻击在葡萄牙西南方向被 U 型潜艇发现的 HG-53 护航船队。除了几次双机编队出击外，第

40 轰炸机联队此前从未对单个护航船队发动多机攻击，这次攻击让英国措手不及。“秃鹰”只击沉了 5 艘小船，但它们使护航船队严重分散，U-37 得以潜入，又击沉了 3 艘。这是邓尼茨一直以来游说运用 Fw-200 时所设想的经典联合攻击战术，结果经过实践证明这一战术具有毁灭性。德国海军对第 40 轰炸机联队的“秃鹰”在 2 月的成功感到非常高兴：他们不仅成功击沉了 21 艘总吨位达 84301 吨的舰船，而且还通过引入一种新的作战动态，即白天空袭来驱散护航船队，随后是 U 型潜艇在夜间发动大规模攻击，提高“狼群战术”的致命性。尽管这些策略为赢得大西洋海战带来了希望，但“秃鹰”的作战巅峰已经过去。

是年 3 月，德国空军夺回了对第 40 轰炸机联队的控制权，并将其置于空军大西洋指挥部的指挥官马丁·哈林豪森领导之下。然而，“秃鹰”面临的问题越来越多。由于英国的防空火力更为有效，以及英国皇家空军海岸司令部飞机的猎杀，“秃鹰”的损失显著增加。更好的护航策略意味着“秃鹰”通常很难在第一时间找到敌舰，而且当他们发动攻击时往往是徒劳的。因此，1941 年 7 月，第 40 轰炸机联队完全转变为海上侦察的角色，只得到授权对单独的船只进行反舰攻击。因此，在 7 月“秃鹰”成功地为 U 型潜艇找到了 4 支护航船队，但是他们自己没有击沉任何船只。

1941 年的最后 6 个月证实了第 40 轰炸机联队作战强度的衰退。只有 4 艘共计 10298 吨的船只在反舰行动中沉没，另有 2 艘受损，而“秃鹰”自身则损失了 16 架，其中 7 架被护航舰击落。虽然“秃鹰”在引导 U 型潜艇发现护航船队方面取得了一些成功，但显而易见的是，低空空袭的时代已经结束，争夺英国生命线战斗的优势已经转向了德国的对手。

1941年11月8日，一架“岩燕”（Martlet）战斗机从英国皇家海军的辅助航母（auxiliary aircraft carrier）“无畏”号（*Audacity*）上起飞，击落了一架由卡尔·克鲁格（Karl Krüger）中尉驾驶的Fw-200C-3/U4。随着挡风玻璃在密集的炮火中破碎，克鲁格和他的副驾驶当场殒命。（Howard Gerrard © Osprey Publishing）

ROYAL

更广泛的海洋战争

1942年3月，第40轰炸机联队埃德蒙·达泽尔（Edmund Daser）少校的第1大队被派往特隆赫姆附近的瓦尔内斯机场，为第5航空队提供北极护航船队的远程侦察。第40轰炸机联队罗伯特·科瓦莱夫斯基（Robert Kowalewski）少校的第2大队将留在波尔多，从He-111改装为Fw-200，并继续对直布罗陀的护航船队作战。为支援挪威的反舰单位，空军大西洋指挥部被抽调得只剩骨头，这有效地结束了对英国的空中封锁。

德国空军在极北地区的行动说明，Fw-200远非海上任务的唯一机型。事实上，与其他参与此类行动的飞机，如He-111H、Ju-88和Do-217E相比，Fw-200的战备率非常低，经常只有25%。它的非战斗损失率高达52%，相比之下，支援空军大西洋指挥部的其他7个轰炸机大队的所有飞机通常的非战斗损失率则为35%—38%。根据截至当时的作战结果，空军大西洋指挥部在1942年12月3日报告，由于武器不足，Fw-200不适合在陆基战斗机航程范围内使用。Fw-200和这种战斗机在中等云层的对抗几乎总是导致Fw-200的毁灭。不建议进一步发展Fw-200，因为它的发展已经达到极限，飞机应该被He-177代替。

空军大西洋指挥部，以及所有以反舰或海上侦察为目的的德国空军编队，都有许多专业飞机可供使用。这类飞机中最小的是一系列单发水上飞机，例如亨克尔He-60（1943年退役的双翼飞机）、亨克尔He-114和阿拉多Ar-196。例如，后者最初是一种德国海军飞机，部署在诸如“德意志”号（*Deutschland*）、“斯皮伯爵海军上将”号（*Admiral Graf Spee*）、“沙恩霍斯特”号（*Scharnhorst*）和“格奈泽瑙”号（*Gneisenau*）等大型战列舰，以及各种重型和轻型巡洋舰上。1940年中期，随着法国港口落入德国手中，Ar-196被广泛纳入德国空军，执行沿海侦察和轻型海上打击任务，特别是针对盟军潜艇在比斯开湾的行动。这种飞机的性能并不出色，由单台 723 千瓦的 BMW 132K 径向发动机驱动，飞机的最高速度仅为 310 千米 / 小时，航程 1070 千米，武器为两门前射 20 毫米火炮、一挺前射 7.92 毫米机枪、两挺后座可调的 7.92 毫米机枪，以及最大 100 千克炸弹负载（每翼下一枚 50 千克炸弹）。尽管如果被敌方单翼战斗机突袭时，Ar-196 会处于严重的劣势，但其武器装备，足以让商船或浮出水面的潜艇感到威胁。

除了轻型水上飞机，德国空军还部署了一系列更坚固的双发飞机。老旧但坚固耐用的 He-59 被运用到各种任务中。它充当了布雷机（可以

Bv-238 在二战中只生产过一架样机，它是战争中最大的飞机之一，有 12 名机组人员，翼展超过 60 米，机身长度达 43 米。

Bv-222 是德国空军的另一种重型水上飞机。这种六发飞机只生产了 13 架，主要在地中海和北欧海域行动。作为运输机，Bv-222 可以携带大约 90 名全副武装的士兵。

部署两枚500千克重的磁性水雷）、侦察机和海空救援机——在不列颠战役期间，它从英国水域营救了400名德国机组人员。它甚至被用作突击运输机，于1940年4月把德国突击部队空运至挪威的峡湾，在次年5月在马斯河上着陆夺取荷兰的桥梁。He-115也具备类似的多功能性，它像He-59一样，也能携带一枚鱼雷执行反舰任务。

然而，德国反舰战役的真正主力，实际上来自各种改装后的中型轰炸机，尤其是He-111和Ju-88。最初设计为陆地轰炸机的He-111并不特别适合海上作战，因为其水平轰炸战术对远处采取规避机动的船只的精确度很低。然而，由于其可用性、航程和可靠性，飞机设计师很快就开始找到将其改装为具有反舰功能的方法。解决方案就是He-111H鱼雷轰炸机，在它机翼根部挂载了两枚765千克LT F5b鱼雷。这种飞机在1942年中期开始对盟军的北极护航船队发动攻击，并取得了一些成功。在1942年9月对PQ-18护航船队的一次行动中，在13艘被击沉的船只中，42架He-111击沉了8艘（他们得到35架Ju-88轰炸机的支援，后者将俯冲攻击和He-111的水平攻击混合在一起，迷惑了盟军的反应）。

1942年末，驻扎在极北地区的He-111H部队被重新部署到地中海服役。这一举措是由于盟军越来越频繁使用战斗机护航来保护其船队，加上极北地区天气也在日益恶化。不可否认的是，

一架 Fw-200“秃鹰”正在进行发动机维护。“秃鹰”由 4 台 1000 马力的 Brahmo 323R-2 机械增压径向发动机驱动，巡航速度为 335 千米 / 小时。

尽管失去了空中优势，但在天气较好的情况下，它继续出色地履行其职责。与之进行并肩战斗的，还有德国空军另一款出色的反舰飞机 Ju-88，因其俯冲轰炸能力，非常适合海上作战。因此，甚至在其早期型号中，Ju-88 就已经在 1940 年—1941 年的战争中被用来对付海上目标。然而，Ju-88 展示其角色的有效性是在希腊战役期间。容克飞机在战役中的第一次胜利是对比雷埃夫斯港（Piraeus）的毁灭性袭击。自 2 月初以来，比雷埃夫斯是从埃及运送人员和物资的绝大多数供应船队的目的地，4 月 6 日晚比雷埃夫斯港挤满了船只，第 30 轰炸机联队第 3 大队的 20 架 Ju-88 从卡塔尼亚起飞，目标直指该港。

大多数轰炸机每架只装备了两枚空投水雷，目的是封锁港口的狭窄入口。然而，豪约·赫尔曼（Hajo Herrmann）上尉已经下令其第 7 中队的飞机额外装载两枚各 250 千克的炸弹。在飞行 748 千米到达目标区域后，他不希望看到布下的水雷在降落伞下拖拽下简单消失在水中。经过一番努力，他决定攻击停泊在港口的商船。后来事实证明，这个决定极为重要。

载弹更重的第 30 轰炸机联队第 7 中队的飞机以松散的编队低空飞行，是夜 21 点，Ju-88 从科林斯方向向比雷埃夫斯俯冲。在按照指令投放水雷之后，赫尔曼的机组人员开始向这些船只进发。该中队包括赫尔曼的炸弹在内，至少有 3 枚炸弹击中了 7529 吨重的“弗雷泽家族”号（*Clan Fraser*）。这是一艘新近到达的军火船，船上装载了 350 吨 TNT 炸药，当攻击发起时只卸载了 100 吨。

除了 3 次直接命中外，它还被近距离爆炸击中，摧毁了码头边的建筑物和商店。最初的冲击波将船炸离水面，震断了缆绳。赫尔曼和他的机组人员感受到了爆炸产生的冲击波，他们的飞机在 1000 米的高空中被震得“像狂风中的一片树叶”。

然而，更糟糕的事情接踵而至。“弗雷泽家族”号在火焰中漂浮，内部火焰喷薄而出，甲板熊熊燃烧，火焰蔓延到港口的其他船只，包除了执行反舰和侦察任务，大型水上飞机在沿海补给任务中也非常有用。这里我们看到一架 Bv-222 水上飞机在北非港口卸载补给，这种飞机可以运送多达 2 万千克的物资。

一架 He-115 已经挂载好炸弹。飞机可以携带多达 1250 千克的炸弹和（或）水雷，或者可以在机身中心线下携带一枚 500 千克的鱼雷。

括也装载军火的排水量 7100 吨的“鲁贝城市”号（*City of Roubaix*）。尽管危险重重，人们仍拼命控制局势。但因为担心它们会撞上水雷，导致港口航道堵塞，燃烧的船只无法被拖走。4 月 7 日凌晨，“弗雷泽家族”号突然爆炸成一个巨大的火球。几分钟后，“鲁贝城市”号也被炸毁。由此产生的一系列爆炸摧毁了另外 9 艘商船，使比雷埃夫斯港成为一片废墟，震碎了 11 千米外雅典的窗户，据说在 241 千米外都能听到爆炸声。

总共有近 100 艘船只被毁，其中包括约 60 艘大小驳船。船只的爆炸如此惨烈，但相比起来，比雷埃夫斯港本身受到的损害要严重得多。据一位历史学家描述，这几乎是“一次近似核爆炸的规模”，港口几乎被夷为平地。地中海舰队总司令、海军上将安德鲁·坎宁安（Andrew Cunningham）爵士称对比雷埃夫斯港的突袭是一次“毁灭性打击”，彻底摧毁了作为英国陆军补给基地的一个装备充足的港口。

比雷埃夫斯港将在接下来的 10 天内关闭所有航运。在此期间，进港船只不得不改道其他港口，如附近的萨拉米斯，或希腊爱琴海沿岸的沃洛斯。即使在部分重开之后，由于受损严重，港口也无法正常运行。4 月 9 日驶进萨拉米斯并在两天后访问比雷埃夫斯的一艘船的船长说，“‘弗雷泽家族’号在卸载弹药时被击中，港口仍然处于爆炸造成的混乱状态。那艘船消失了，爆炸摧毁了其余的码头，船体碎片散落在街道上”。

造成这场混乱和破坏的罪魁祸首，豪约·赫尔曼

1943 年 4 月，撒丁岛维拉奇德罗，第 26 轰炸机联队第 9 中队的 Ju-88A-4/Torp “1T+ET”。即使以德国空军的标准来衡量，第 26 轰炸机联队第 3 大队在 1940 年—1942 年间的历史也是特别复杂的。在此期间，至少有 3 个不同的大队先后使用第 26 轰炸机联队第 3 大队的编号得以组建。(John Weal © Osprey Publishing)

上尉，并非毫发无损。在突袭的某个阶段，他的 Ju-88 的左舷发动机被防空炮击中。为了安全起见，他没有冒险长途飞行回到卡塔尼亚，而是向东飞到了罗德岛，但在降落时飞机冲出了跑道！

除了袭击港口外，Ju-88 还被广泛用于反护航任务，尽管没有为反舰任务而对其结构进行重大改装，但仍然击沉了数千吨穿越地中海的盟军船只。然而，意识到 Ju-88 在这方面有一些天赋，德国空军将其改进为更具反舰能力的 Ju-188（高性能版本的 Ju-88）。Ju-188E-2 是一种鱼

雷轰炸机，能在机翼挂载点下携带两枚 800 千克的鱼雷。它还配备了 FuG 海上搜索雷达，以扫描敌方船只。尽管 Ju-188 确实参与了反舰行动，但它的效果受到其数量的限制，总共只生产了 1000 多架，而且其中许多被用于战术轰炸和侦察任务，而不是海军攻击。

德国空军是德国国防军中最具技术创新能力的兵种之一（尽管这种创新有时会付出战略性代价），这一点在追求决定性的空射反舰武器时得到了体现。为制导武器的未来铺平道路的是 Ruhrstahl/Kramer X-1（Fritz X）和亨舍尔 Hs-293。1942 年研发的 Fritz X，本质上是一个配备电磁驱动扰流板的自由落体炸弹，可以在 6000 米左右的高度释放后可以为其提供方向导引。炸弹的飞行由投放飞机的无线电信号控制，投弹手通过 Lotfe 7 投弹瞄准器与武器保持视觉联系。

Fritz X 是航空武器的重大突破，但它又被更为复杂的 Hs-293 超越。Hs-293 是一枚火箭动力滑翔炸弹，可以对 3 千米外的舰船目标进行打

目标：PQ-17 护航船队。1942 年 6 月—7 月，PQ-17 护航船队在海上航行时，成为德国反舰战术效率的一个可怕例子。持续空袭和 U 型潜艇攻击，击沉了 35 艘商船中的 24 艘。

击，使武器具有真正的远程攻击能力（stand-off range）。一旦从轰炸机上投下，Hs-293 火箭发动机就会点火，将其推至最高时速 900 千米。炸弹尾部的一颗红色照明弹使投弹手能够与其保持视觉联系，飞行同样通过一个小操纵杆由无线电控制。

主要负责使用这种武器的飞机是多尼尔 Do-217，这是一架 4 座轰炸机，1941 年夏天服役于第 40 轰炸机联队和第 2 轰炸机联队第 2 大队。Do-217 速度适中（515 千米 / 小时），最大航程达 2200 千米。配备了反舰改装套件，Do-217 对盟军舰船来说是一种可怕的威胁，特别是当第 100 轰炸机联队第 3 大队于 1943 年 8 月开始在地中海部署制导武器后。8 月 27 日，Do-217 在比斯开湾击沉了加拿大皇家海军舰艇“阿萨巴斯卡人”号（*Athabaskan*）驱逐舰和英国皇家海军的轻型巡洋舰“白鹭”号（*Egret*）。两周后的 9 月 9 日，挂载 Fritz X 的 Do-217 取得了更大的成功，击沉了意大利战列舰“罗马”号，并损坏了其姊妹舰“意大利”号。英国战舰“厌战”号（*Warspite*）也在 9 月 16 日被 Fritz X 击中，失去作战能力。Fritz X 的其他受害者还有美国轻型巡洋舰“萨凡纳”号（*Savannah*）和英国皇家海军轻型巡洋舰“乌干达”号（*Uganda*）。大量的其他船只受到 Hs-293 的打击，要么受损，要么被击沉，然而投放这种武器的机组人员必须努力克服困难，在炸弹飞向目标的过程中飞机不得不进行水平直飞，这使得它们在吸引火力或躲避敌方战斗机时容易出问题。

这些制导武器令人印象深刻，具有开创性，但它们并不是德国反舰战争的万能解决方案。例如，在 1943 年夏末，第 40 轰炸机联队第 3 大队几架最新型号的 Fw-200C-6 也经过改装，用于发射这种新武器。在准备就绪之前，德国人用 He-177 来代替它们。11 月 21 日，空军大西洋指挥部决定从第 40 轰炸机联队第 2 大队派遣 25 架 He-177，大规模攻击 MKS-30 护航船队，希望取得重大成功。He-177 总共发射了 40 枚 Hs-293，但只击沉了一艘货船，损坏了另一艘，代价是自身损失了 3 架

He-177。11 月 26 日，第 40 对地攻击联队第 2 大队对阿尔及利亚海域发现的护航船队发起了另一次任务，并用 Hs-293 成功击中了“罗纳”号（*Rohna*）运兵舰。“罗纳”号沉没，1138 人丧生，其中大部分是美国陆军士兵。虽然这次攻击显示了 Hs-293 在远程攻击中的潜力，但事实也证明，He-177 易受拦截，1943 年 11 月间第 40 轰炸机联队第 2 大队损失了 47 架 He-177 中的 12 架。

“秃鹰”攻击

1943 年 7 月 11 日，在距葡萄牙海岸约 480 千米处发现一支向南航行的盟军舰艇。这是一支名为“信念”的特别护航船队，由 3 艘大型运兵船、2 艘驱逐舰和 1 艘护卫舰组成。3 架“秃鹰”从中空发起攻击，这次使用了 Lotfe 7D 投弹瞄准器并取得了惊人的效果。重达 16792 吨的“加利福尼亚”号（*California*）和重达 20021 吨的“约克公爵”号（*Duchess of York*）都被击中并起火，很快就被弃船。这次攻击造成两艘军舰上的 100 多名人员丧生，但其余的 1500 名幸存者被转移到“仙女港”号（*Port Fairy*）运兵船，该船由一艘护卫舰护送驶向直布罗陀。两架“秃鹰”发现了“仙女港”号，被在直布罗陀的两艘美国海军“卡特琳娜”水上飞机（PBY Catalina）赶走之前，成功击中了这艘船。“信仰”护航船队遭受攻击震惊了英国人，因为“秃鹰”的威胁在 1943 年中期不再被认为是重大问题。此外，使用 Lotfe 7D 进行中空轰炸的成功，使第 40 轰炸机联队有信心重新对大型护航船队发起攻击。

优势远去

与潜艇战一样，到 1943 年底，德国空军的反舰行动已开始成为关乎生死存亡的大事，而不再是具有重大战略意义的进攻，即便引进了精确制导炸弹也是如此。对盟军的破坏无疑是巨大的。例如，1940 年 6 月—1943 年 9 月，仅仅是第 40 轰炸机联队的 Fw-200 就击沉了总计 93 艘船只，总吨位 43.3447 万吨，另外还损坏了 70 艘船只，总吨位 35.3752 万吨，这些数字还不到盟国受到德国空袭而沉没商船的四分之一。尽管 Fw-200 造成的实际有形损失相当小，但在爱尔兰以西和葡萄牙海岸以外的一些英国人未曾料到的地区，成功的空袭所造成的心理影响，使英国海军部感到非常忧虑。1940 年，护航船队在 Fw-200 的低空攻击下不堪一击，这对英国人来说尤其令人不安。而“不列颠皇后”号沉没之后，丘吉尔积极介入。德国的宣传极大地夸大了“秃鹰”袭击的成功，进一步促使英国首相要求立即采取行动，以应对第 40 轰炸机联队的威胁。鉴于英国在 1940 年—1941 年冬天整体军事形势疲弱，丘吉尔倾向于尽可能反击，推动英国海军和皇家空军投入不成比例的资源来应对“秃鹰”的威胁，尽管实际上如果我们看看所有的战区，对盟军舰船造成最大破坏的，主要来自短程的 Ju-88 和 He-111。

随着战争的进行，德国空军在海上开始遭遇盟军不断增强的防御力量，从 1942 年开始，消耗不断增加。“秃鹰”编队的经验又一次具有启发性。相比之下，1940 年—1943 年，英国对“秃鹰”的防御措施导致 45 架“秃鹰”在空中和地面被摧毁，尽管防空和战斗机的破坏可能也导致了其他一些 Fw-200 在水面上的损失。令人惊讶的是，“秃鹰”最大的损耗来自无处不在的防御装备商船的防空火力，它们摧毁了 9 架 Fw-200。相比之下，承担商船护航任务的盟军军舰只击落了 4 架“秃鹰”。1941 年—1943 年，承担护航任务的海军航空兵（Fleet Air Arm，FAA）战斗机声称击落了 5 架“秃鹰”战斗机，而来自英

一架德国水上飞机的飞行员和观察员透过机头罩凝视着前方。在争夺中的水域上，德国空军的各种双翼海上侦察机是无价的耳目，但这种飞机的生产往往被战斗机边缘化。

Bv-138 水上飞机的侧视图。机首和机尾炮塔各有一门 20 毫米 MG-151 大炮，此外，飞机还配备两挺机枪作为防御武器。

国皇家海军弹射飞机商船（Catapult Aircraft Merchantmen，CAM）的战斗机声称又击落了另外 3 架“秃鹰”。陆基飞机成功拦截了至少 15 架“秃鹰”，其中 8 架来自英国皇家空军海岸司令部、7 架来自美国陆军航空队。1940 年，英国护航船队的防御力量无法击落任何“秃鹰”，但到 1941 年，大约一半受到攻击的护航船队的防御力量能够破坏或击落至少 1 架 Fw-200。损失也来自其他原因。除了在起飞和降落过程中发生了大量的坠机事故外，许多“秃鹰”和其他飞机干脆就消失在了敌对海域，机组人员的命运不得而知。

到 1944 年中期，德国飞机的生产已基本上从海上飞机转向了战斗机和对地攻击机。此外，一旦盟军在诺曼底登陆后占领了法国的大部分海岸线，并在西欧和地中海取得绝对的空中优势，反舰部队就失去了他

这个视角的 Bv-222 飞机展示了将这架巨型飞机及其载荷拉到空中所需要的动力。它配备了不少于 6 台 Jumo-207C 直列柴油发动机，每台发动机的功率为 1000 马力。

们存在的基本理由。尽管如此，针对苏联军队的行动仍在波罗的海上空继续（黑海上空的海上编队于 1944 年 9 月解散）。然而，由于飞机数量太少，敌人如此强大，德国空军的海上力量几乎无法改变战争结果。

在比利时埃本–埃梅尔要塞取得开创性胜利后，德国伞兵放松休整。注意简配的头盔，这种设计是为了防止头盔的边缘在伞降时钩住开伞索和降落伞绳。

第七章 地面力量：陆上之鹰

GROUND FORCES – EAGLES ON THE LAND

纳粹德国空军是一个庞大而错综复杂的组织，其发展是由总司令赫尔曼·戈林的野心和占有欲推动的。德国空军的一个独特结构是包含了大量的地面部队，从防空人员到前线作战部队。我们可以看到，在这些单位中，质和量的关系并不总是保持和谐的关系。例如，伞兵部队是德国军队中真正的精英，由于他们的战斗技能和顽强的性格，他们被派往最艰苦的前线。相比之下，德国空军的许多野战师却以充当真正的炮灰而声名狼藉，因此在 1943 年被编入陆军。戈林希望拥有自己的私人军队的愿望并没有完全实现。

事实是，德国空军确实对地面战争发挥了重大作用。即使这些部队不能影响战争的结果，但他们在战术作战的许多方面，特别是防空控制和空降作战，仍然是先驱者。因此，他们应该与在他们上空飞行的飞行员和机组人员一起被书写一笔（值得注意的是，本书的姊妹卷，也是由克里斯·麦克纳布所撰写并于 2011 年由鱼鹰出版社出版的《第三帝国陆军图文史》[1] 对德国的伞兵部队进行了更为广泛的讨论）。

伞兵

空降部队的概念并不新鲜，至少可以追溯到古希腊的传说：勇士柏勒罗丰（Bellerophon）骑着飞马珀伽索斯（Pegasus）冲入战场。甚至连降落伞这种以遮阳伞为原型的玩具也存在了几个世纪，但直到 19 世纪末，无刚性框架降落伞的概念才开始发展。这一概念作为一种救生设备在一战逐渐成熟，最初供热气球观测人员使用，后来又供比空气重的机器使用。早期的降落伞是固定拉绳式，一根绳索连接在飞机上，把降落伞从它的容器中拉出来。直到 1919 年，开伞索才被发明出来，事实证明这对飞行员和其他机组人员来说，受益颇多。然而，当伞兵部队的概念开始成熟时，固定拉绳式又发挥了自己的作用。

俄国人和意大利人进行了第一次严肃的降落伞实验。许多德国观察

伞兵们从Ju-52飞机的舱门跳出。固定式拉绳已经完全伸展开，较低的那个人以四肢伸展的姿态下降，他的降落伞包正在打开，而另一名伞兵正准备从Ju-52舱门跃出。

1940 年的伞兵，展示出典型的个人套件和装备。

1）内衬有带子的头盔。2）伞兵的跳伞徽章。3）蔡司望远镜。4）MP-40 冲锋枪。5）皮质 MP-40 弹匣套。6）皮质地图袋，缝有放置铅笔、尺子和指南针的口袋。7）水壶和水杯。8）外部膝垫的前视图和后视图。9）鲁格尔手枪皮套。10）第一款侧面系带的跳伞靴，并展示出防滑鞋底。（Velimir Vuksic © Osprey Publishing）

者对此很感兴趣，甚至兴奋不已，但由于受到《凡尔赛条约》条款的约束，他们只能是空有梦想。然而，当阿道夫·希特勒被任命为德国总理时，梦想家和阴谋家开始更公开地开始朝着他们的目标努力。一旦他废除了令人憎恶的《凡尔赛条约》，重新实行征兵制，他们的野心就没有了任何限制。很少有人比赫尔曼·戈林更有野心，他迅速晋升到组建空军的总司令。

戈林曾在1931年和1935年观看过苏联的伞兵演习，并对此印象深刻，因此决定开始组建德国伞兵部队。他已经有了一小部分伞兵部队的核心，隶属于前“戈林将军”（普鲁士）警察团（Prussian Police Regiment General Göring），1936年10月他组织了一次跳伞表演，以鼓励志愿者在该团内组建一个伞兵营。尽管这次展演活动并不顺利，因为36名跳伞者中有一名在着陆时受伤，不得不被担架抬走，不过戈林很快就为他的营招募了600名新兵。1938年，该营重新命名为第1伞兵

1942年7月，在奎他菲亚（Quotaifiya），第27战斗机联队司令部的Fi-156C-3“DO+AI”。另一款由联队司令部带入非洲的是这架以棕褐色涂装的“鹳式”（Storch）战机，其上配有地中海战场的标志和沃尔登加（Woldenga）中校新近引入的飞行联队的徽章。Fi-156的生产编号为5407，虽说不属于“豪华”级别，但却是一个真正的“全能女佣”，不仅承担重要的通信和联络职责，还负责从利比亚和埃及沙漠的无人区营救被击落的飞行员。（John Weal © Osprey Publishing）

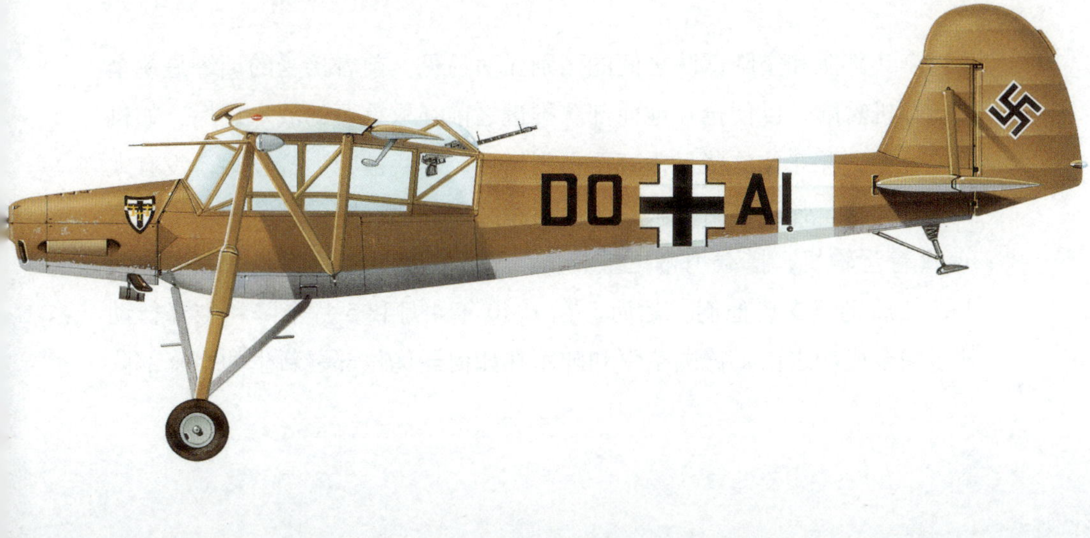

团（Fallschirmjäger Regiment 1）第 1 营，并转入新成立的第 7 飞行师（7. Flieger Division）。随后的扩张稳步推进，到 1939 年 8 月下达全面动员令时，德国空军已经拥有两个完整的伞兵步枪营和支援部队，作为第一个德国空降师的核心。与此同时，陆军将一个标准的步兵师改编为一支空运部队，即第 22 空降师。

空降部队名称

国防军空降部队被统称为伞兵部队和空降部队：伞兵部队隶属于德国空军，而空降部队隶属于德国陆军。在伞兵师（伞兵步枪师）中，只有 3 个伞兵步兵团被指定为伞兵；所有其他单位的名称前缀都是“伞兵—”。所有部队都接受过伞降训练，必要时也可以用滑翔机降落。其中的一个德国单位是专门经过滑翔机训练的第 1 空降突击团，但其也接受跳伞训练。陆军将两个步兵师改编为空降师，即第 22 和第 91 空降师。战争后期，许多德国空军的地面作战单位被称为“伞兵—”——这是为了显示自己的声望，但当时实际上只有少数部队接受过跳伞训练。

伞兵部队和空降部队之间的区别显而易见。前者接受的训练是跳伞或滑翔机着陆，以便抢在地面部队推进之前夺取重要的战术目标，如机场或桥梁，并守住这些目标直至得到增援。伞兵被归为轻步兵，没有太多的重武器，弹药补给有限，所以救援必须迅速。空降部队则乘坐容克 Ju-52 等运输机，搭载携带更重装备，降落在已被伞兵部队占领的地面上，然后迅速支援他们。然而，在 1940 年 4 月和 5 月伞降和空降行动几乎完全成功之前，德国空军和陆军在如何最优化部署新生的空降部队

1940 年 5 月，在比利时的伞兵在行动前查看地图。这张照片拍摄于伞兵声望的全盛时期，也就是在入侵克里特岛期间承受的损失，达到无法接受的水平之前。

方面存在着相当大的分歧。一般来说，空军专家认为，他们应该只是以相对较少的数量作为突击力量来破坏敌人的通信线路，制造恐慌，并延迟敌方预备部队赶到前线。另一方面，许多陆军军官认为应该大规模使用伞兵部队，在敌人意想不到的地方建立临时的桥头堡。当然，最终这两种战术都会在战争中使用，证明了双方的观点都是正确的。1939 年 8 月第 2 伞兵团组建，1940 年 7 月第 3 伞兵团组建，但此后直到 1942 年才有新的伞兵团组建。

一架 Ju-52 在苏联的冬季为地面部队运送补给。尽管德国空军的补给能力令人印象深刻，但他们仍然无法满足东线的巨大需求，这一点在 1942 年—1943 年斯大林格勒战役失败时得到了证明。

早期作战

关注德国人在1940年的行动中如何使用伞兵部队是一件有意思的事情。1940年4月，在挪威，一个单独的连队被空投下去，建起一个路障。同月在丹麦，执行了3次连队空投，以确保两个机场和一座桥梁的安全，而在5月，一个连队在11天内被零星地空投到挪威极北的地方，以增援受困的山地部队。1940年5月10日，在比利时和荷兰实施了更加雄心勃勃的行动：两个团进行了从排到营级规模的多次伞降。所有这些行动都是与空降师协同进行的，空降师用运输机甚至水上飞机将部队空降到河上，旨在夺取桥梁和机场。而且，所有的行动都取得了成功，盟军认识到了空降部队的可行性。在入侵比利时和荷兰期间，伞兵部队取得的所有成就中，夺取比利时埃本–埃梅尔要塞最为突出。埃本–埃梅尔要塞巨大的钢筋混凝土主宰着阿尔伯特运河，从马斯特里赫特向西延伸的道路，以及卡纳、弗伦霍芬和维尔德韦泽特的重要桥梁。埃本–埃梅尔要塞有17个炮塔，这会对常规部队造成沉重的打击，但这些桥梁对德国陆军的快速推进至关重要，所以德国陆军必须占领，并使堡垒失去作用。最大的问题是怎么做？面对最初的怀疑和来自陆军的敌意，第7飞行师的指挥官库尔特·施图登特（Kurt Student）将军的提议赢得了赞同，即使用一支经过特殊训练的突击部队，由滑翔机降落在看似坚不可摧的障碍物上。选择滑翔机而不是降落伞，是因为它们可以更准确着陆，并且突击部队需要携带笨重的装备，包括火焰喷射器、爆破装药和攻城梯。

突袭堡垒

一支德国伞兵部队正在攻击埃本－埃梅尔要塞的米诺（Mi-Nord）机枪碉堡的射击孔，他们通过用1千克的装药塞进潜望镜罩（periscope housing），摧毁了堡垒顶（1）上的两个装甲炮塔，并用50千克的空心弹药炸死了里面的炮组成员，这是此类武器首次实战使用。他们继续用12.5千克的炸药爆破一个射击孔（2）；现在，第4小队的队长文策尔上士（3）和他的一名手下在第二个射击孔里安装了50千克炸药（大致呈半球状），而另一名伞兵（4）把发烟罐插入第3个射击孔。“花岗岩行动”突击队在半小时内捣毁了要塞的关键武器，并牵制住了其余的守军，只造成6名德军死亡，18人受伤。（Peter Dennis © Osprey Publishing）

1939 年 11 月，率先入侵比利时的士兵开始在希尔德斯海姆秘密集结。他们成立了由沃尔特・科赫（Walter Koch）领导的“科赫突击团”（Sturmabteilung Koch），包括来自第 1 伞兵团第 1 营和第 2 营的 11 名军官和 427 名士兵。被选中参加攻击要塞的这支队伍包括鲁道夫・维奇希（Rudolf Witzig）中尉的伞兵先锋连（Fallschirmpionier Kompanie），被赋予“花岗岩行动”（Operation Granit）的代号。所有的休假都被取消，这支队伍花了大约 6 个月的时间来排练自己的角色，研究地图、地形模型以及不满的比利时劳工的访谈情报，他们曾经参与建造埃本－埃梅尔要塞。最后，一切准备就绪，1941 年 5 月 9 日下午，突击团的士兵在科隆－奥斯特海姆（Köln-Ostheim）机场和科隆－布茨韦勒霍夫（Köln-Butzweilerhof）机场集结。

维奇希的“花岗岩行动”突击队分配到了 11 架 DFS-230 滑翔机，这些滑翔机在次日清晨 4 点 30 分在 Ju-52 牵引下起飞。这些滑翔机在比利时边境附近释放，悄无声息地滑行最后 32 千米；太阳在他们背后升起，使得视觉探测变得困难。陆军计划在滑翔机着陆 5 分钟后开始跨越边境展开主要的地面进攻，以避免引起防御者的警觉。不幸的是，包括维奇希在内的 2 架滑翔机的牵引绳在起飞后不久就断裂了，因此只有 9 架滑翔机降落在了晨雾笼罩的要塞上。临时指挥权转交由赫尔穆特・文策尔（Helmut Wenzel）上士承担。突袭几乎完全出其不意，当滑翔机着陆时，尽管有几个机警的负责防空的比利时机关枪手开火，但其实并没有真正的反对力量，直到后来部署在要塞西部的野战炮的炮弹开始落在高地上。比利时人没有想到要防范来自空中的袭击，所以没有部署竖直的木桩来撕裂滑翔机，没有带刺的铁丝网，没有雷区，也没有安排步兵对大炮阵地的防御。

鉴于比利时人毫无准备，惊慌失措；他们兵力不足，因为指挥官约特兰德（Jottrand）少校安排许多人休假，而其他人则被安置在附近的村庄里；他们是低级别静态部队，没有勇气在安全的混凝土墙内以外的

1941 年 5 月，德国伞兵在克里特岛突袭期间从 Ju-52 运输机后舱跳下。降落伞的设计限制，他们几乎无法控制下降轨迹和着陆点，导致许多人因撞到克里特岛岩石表面而受伤。

地区进行战斗，这次进攻取得成功也不足为奇，尽管伞兵人数上处于劣势。在开始的 10 分钟内，有 9 个炮位被拆除，其中 2 个炮位经检查是虚假的伪装设施，浪费了进攻部队的宝贵时间。夜幕降临时，伞兵已经控制了地面，并把炸药扔进了电梯井里，以防止守军向他们发起突击。第二天早上 7 点，陆军第 51 先锋突击营乘突击艇穿过阿尔伯特运河（Albert Canal）接替了他们，不久以后约特兰德少校升起了白旗。伤亡极其轻微。5 人在着陆中受伤，15 人在战斗中受伤，6 人死亡。维奇希是希特勒亲自授予“骑士十字勋章”的人之一，他于攻击当天早晨 8 点

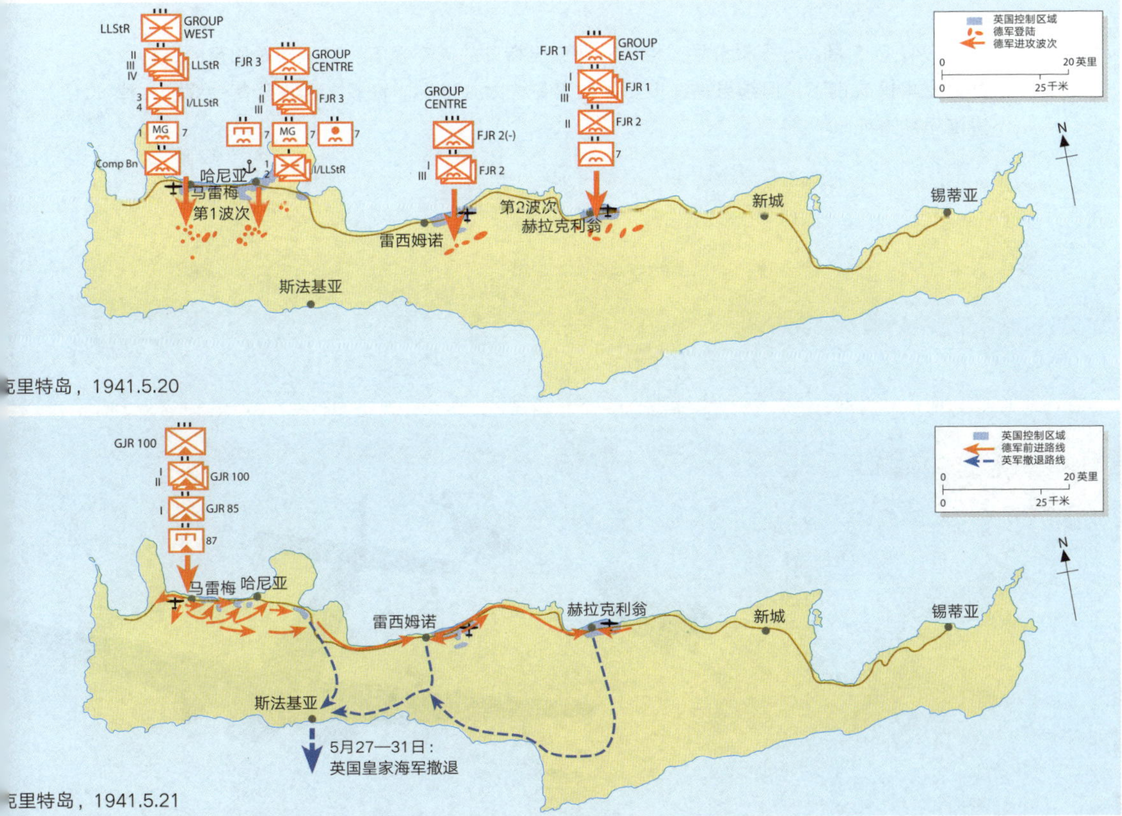

1941 年 5 月，德军入侵克里特岛示意图。（© Osprey Publishing）

30 分为他的滑翔机找到第二次牵引后，恢复了行动的指挥权。

埃本－埃梅尔要塞的战斗唤醒了希特勒和全世界，他们意识到空降部队的潜力正在显现，毫无疑问指挥官们开始设想更大规模的行动。德国人尝试了更为雄心勃勃的空降作战，1941 年 5 月 20 日，德国人发起入侵克里特岛的行动，其中涉及 1941 年 1 月 1 日组建的施图登特将军的第 11 航空军空降部队。5 月 20 日开始的“水星行动”（Operation Merkur），使用滑翔机和从 500 架运输飞机进行伞降着陆。在长达 6 个月的占领期间，英国未能成功保卫该岛，由新西兰一战英雄伯纳德·弗赖伯格·VC（Bernard Freyberg VC）中将指挥的 3.5 万

1941 年 5 月，一根根伞兵“棍子”从克里特岛的天空落下。这次部署的目的是将伞兵以密集模式投下，但结果是许多士兵散落在一大片地区。许多人因被降落伞缠住，掉进海里被淹死。

名守备部队中的大多数人仅带着自己的轻武器逃离了希腊。首批 3000 名伞兵的突击未能占领主要目标马利姆机场，但在新西兰人夜间从一端撤退后，尽管仍处于激烈的大炮和迫击炮火力之下，德国人还是在第二天开始登陆增援。在登陆前或登陆后不久，他们还没来得及获得武器，整支部队就被歼灭了。第二天晚上，英国皇家海军阻止了补给船的登陆。尽管如此，德军还是成功源源不断地增援，经过一周的激战，弗赖伯格下令撤退和转移。

空降入侵克里特岛是这场战争中最壮观、最冒险的事件之一，但代价也极其高昂。德国人使用“墨点”概念，在一大片区域空投大量的

在意大利，一队德国伞兵沿着公路机动。1944 年，伞兵因其在 1944 年蒙特卡西诺的防御而继续巩固了他们作为精英部队的声望，当时盟军只取得了皮洛式的胜利（惨胜）。

营、连甚至排级规模的小单位，以夺取多个目标。与德国常规的军事学说强调集中力量在主要要点突破相反，这一概念更类似于拿破仑的学说，即“在任何地方与敌人交战，然后决定下一步行动”。在荷兰和比利时，这种策略取得了成功，因为那里的抵抗力量薄弱且混乱。然而，在克里特岛，这一策略让伞兵付出了沉重的代价。尽管英联邦的防御力量既不强大，组织也不高效，但德国人还是损失了大约 6000 人，包括机组人员。参与行动的伞兵中有五分之一，3764 人丧命，约 350 架飞机失踪，其中包括 152 架宝贵的运输机。

德国人认为自己很幸运能够占领克里特岛，希特勒对损失感到震惊。他得出结论，大规模伞兵行动的时代已经结束，他把伞兵部队变成了陆军指挥的步兵团。由于担心重蹈覆辙，原计划对马耳他的空降突击被取消了。（这一决定对北非的轴心国后勤造成了严重的后果，英国潜艇和飞机从该岛起飞摧毁了他们。）克里特岛战役后，德国人执行了 6 次伞降行动，但只有一次超过营级规模的兵力。唯一的例外是 1943 年 7 月在西西里，第 3 和第 4 伞兵团，一个机枪营和一个工兵营在 4 天内作为援军被空降。其他几次空降基本上都是特别行动：对当时正在敌对的意大利总部的一次攻击，占领两个小岛，对南斯拉夫游击队总部的一次突袭，以及在阿登高地进攻期间的牵制行动，后两次行动均告失败。

1944 年在阿登高地的一名伞兵，展示了自战争开始以来德国步兵武器的进步。1）FG-42 突击步枪，带有弹匣（1a）和长钉刺刀（1b）。2）步兵突击包。3）150 毫米的“铁拳”反坦克火箭筒 60 型（Panzerfaust-60）。4）带火箭弹（4a）的 88 毫米 RPzB-54 反坦克火箭发射器。（Velimir Vuksic © Osprey Publishing）

1
1a
1b
2
3
4
4a
Starker Feuerstrahl!
Vorsicht!
Starker Feuerstrahl!
Feuer

消防

尽管希特勒命令伞兵部队不得再参与大规模空降行动，但 1943 年 5 月，第 7 飞行师还是被改编成第 1 伞兵师，第 2 伞兵师也于当年 2 月得以组建。1943 年 10 月和 11 月，组建了第 3 和第 4 伞兵师，接下来于 1944 年 3 月、6 月和 10 月分别组建了第 5、第 6 和第 7 伞兵师。第 7 伞兵师在埃德曼伞兵师（FJD Erdmann）基础上改编而成，这是一个由“警戒”和训练单位组成的临时编制。原第 2 伞兵师于 1944 年 9 月在法国被摧毁，并于同年 12 月重组。同样在 1944 年，组建了第 1 伞兵集团军的指挥部，指挥着第 1 和第 2 伞兵军团（Fallschirm Armeekorp）。伞兵“集团军”和其下面的“军”并不是真正的伞兵编制，所谓的“赫尔曼·戈林”装甲军也不是，以上这些名称响亮的编制全都是没有受过伞降训练的单位，而命名为“伞兵”纯粹是为了鼓舞士气。到这时，甚至连伞兵师也严重缺乏合格的伞兵，分配到第 1 伞兵集团军内 2 个军 6 个师的 16 万名士兵，只有 3 万人是伞兵。新组建的师通常分配一个团，或一两个老兵营作为骨干，这些团或营来自一个现有的师和一些学校以及示范部队，而其余的是没有接受过跳伞训练的新兵。即使是骨干单位，也只有一部分人接受过伞兵训练，这些人分散在整个编制中，而不是作为一个有凝聚力的单位集体保留下来。正是由于这个原因，在 1944 年的阿登高地空降行动中，一支部分具备跳伞资格的临时战斗小组不得不从第 1 伞兵师和第 6 伞兵团抽组而成。

新的伞兵师更为重型，配属了支援单位，更适合他们正在展开的常规的地面战斗。第 3、第 5 至第 8 伞兵师在西线作战。第 4 伞兵师在南线作战，第 9 伞兵师在东线作战，第 1 伞兵师在东线和南线作战，第 2 伞兵师在所有 3 条战线都参与作战。从 1942 年 2 月到 1943 年 5 月，拉姆克伞兵旅（Fallschirmjager Brigade Ramcke）由其他编队抽调的营组

1944年德国步枪伞兵团（满编3206人）

团部

步兵营（×3）

营部

步枪连（×3）（每连 9 挺轻机枪，3 门 80 毫米迫击炮）

机枪连（8 挺重机枪，4 门 80 毫米迫击炮，2 门 75 毫米火炮）

反坦克连（3 门 75 毫米反坦克炮，27 门 88 毫米反坦克火箭炮）

迫击炮连（12 门 120 毫米重型迫击炮）

工兵连

在东线，一名炮兵用测距仪来引导 88 毫米高射炮的使用。88 毫米高射炮的高初速意味着它既非常适合反坦克角色，也适合最初的防空角色。

成，在北非服役。随着战争的推进，各师配备了更为重型的武器，逐渐接近陆军步兵师的装备水平。例如，原来的伞兵炮兵团只有一个轻型营，但在 1944 年 5 月，又增加了一个轻型营和一个中型营，以及一个重型迫击炮营——尽管许多这样的团在作战中仍然兵力不足。反坦克武器也有所增加。

1943 年，第 1 空降团并入其他部队。独立伞兵团和伞兵营的数量增加了，但最终被吸收并入到新组建的师。1944 年 9 月，第 8、第 9 和

一支德国 MG-42 伞兵机枪小队在蒙特卡西诺废墟中坚守阵地。虽然盟军的炮火和轰炸机把山顶修道院炸成废墟，但这一行动实际上使德军的防御阵地更为稳固。

在 1944 年阿登战役中参与作战的伞兵。左边的士兵携带着英国的斯特恩冲锋枪（Sten sub-machine gun），他们穿着各种伞兵跳伞罩衫。

第 10 伞兵师被命令组建，但在组建期间被取消，其人员被转调到其他师。1945 年 3 月和 4 月，第 11、第 20 和第 21 伞兵师开始组建，但到 5 月战争结束时还远未完成。

通过这段简短的组织沿革，不足以充分公正地评价伞兵们的作用。德国伞兵经常被派去执行“灭火”任务，他们被迅速派往前线最具争议的地区，遭受了极高的伤亡率。虽然克里特岛战役是他们具有里程碑意义的空降行动，但伞兵也通过同样地面战斗提高了他们的声誉。例如，1944 年 1 月—5 月，在蒙特卡西诺，伞兵部队面对持续不断的步兵攻击、排山倒海的空袭和炮火打击，坚持作战了几个月。在这座山被攻陷之前，盟军遭受了超过 5.5 万人的伤亡。虽然德国空降部队最初的角色是空降入战场，但其真正价值在于他们的高水平训练，在于他们作为战斗人员的能力和特殊的团队精神。

伞兵新兵在施滕达尔训练中心练习着陆滚转。新兵必须完成 6 次跳伞训练，才能佩戴梦寐以求的伞兵徽章。

1942 年，在斯大林格勒的德国空军野战师。注意中间的士兵手持一挺 MP-34 冲锋枪，而常规陆军的标准冲锋枪是更现代的 MP-38 或 MP-40（尽管不一定更好）。

德国空军野战师

二战期间，伞兵绝不是德国空军唯一部署的地面部队。在 1940 年—1941 年的战役中，许多德国的防空部队事实上变成了反坦克部队，通过把 88 毫米口径的炮口压低到水平位置。德国空军地勤人员和安全人员也经常负责处理对空军基地的攻击，特别是在东线，要应对来自游击队或其他袭击部队的攻击。然而，一直在寻找扩大个人权力方法的戈林，在 1941 年末提出了一个更正式的德国空军地面部队的建议，当时德国正因在与苏联的战争中惨重伤亡震惊不已。希特勒对戈林的想法深信不疑，于是戈林从第三帝国各地搜罗了足够多的人手，组成了 7 个德国空军野战团（德语：Feldregimenter der Luftwaffe，FR der Lw；英语：Luftwaffe field regiments），编号从第 1 到第 5 以及第 14 和第 21 野战团。每个团包括 4 个营，每个营有 3 个轻型连和 1 个重型连，后者包括 88 毫米高射炮。

德国空军野战部队站在东线战场上一辆装甲列车旁。组成各野战师的士兵往往是从德国空军的后方梯队中选拔出来的，他们在前线战区经历了严酷的战斗洗礼。

新的野战团被零零散散地投入到东线各地战斗，其中一些似乎表现出色。1941 年 6 月 23 日最高统帅部的一篇报道提到："在东线可怕的冬季战役中，德国空军各野战营在地面战斗中捍卫了受到严重威胁的前线。这些部队与陆军部队一道，现在正参与到其他行动中去。"

然而，德国空军部队的质量很快就被削弱了。因为陆军在德国四处搜寻新的兵力，这就产生了将多余人力从德国空军调入陆军的可能性。对于戈林来说，这可能会削弱他的个人权力，所以他在 1942 年 9 月 17 日发布命令，要求招募新的德国空军志愿兵，组成德国空军野战师（LwFD）。欧根·迈因德尔（Eugen Meindl）少将被赋予督导组建 22 个此类师。

这些野战师的兵力往往不适合他们即将面临的严峻环境（这些师专门在东线服役）。第 7 野战师的一位成员回忆起 1942 年夏天他到达米劳（Mielau）的情景：

> 我花了很长时间才找到我的部队。由于我来自一个重型连队，因此被分配到一个 88 毫米炮组。但是多么恐怖啊！我的战友们对武器一无所知，甚至有些军官也不懂……所有这些人都来自不同的工作岗位——厨师、装甲兵、理发师、司机、供应人员和行政文员，还有航空区司令部的员工。其中一些人立即被要求回到原来的单位。我的指挥官告诉我"负责机枪的训练，因为我对此一无所知！"我能够训练的时间只有三天，然后我们就被派往苏联。

认识到他的新编队的弱点，戈林于 10 月 12 日发布了第 3 号基本命令，命令德国空军只在"平静的前线执行防御任务"。这位帝国元帅还要求陆军以"友善的"方式接受野战师，并协助其训练，特别是近战技能和支援武器方面。空军野战师本应作为一个整体投入战斗，未经陆军总部批准不得拆分。这些师在战场上受陆军的战术指挥，但人事和行

德国空军野战部队的士兵在一辆被缴获的苏联 KV-1 重型坦克上摆姿势。由于战斗损失、装备不足和缺乏训练造成身体和心理上的沉重打击，在东线的德国空军野战师的士气大幅下降。

政方面仍由德国空军管辖。他们在编制上也比陆军同等规模的单位弱得多。1942 年，一个陆军师拥有三营制的团和一个完整的炮兵团，而德国空军野战师[2]只有四个步兵营，外加一个反坦克营和一个炮兵营。武器和装备往往较旧，型号较次，车辆供应有限。

把这种准备不足、装备简陋的部队派往东线，后果是可想而知的。虽然有些师因勇敢而受到嘉奖，但他们也遭受了极高的伤亡，并在战术

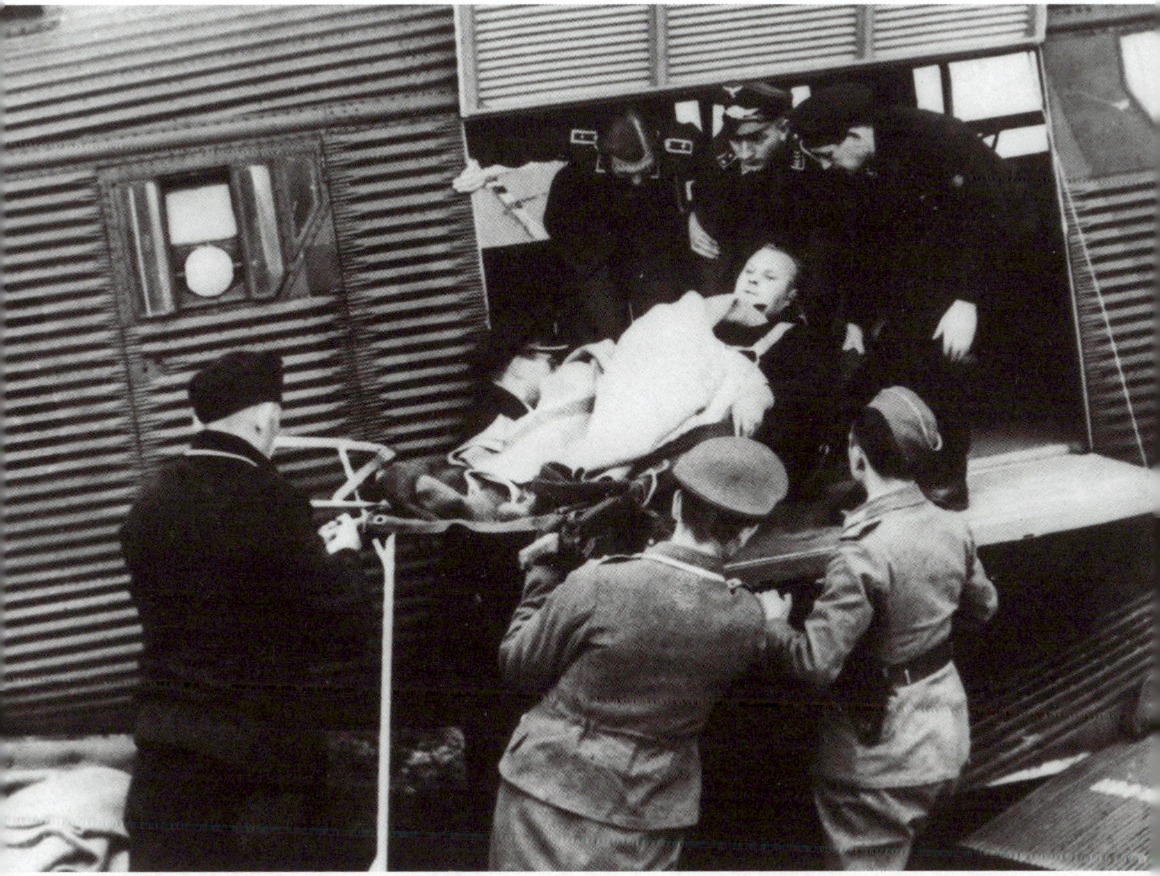

一名受伤的士兵被抬上一架 Ju-52 伤员后送飞机。实际上，德国空军在西班牙内战期间是远程医疗空运的先驱。

层面表现不佳。事实上，德国空军编队的建立推迟了四五个拥有新装甲车的装甲师的组建，也激怒了德国陆军总司令部。

1943 年夏秋两季，关于如何重组野战师以提高他们处于冰点的士气，并使其成为更有效率的战斗单位，展开了很多争论。最终的结果是在 1943 年 11 月，野战师从德国空军移交给了陆军管理，并被重新命名为“空军野战师”。师内所有的空军军官几乎都被陆军替换了，1944

年，这些师的结构与常规陆军对应部队相同。尽管直至战争结束之前，仍然长期受到人员训练不足的困扰，但这些变化提高了许多编队的作战能力。戈林试图建立自己正规陆上部队的努力显然失败了。

其他单位

德国空军的组织规模意味着地勤人员和专业支援人员构成了任务行动中绝大部分。这些人员的职责多样，从厨师到防空炮兵，从兽医到司机。虽然详细探讨所有这些角色超出了几乎任何一本单卷书的范围，但在这里，我们将着重介绍一些核心单位和个人，他们让德国空军得以运转。

飞机技术人员

1938年，机场地勤人员被编入机动的航空场站连（德语：Fliegerhorstkompanien；英语：air station companies），每个连队都隶属于一个具体的飞行联队，并以该联队命名。在1943年后期，一次重新命名赋予了每个航空场站自己的编号。根据飞机类型和数量的不同，分配到的飞行技术人员的具体人数有很大的差异，额外行政人员由所属的航空区提供。各连被分成若干个分排，每个分排平均30人，由航站机场保养组组长（德语：Oberwerkmeister；英语：line chief）指挥，包括机身、发动机和安全设备修理工，军械士（负责火炮和轻武器），仪器和无线电机械师。这些又得到一名分排长领导下的车间分排（Werkstattzug）的支持，有发动机修理工、钣金工、油漆工、马具修理工、木工、电工和技术仓库管理员，其中许多人是平民雇员。

地勤人员中的空军士兵被昵称为“黑人”（德语：Schwarzemann；英语：black man），灵感来自他们在西班牙穿的黑色工作服，并很快缩

哥达（Gotha）Go-244 双尾撑飞机是二战中较为特殊的运输机之一。在后部货舱里，可以装载 21 名全副武装的士兵，一辆军用吉普车（Kübelwagen）或者各种货物。

写为亲切的“黑哥”(德语：Schwarze；英语：Blackie)。战争爆发时，他实际上也可能穿着灰白色或深蓝色的衣服，但旧称呼依然沿用下来了。其中许多人来自土木工程背景，或曾在飞机工厂接受过严格培训，大部分是职业士官。这些人夜以继日地工作，休息时间很少，总是最早起床，最晚就寝。他们在各种环境下工作，从黄沙漫道到北极冻土，而且不得不忍受最简陋的住所、最低限度的生活条件；尽管他们通常与机组人员关系密切，但他们的辛勤工作很少得到官方的认可。

尽管物资日益短缺，但他们仍然需要持之以恒地维持一支可操作的空军，这使他们的处境每况愈下。他们几乎每天都在创造小奇迹以保持飞机的适航性。由于多座位飞机的飞行中队的机组人员短缺，他们有机

一支防空炮组在操作一门静态部署的 88 毫米 Flak36 高射炮。在对抗盟军战略轰炸的战役中，这种类型的火炮成为德国空军地面防御的基石。

会自愿接受专业训练，成为替补炮手和飞行工程师，其中几人甚至获得了战斗功绩。

高射炮

“Flak”这个缩写来源于德语“flugabwehreriekanone”，即“空中防御炮”，最初正确的缩写为“FlAK”。防空部队，最大的编制单位是高射炮军（Flakkorp），由两个或两个以上的高射炮旅（Flakbrigaden）或高射炮师（Flakdivisionen）组成，与它的母体单位德国航空队共享数字编号的名称。由罗马数字命名的高射炮旅，通常至少包括两个以阿拉伯数字进行编号的高射炮团，外加信号、补给和空中单位。军和旅的组成是灵活的，但高射炮团的组成相对固定，包括 1 个司令部和 4 个罗马数字命名的高射炮营组成（例如，II./31 指的是第 31 高射炮团第 2 营）。

第1营和第2营是炮兵单位，第3营是探照灯单位，第4营是驻地本土的替补训练营。第1、第2和第4营，每营包括3个重型高炮连和2个轻型高炮连。重型连通常编配4门88毫米口径的火炮、1部射击指挥仪和2门车载20毫米的机动防御炮。轻型连包括12门20毫米或9门37毫米炮，以及多达16个600毫米的探照灯。连在营内按顺序编号，因此第1营包括第1—5高炮连，第2营包括第6—10高炮连，第3营包括第11—13高炮连。最小的作战单位是罗马数字编号的高射炮排（德语：Flakzug；英语：platoon），编配2门重型炮由14—20人操作，3门中型炮由24人操作，3门轻型炮由12人操作。

高射炮部队一直是服役兵种中最大组成部分：1939年，占150万德国空

1941年，在希腊比雷埃夫斯港，一个德国高射炮炮组。港口是盟军轰炸的主要目标，因此周围经常环形组合配置轻型（防御低空攻击）和重型（防御中高空攻击）高射炮。

1941 年 5 月，一支德国空军高射炮炮组在雅典卫城前。德国最大的防空武器是 128 毫米高射炮，可以将一枚 26 千克重的炮弹发射到 14800 米的高空。

奇特的 Me-323“巨人”（Giant）运输机是 Me-321 滑翔机的大功率改型。它宽敞的内部可以容纳 120 多名士兵。在生产的 200 架飞机中，许多在地中海战区被击落。

军总兵力的近三分之二，即达到 90 万人，他们佩戴高射炮兵部队深红色兵种色。到 1944 年秋，当德国空军人数达到 250 万的顶峰时，高射炮部队已经扩大到总数的一半以上。除了那些被部署到战区的部队，高度集中的高炮群部署在德国的城市和工业区，保护它们免受盟军持续不断的空袭，而且从 1944 年起，盟军对欧洲机场的进攻使所有高射炮部队人员都进入了前线作战。

容克Ju-52

容克 Ju-52 是德国空军空中运输和补给能力的支柱。这款三发动机飞机于 1930 年首飞，最初设计为民用运输机和大型客机，但在 1935 年被改装成轰炸机和军用运输机，服役于新生的德国空军（改装后的炸弹舱比较粗糙，可以携带

1500 千克的炸弹）。在这种情况下，Ju-52 首次在西班牙内战中经受了战斗测试，并在 1939 年用于对波兰进行轰炸。然而，此后它承担两个主要任务：运输机和部署空降部队的手段，要么是伞降，要么是空降。Ju-52 的性能参数非常有限，最高时速仅为 271 千米 / 小时，实用升限为 5200 米。最大航程小于 1000 千米。如果被敌方战斗机自上而下地攻击或者被密集的防空火力击中，其生存机会渺茫。然而，Ju-52 的优点是其坚固的可靠性，加上它的数量可观（产量超过 4000 架）。

Ju-52 是一架真正“吃苦耐劳”的飞机。它可以搭载 17 名乘客或 3 吨货物。其主要优势之一是它能在恶劣条件下从短跑道起飞。

空中信号

这一兵种部队战前的兵力约为 10 万人，根据德国航空队的需要，其组成结构变化很大。每个航空队有 3 个团（空军通信团），人数从 1500 人到 9000 人不等。高级团（senior regiment）共享航空队的数字编号，而第 2 团和第 3 团分别在该数字编号上增加 10 和 20（例如，第 3 航空队第 3、13、23 空军通信团）。每个团由一名中校军衔的高级信号指挥官（德语：Hohere Nachrichtenfuhrer；英语：higher signals leader）指挥，由 3 至 5 个空军通信营（德语：Luftnachrichtenabteilungen）组成，其中包括一个替补营。替补营由一名少校指挥，有 40 至 50 名军官

德国军官在一架 Ju-52 前愉快合影，准备向前线部署。在西班牙内战和二战初期，Ju-52 还被用作基本的中型轰炸机，尽管很快被其他飞机超越。

和士兵。其他的每一个营由一名上尉指挥，平均有 3 到 4 个（个别甚至多达 20 个）空军通信连。每一连都永久地附属于、接受指挥并以一个战斗联队的名字命名，例如 LN-Kompanie KG 77，即第 77 轰炸机联队空军通信连。一个空军通信连被划分为 3 至 6 个空军通信分排，每个排都专注于某一特定的领域：电话、电传打字、电缆铺设、建筑、无线电、电池充电、车辆维护、无线电和灯光信标分排。每一个分排包括 5 到 10 个空军通信小组（德语：Luftnachrichtentruppen），每组 10 到 20 人，空军通信小组是基本的作战单位。

运输和补给

每个航空区都有一个补给连（德语：Nachschubkompanie；英语：supply company），由 1 个补给连的连部（Nachschubkolonnenstab）、4 个运输纵队，以及 2 个或 3 个航空油料纵队组成。各连有 50 至 100 辆机动车，通常在被占领国家还会增补征用的轿车和卡车。战前，地面服务和后勤人员总兵力约为 8 万人。

辅助人员

从 1942 年 2 月开始，由于对人力需求的增加，各种辅助单位开始组建，从而放开更多人员到前线服役。德国空中信号女性附属机构中的女性辅助人员，承担了主要的文书和电话工作。虽然没有正式直接发放枪支，但高射炮部队女性辅助人员（Flakwaffenhelferinnen）操作探照灯、声音探测器和高度预测仪（altitude prediction）等设备。许多人接受了基本的火炮班组操作指导，以便能够提供紧急帮助。年轻的男性高射炮志愿者是从希特勒青年团、德国劳工团抽调来的，后来直接从当地学校抽调学生。超过 7.5 万名 15 至 16 岁的在校男生在德国各地操作着高射炮，外国志愿者和前战俘的加入进一步补充了他们的人数。

消防

飞机场消防队（德语：Fliegerhorst-Feuerwehr，FhFw；英语：Air Station Fire Defence）成立于 1935 年，由民间消防服务志愿者组成，1942 年并入德国空军。军服取代了他们的民用制服，但原徽章被保留下来。每个机场都有 14 至 18 人的核心工作人员，每天按名册指派 4 至 8 名工作人员，接受装备并展开消防训练。尽管被重新归类为德国空军人员，但他们仍然拥有警察身份，因此正式处于帝国元首党卫队的最终控制。在 1945 年，几个装备火焰喷射器的消防队员作为前线突击队员参加柏林战役。

民防

德国空军还直接或间接参与德国民防的许多方面，特别是在空袭响应方面。这里的术语定义很重要：德语的术语“空中防卫”（Luftschutz）不仅包括空袭预防措施，还包括消防服务、炸弹处理、烟幕遮障、设置诱饵地点和伪装。积极的手段包括战斗机、防空炮、探照灯和设置气球障碍，都被归入防空的范畴。

1933 年 4 月，德国成立了帝国防空联盟（德语：Reichsluftschutzbund，RLB；英语：National Air Protection League），旨在训练国内所有住户如何进行家庭突袭防护。这一事实提前暴露出真相，即德国违背 1919 年《凡尔赛条约》早就开始建立空军的雏形：1933 年，帝国航空部实际接管控制了所有的空中防卫和防御措施。

1935 年 3 月 13 日，戈林被任命为空军部长和新生的德国空军总司令，几个月后，所有空中防卫的职责由帝国航空部接管。责任分配如下：空中防卫的政策和国家层面的行动指导，由空军部长和空军总司令部负责；地方机构作为秩序警察（德语：Ordnungspolizei；英语：Order Police）的一部分，由内政部（德语：Reichsministerium des Innern，RMdI；英语：Ministry of the Interior）组织；帝国防空联盟提供机构主管和火灾警戒员，并指导公众。1935 年 6 月 26 日，帝国防空联盟的自愿性质被取消，几乎所有身体健全的成年人都必须参加空袭预防（1938 年帝国防空联盟的成员数为 1260 万，1943 年 4 月为 2200 万）。其他政府部门处理特殊方面的问题，例如国家经济部通过国家工业集团控制工业方面的空袭预防措施；国家控制的公共事业机构（铁路、邮局、内河航道和国家高速公路）有自己独立的组织。

帝国航空部和空军总司令部控制区域一级及其以上的行动，包括：大多数民防机动预备队（民防机动预备队摩托化营，参见下文）、空防警报机构（德语：Luftschutzwarndienst，LSW；英语：Air Protection Warning Service，参见下文）；避难所政策和照明限制。德国内政部通过警察系统，控制地方城镇的民防机动预备队机构，包括消防、救援、急救、兽医机构，以及防毒措施，但需要遵循戈林的政策。疏散和空袭后的服务由纳粹党负责。

德国民防组织分为 5 个主要部门：

1. 由德国空军组织和训练的国家机构。这些包括空防警报机构，与警察合作，负责追踪和报告空袭情况，并负责向公众提供警报；拆弹部队；烟雾部队，设置诱饵地点和目标伪装。从 1942 年起，主要的空中防卫机动预备队，以前的民防机动预备队摩托化营也成为国家服务的一部分，隶属于德国空军，成为摩托化对空防御营（即摩托化空中防卫营）。

2. 由警察组织和训练的地方公共事务机构：(a) 警报事务机构；(b) 从 1942 年 5 月起，空中防卫警察，也就是以前的非机动民防机动预备队。

3. 帝国空中防卫联盟负责教育和训练公众，并提供机构主管和火灾警戒员。它既包含了自卫机构(用于住宅区)，也包括扩展的自卫机构（用于商业场所、机构、娱乐场所等）。尽管许多重要成员都是纳粹领导人，但该机构并不隶属于纳粹党，并且直到 1945 年一直保持与后者的距离。1934 年 3 月通过的一项法律规定，该机构可以穿着帝国空中防卫联盟的制服。

4. 大型工业企业是在经济部长领导下，由国家工业集团组织和培训的。除了国有实体（参见下文第 5 条）外，工业作为整体受到工厂空中防卫机构的保护。

5. 铁路、邮局和内陆水道都是自成体系、自给自足的，每个系统都负责组织和培训自己的民防机构，其模式与主要工业机构相同。这些都是由戈林直接管理的，并根据需要与当地的公共事务机构合作。

在城镇内的行动中，警察局长完全控制（2）和（3），并可向（1）、（4）和（5）请求援助。

德国空军炮手准备发射 88 毫米高射炮的炮弹。战争结束时，德国高射炮的班组成员每晚都面临着和前线一样严重的危险。

德国空军防空部队向工厂工人展示他们的武器。在战争的最后几个月，各类平民志愿者可能会被要求协助操作或为这类武器提供补给。

空袭预警信号

在战争初期，用于空防警报机构的警报器只有两个信号，即“全面警报”和“警报解除”。全面警报一响，所有的活动都必须停止，交通中断，工业生产暂停。

由于空袭的频率增加，为了防止工作时间的损失，有必要作出改变。一套精心设计的系统，通过保密电话向战时工业企业等单位，发出警报，提供 12 分钟和 6 分钟的预警。向公众传达出的警报信号，表示“可能有小规模空袭”“即时危险”“预先警报解除”“警报解除”。从 1942 年底开始，有关敌机动向和空袭进展的信息也通过广播传播，这时有 7 种形式的预警，其中 5 种面向公众。按规定，只有在收到 3 架以上飞机成编队飞行或者 10 架以上飞机没有成编队飞行的预警时，人们才需要前往避难所。

空中防卫警察

空中防卫警察成立于 1942 年春，前身是安全与援助机构的机动营。安全与援助机构组建于 1935 年，由警察领导，是 106 个最易遭受空袭的第一类城镇的民防机构。1940 年，成立了 3 至 4 个营的机动化安全与援助机构战略预备队，以增援遭受严重攻击的城镇；每个拥有安全与援助机构的城镇都调来一定数量的人员组成这些机动营的核心，这些机动营自给自足，装备良好，能够快速调动。

1942 年春，由于对吕贝克和罗斯托克的第一次猛烈进攻，空中防卫组织进行了全面改革；1942 年 4 月和 5 月，安全与援助机构改名空中防卫警察，提供了以下地方服务：消防和净化；救援和维修；急救站、急救队和救护车；兽医服务和瓦斯检测服务。尽管和所有其他的空中防卫组织一样，戈林负责作战行动，但空中防卫警察的管理和训练仍然纳入秩序警察的序列。分配给一个城镇的空中防卫警察人数大致与人口成比例。人员接受警察纪律的约束，住在军营里，穿着与德国空军相似的制服，但佩戴着独特的警察风格徽章。同时，也应当关注到志愿技术服务机构，包括技术紧急救援（Technische Nothilfe）、托特组织（Todt Organization）、疏散警察等，都不是空中防卫警察的一部分，尽管它们与之合作密切。

以前的安全与援助机构的机动预备营转入德国空军，并更名为空中防卫营（摩托化），营的数量也大大增加。他们的活动主要限于消防、救援和清理废墟，以及一些净化和急救工作。因此，它们成为国家性质机构而非地方性质机构的一部分。

88 毫米高射炮正在执行其传统的防空任务。高射炮的最大射程为 18000 米，炮口初速为 820 米 / 秒。

自卫机构

1935 年 6 月 26 日颁布的《空中防卫法》规定，几乎所有身体健全的德国人都必须参加防空行动。1937 年 5 月 4 日，该法的实施法令明确了自卫机构的有关情况，包括兵员征召的程序和服役条件。

自卫组织组成了国内抵御空袭的第一道防线。其主要职能是在建筑物守卫的引导下，在辖区警察分局局长的行动命令下，在公共地下掩蔽所装备和执行火灾警戒任务。街区的主管负责训练、组织和指挥这些小队，而个体的火灾警戒员则通常都是由房屋的女主人来负责。在第一类大型城镇，空中防卫警察可以在任何突发事件中，自卫机构无法控制某个事件时对其加以增援。除非超出其能力范围，否则该组织没有义务立即报伞兵聚集在 Ju-52 运输机机翼旁，研究预定着陆区域的地图。Ju-52 对伞兵来说喜忧参半：它坚固可靠，但容易受到敌方战斗机和防空火力的攻击。

告突发事件。在小城镇和农村社区，该服务组织成立了一个“空中防卫联谊会”，这些志愿消防队和由技术紧急救援提供的承担救援任务的地方人员，是立即可用的唯一力量。必要时，可以得到从最近的城镇派出援助。除了防毒面具和钢盔外，自卫组织的成员将自行提供衣服和装备。

扩展的自卫机构

这一机构建立的目的，是为了保护那些对战争来说不太重要的院校、政府办公地、酒店和其他公共建筑，因此没必要设立工厂空中防卫机构那样的组织。这种组织体制被称为扩展的自卫机构，其管理和运作方式类似于自卫机构，但有一些额外的特点，比如有一个负责人、经营场的控制室，以及简单的救援和急救设备。雇员需要有避难所。警察对负责人进行培训，而负责人再培训他们的人员。所有其他组成预备队的成员由帝国防空联盟的守卫培训，向其支付适当费用。

工厂空中防卫机构

为了监管战争生产和空袭防护，德国被划分为若干工业区，每个区任命一名空中防卫的负责人，每个工业区再细分为大区、县区或更小的部分，每一层级的每个部门都有一名指定的领导。这种机构为每个工厂提供了快速的信息渠道。

工业企业的工厂空中防卫机构类似于地方当局机构（空中防卫负责人、控制室、火灾警戒员、消防队、净化和急救队，工厂使用动物的兽医部门）。人员由空中防卫部门的负责人从工厂雇员中招募，该负责人是由警察任命的。工厂负责人可在紧急情况下，可以要求其职责范围内的所有人员或附近的人员暂时协助其小队。每月中，某些社会阶层和年龄组的人员服役次数有限制。在许多情况下，女性雇员被要求在所有岗位上服役。那些雇用 100 多人的工厂必须提供坚固的、带机械动力通风的避难所，并接受定期检查。当空袭行动的节奏加快时，掩体的类型也需要调整，一些工厂甚至建造了多层的掩体类型。对重点工厂空中防卫人员的培训在一系列私立学校中进行，这些领导者随后培训工厂的所有雇员。

如果工厂的突发事故超出了工厂小队自行解决的能力和协作帮助的能力范围，就需要地方当局的警察局长提供帮助。在许多情况下，无论如何，一旦收到事故信息，警察当局都会立即派城镇消防队和其他服务机构前去帮助。工厂消防队也由警察局长指挥，因为这支消防队是城镇消防队的官方辅助单位。

尽管不是所有参与民防的人都直接受雇于德国空军，但他们仍然是德国总体防空响应的一部分，并由德国空军总司令部进行协调。这些对德国空军各种类型人员的简要梳理清楚地表明，真正的空中机组人员只不过是一支长矛之尖。

注释

[1] 中文版参见：《第三帝国陆军图文史》，[英]克里斯·麦克纳布著，沈立波译，金城出版社，2023 年。

[2] 原文为“野战营”，疑似有误，改译为“野战师”。

1945年4月。德国夜间战斗机的残骸散落在德国的一个机场。这些飞机可能是盟军地面攻击任务的目标，在战争的这个阶段，盟军几乎可以在德国的大部分地区自由行动。

第八章 终局

CONCLUSION

在这样一本书的背后，有成千上万个不为人知的故事。虽然关注这个组织的战略、战术和行动是适当且具有历史意义的，但我们需要提醒自己，这些年轻飞行员过着不平凡的生活，许多人遭遇了可怕的结局。在一个相对和平的时代，很难想象有一代非常年轻的士兵爬上驾驶舱、炮塔或其他飞机战位，然后起飞，与其他年轻人进行大规模的空战。毋庸置疑，当年那些激烈的战况、声音和感觉至今仍在老兵的记忆中挥之不去。

有些记忆在重述时仍扣人心弦。以著名的瓦尔特·诺沃提尼（Walter Nowotny）为例，这位奥地利飞行员在东线取得 258 次击落敌机的记录：

> 这个地区散布着几条苏联的简易着陆跑道，过去曾是一个很好的狩猎场。我们今天也不用等太久。向左前方，远处的迷雾中出现了几个小黑点。它们迅速变大，变成了 20 架苏联地面攻击机。过了一会儿，我们又发现 6 架美国战斗机，以护卫形式伴飞。
>
> 我们的飞行高度大约是 1000 米，苏联人比我们低 200 米，他们的护航机的高度大约是 1200 米。我立即爬升到他们上方。太阳在西南方。现在我下面的美国战斗机什么也没注意到。我瞄准其中一架飞机就开火了。它立即在火光中落下，在一片火焰中撞到地面。惊慌之中，剩下的 5 架飞机向右转弯。我达到目的了。战斗机现在距离地面的攻击者大约 500 米到 600 米远，而我的人有了清晰的战斗视野。
>
> 与此同时，当我试图击落另一架战斗机时，他们正试图跟在我后面。他们最后围成一个圈，我在中间试图找到一个合适的射击位置。我们彼此都在逐渐失去高度。我几乎没有开火，而在我身后，一两个对手疯狂地向我射击，但是范围太大，弹着点不着边际。在离地大约 50 米的地方，我在瞄准具中瞄准了第二架飞机。它也立

刻变成了一个火球撞到地面。

我回头看了看。战斗出现了巨大的转折。8架苏联战斗机已经抵达现场，加入战斗中！我这时正紧贴一架美国战斗机的尾巴。我身后是一架苏联飞机。我很快地瞥了他几眼，确信他正在接近。在我的右边，一排弹孔突然出现在我的机翼上。苏联飞行员正在不顾一切地飞来，他的火力几乎没有停止。一枚炮弹打在了我的机翼上，撕开了表面。伊万（Ivan，代指苏联飞行员）越来越近了。他几乎在撞击距离之内。每当我回头看时，那颗巨大的苏联之星似乎都充满了我的视野。子弹继续击中我的机翼，它们离我的驾驶舱越来越近了。

决断的时刻到了。我抓住最后一次机会，尽我所敢于飞出的最高速度飞行。当我的速度突然下降到危险的低水平时，我利用我在之前多次空中缠斗中获得的所有技能和专业知识来稳稳地咬住对手。

在我前面50米处是美国战斗机，而苏联飞机在我后面10米多一点的地方。在整个追逐过程中，我一直向右滑，以躲避追逐者的射击。我最后一次用同样的策略。这一次伊万上当了。在那一瞬间，当我再次以失速的状态向右翻滚时，他的注意力被短暂分散。在我完成这个动作之前，我又被火炮击中了两次，但是这时他已经超过了我，从我的机翼下方一闪而过。

他出现在我前面。我清楚地看到飞行员在驾驶舱里，苏联之星。我猛推油门全速前进！我希望这架优异但有点老旧的福克沃尔夫虽然受损，还能再坚持住！不一会儿，我就赶到苏联人上方。他在我的第一轮点射下被击落。决斗结束了。整个战斗持续了整整45分钟。

这样的事件可能是许多人一生中最难忘的经历，但是对于德国空军

Iain Wyllie

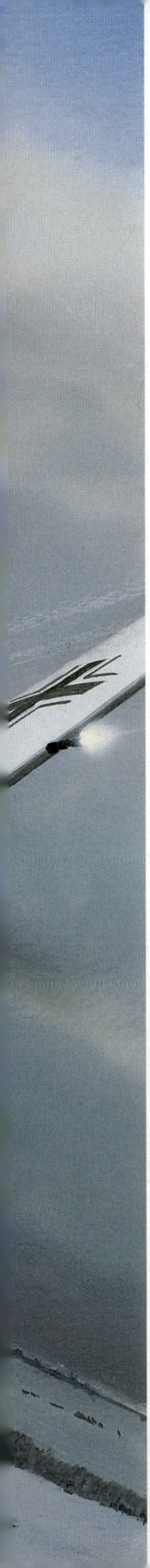

飞行员来说，这样的戏剧性场面几乎每天都在上演。此外，王牌飞行员的故事通常是幸存者的故事。二战期间，德国空军的伤亡数字几乎是不可能准确统计的，因为盟军飞行员常常过于热衷于记录击杀数，以及战时文件也丢失了。据可靠的估计，德国空军飞机因各种原因总共损失 11.65 万架。即使考虑到机械故障，隐藏在这些数字背后的人力代价也是巨大的。

自二战以来，对历史学家和航空爱好者来说，德国空军一直保持着长盛不衰的魅力。原因不难看出。尽管德国空军存在种种不足，但它在航空技术和战术方面处于最前沿地带，不管为了谁而战斗，它都是那个时代不可忽视的组织。

瓦尔特・诺沃提尼在东线众多胜利中的一次艺术再现。一架苏联伊尔 –2 对地攻击机被诺沃提尼的 Fw-190 战斗机的火力击中后开始拖着烟雾飞行。（Iain Wyllie © Osprey Publishing）

延伸阅读

Ailsby, Chris, *Sky Warriors: German Paratroopers in Action 1939–45* (Spellmount, 2000)

Baumbach, Werner, *The Life and Death of the Luftwaffe* (Noontide Press, 1991)

Blandford, Edmund, *Target England* (Airlife, 1997)

Buckley, John, *Air Power in the Age of Total War* (UCL Press, 1999)

Bungay, S., *The Most Dangerous Enemy* (Aurum, 2000)

Caldwell, Donald, *The JG 26 War Diary Volume One 1939–1942* (Grub Street, 1996)

Caldwell, Donald and Richard Muller, *The Luftwaffe over Germany: Defense of the Reich* (London, Greenhill, 2007)

Campbell, Jerry L., *Focke-Wulf Fw 190 in Action* (Squadron/Signal Publications, 1975)

Davis, Brian L., *German Parachute Forces 1935–45* (Arms & Armour Press, 1974)

Deighton, L., *Fighter* (Book Club Associates, 1978)

Forsyth, Robert, *Jagdwaffe: Defending the Reich 1943–1944* (Classic Publications, 2004)

Forsyth, Robert, *Jagdwaffe: Defending the Reich 1944–1945* (Classic Publications, 2005)

Galland, Adolf, *The First and the Last* (Ballantine Books Inc., 1954)

Goss, Chris, *The Luftwaffe Fighters' Battle of Britain* (Crécy, 2000)

Goss, Chris, *Sea Eagles: Luftwaffe Anti-Shipping Units, Vols 1 & 2* (Ian Allan Publishing, 2005–6)

Gould, Winston A., *Luftwaffe Maritime Operations in World War II: Thought, Organization and Technology* (USAF Air Command and Staff College, 2005)

Green, W., *Warplanes of the Third Reich* (Doubleday, 1972)

Gregory, Barry and John Batchelor, *Airborne Warfare 1918–1945* (Phoebus, 1979)

Hannig, Norbert, *Luftwaffe Fighter Ace* (Grub Street, 2004)

Heilmann, Wilhelm, *Alert in the West* (Cerberus Publishing Ltd, 2003)

Hetherington, John, *Airborne Invasion: The Story of the Battle of Crete* (Angus & Robertson, 1944)
Knocke, Heinz, *I Flew for the Führer* (Evans Brothers Ltd, 1953)
Lucas, James, *Screaming Eagles: German Airborne Forces in World War Two* (Arms & Armour Press, 1988)
McFarland, Stephen L. and Wesley Newton Phillips, *To Command the Sky: The Battle for Air Superiority over Germany, 1942–1944* (Smithsonian Institution Press, 1991)
Murray, Williamson, *Strategy for Defeat: The Luftwaffe 1933–1945* (Eagle Editions, 2000)
Price, Dr A., *Luftwaffe Handbook 1939–1945* (Ian Allan, 1976)
Spick, Mike, *Luftwaffe Bomber Aces* (Greenhill Books, 2001)
Spoden, Peter, *Enemy in the Dark* (Mönch Medien & Print, 2008)
Stahl, Peter, *The Diving Eagle* (Motorbuch Verlag, 1978)
Van Ishoven, Armand, *Messerschmitt Bf 109 at War* (Ian Allan, 1977)
Van Ishoven, Armand, *The Luftwaffe in the Battle of Britain* (Ian Allan, 1980)

鱼鹰出版社参考书目

Antill, Peter, *Crete 1941* (Osprey, 2005)
Bowman, Martin, *P-51 Mustange vs Fw 190: Europe 1943–45* (Osprey, 2007)
Bowman, Martin, *P-47 Thunderbolt vs Bf 109G: Europe 1943–45* (Osprey, 2008)
Davis, Brian L., *The German Home Front 1939–45* (Osprey, 2007)
Forczyk, Robert and Tim Brown, *Fw-200 Condor vs Atlantic Convoys: 1941–43* (Osprey, 2010)
Forsyth, Robert, *Fw 190 Sturmböcke vs B-17 Flying Fortress: Europe 1944–45* (Osprey, 2009)
Forsyth, Robert, *Jagdgeschwader 7 'Nowotny'* (Osprey, 2008)
Forsyth, Robert, *Jagdverband 44: Squadron of Experten* (Osprey, 2008)
Holmes, Tony, *Spitfire vs Bf 109: Battle of Britain* (Osprey, 2007)
Holmes, Tony, *Hurricane vs Bf 110: 1940* (Osprey, 2010)
Morgan, H., *German Jet Aces of World War 2* (Osprey, 1998)
Quarrie, Bruce, *Fallschirmjäger: German Paratrooper 1935–45* (Osprey, 2001)
Quarrie, Bruce, *German Airborne Divisions: Blitzkrieg 1940–41* (Osprey, 2004)
Quarrie, Bruce, *German Airborne Divisions: Mediterranean Theatre 1942–45* (Osprey, 2005)
Ransom, S. and Hans-Hermann Cammann, *Jagdgeschwader 400: Germany's Elite Rocket Fighters* (Osprey, 2010)
Rottman, Gordon, *WWII Airborne Warfare Tactics* (Osprey, 2006)

Scutts, Jerry, *Bf 109 Aces of North Africa and the Mediterranean* (Osprey, 1994)

Scutts, Jerry, *German Night Fighter Aces of World War II* (Osprey, 1998)

Stedman, Robert, *Luftwaffe Air and Ground Crew 1939–45* (Osprey, 2002)

Stedman, Robert, *Kampfflieger: Bomber Crewman of the Luftwaffe 1939–45* (Osprey, 2005)

Stedman, Robert, *Jagdflieger: Luftwaffe Fighter Pilot 1939–45* (Osprey, 2008)

Weal, John, *Bf 109D/E Aces 1939–41* (Osprey, 1996)

Weal, John, *Bf 109 F/G/K Aces of the Western Front* (Osprey, 1999)

Weal, John, *Bf 109 Aces of the Russian Front* (Osprey, 2001)

Weal, John, *Bf 109 Defence of the Reich Aces* (Osprey, 2006)

Weal, John, *More Bf 109 Aces of the Russian Front* (Osprey, 2007)

Weal, John, *Focke-Wulf Fw 190 Aces of the Russian Front* (Osprey, 1995)

Weal, John, *Focke-Wulf Fw 190 Aces of the Western Front* (Osprey, 1996)

Weal, John, *Fw 190 Defence of the Reich Aces* (Osprey, 2011)

Weal, John, *Jagdgeschwader 2 'Richthofen'* (Osprey, 2000)

Weal, John, *Jagdgeschwader 54 'Grünherz'* (Osprey, 2001)

Weal, John, *Jagdgeschwader 27 'Afrika'* (Osprey, 2003)

Weal, John, *Jagdgeschwader 52: The Experten* (Osprey, 2004)

Weal, John, *Jagdgeschwader 51 'Mölders'* (Osprey, 2006)

Weal, John, *Jagdgeschwader 53 'Pik-As'* (Osprey, 2007)

Weal, John, *Junkers Ju 87 Stukageschwader 1937–41* (Osprey, 1997)

Weal, John, *Junkers Ju 87 Stukageschwader of North Africa and the Mediterranean* (Osprey, 1998)

Weal, John, *Junkers Ju 87 Stukageschwader on the Russian Front* (Osprey, 2008)

Weal, John, *Ju 88 Kampfgeschwader on the Western Front* (Osprey, 2000)

Weal, John, *Ju 88 Kampfgeschwader in North Africa and the Mediterranean* (Osprey, 2009)

Weal, John, *Ju 88 Kampfgeschwader on the Russian Front* (Osprey, 2010)

Weal, John, *Luftwaffe Schlachtgruppen* (Osprey, 2003)

Weal, John, *Luftwaffe Sturmgruppen* (Osprey, 2005)

Weal, John, *Messerschmitt Bf 110 Zerstörer Aces of World War II* (Osprey, 1999)

Windrow, *Martin, Luftwaffe Airborne and Field Units* (Osprey, 1972)

Williamson, *Gordon, German Commanders of WWII (2): Waffen-SS, Luftwaffe and Navy* (Osprey, 2006)

Williamson, *Gordon, Knight's Cross, Oak Leaves and Swords Recipients 1941–45* (Osprey, 2005)

Williamson, *Gordon, Knight's Cross with Diamonds Recipients 1941–45* (Osprey, 2006)

译名对照表

纳粹德国空军军衔对照表

德国空军	美国陆军航空队	英国皇家空军
帝国元帅（Rcichsmarschall）	没有对等军衔	没有对等军衔
元帅（Generalfeldmarschall）	五星上将	元帅
大将（Generaloberst）	上将	上将
中将（Generalleutnant）	少将	少将
少将（Generalmajor）	准将	准将
上校（Oberst）	上校	上校
中校（Oberstleutnant）	中校	中校
少校（Major）	少校	少校
上尉（Hauptmann）	上尉	上尉
中尉（Oberleutnant）	中尉	中尉
少尉（Leutnant）	少尉	少尉
连队行政军士长（Hauptfeldwebel）	总军士长	没有对等军衔
资深军士长（Stabsfeldwebel）	军士长	准尉
上士（Oberfeldwebel）	参谋军士	上士
中士（Feldwebel）	上士	中士
下士（Unterfeldwebel）	没有对等军衔	没有对等军衔
初级下士（Unteroffizier）	中士	下士
一等兵（Obergefreiter）	下士	二等兵
二等兵（Gefreiter）	一等兵	一等列兵
列兵（Flieger）	没有对等军衔	二等列兵

德国空军单位的有关说明

德国空军的主要战术单位，在美国空军和英国皇家空军中没有严格的对等单位。关于德国空军部队结构的基本指引，比如飞行联队（Geschwader）、飞行大队（Gruppe）和飞行中队（staffel）等，参见第2章。

主要军事术语表

英文	德文	中文
1st Air-Landing Assault Regiment	Luftlandesturm Regiment 1	第1空降突击团
AA gun		高射炮
AA-tracer		高射炮曳光弹
air district	Luftgaue	航空区
Air Force High Command	Oberkommando der Luftwaffe(OKL)	（德国）空军总司令部
air station	Fliegerhorst	军用机场
Air Vice-Marshal		空军中将
anti-personnel bomb		反步兵炸弹
Army	Armee	集团军
Army Group		集团军群
Army High Command	Oberkommando des Heeres（OKH）	（德国）陆军总司令部
beam-attack		侧向攻击
	blitzkrieg	闪电战
blowtorch		（口语）喷气发动机
bomb bay		弹仓
bomb-run		轰炸航路
bomb-sight		轰炸瞄准器
	Bordmechanik	飞行机械师
branch		兵种
camera gun		照相枪
ceiling		射高
corp	Armeekorp (Korp)	军
crew chief		机工长
dead reckoning		推测领航法
drum magazine		弹鼓
dual-controlled		复式操纵
	Fliegertechnischeschule	飞行技术学校
flying corp	Fliegerkorp	航空军
foot drill		队列训练
forage cap		（步兵的）军便帽
forward-swept wing aircraft		前掠翼飞机
fragmentation bomb		杀伤炸弹
German cross		德国荣誉十字勋章
	Gruppe	飞行大队
	Gruppen	大队
	Gruppenkommandeur	（飞行）大队长
head-on		迎面航向攻击
hollow charge		空心装药
instrument navigation		仪表导航
	Jagdflieger	战斗机飞行员
	Jagdgeschwader（JG）	战斗机联队
	Kampfgeschwader（KG）	轰炸机联队

英文	德文	中文
	KdoFührer	指挥官
Knight's Cross with Oak Leaves		橡树叶骑士十字勋章
Knight's Cross		骑士十字勋章
landing strip		着陆跑道
light infantry	Jäger	轻步兵
log book	Flugbuch	飞行日志
loop		翻筋斗
	Luftflotte	航空队
	Luftwaffe	德国空军
main thrust		主力冲击
Maltese cross		马耳他十字勋章
map reading		地图判读
map reference		图上方格
mountain riflemen	Gebirgsjäger	山地步兵
mountain service	Gebirgsdienst	山地部队
National Labour Service	Reichsarbeitsdienst	德国劳工团
nose		机头
Operational Flight Clasp	Frontflugspange	前线飞行章
other rank	Mannschaft	其他军衔人员
out-turn		盘旋机动
parachute and air-landing troops	Fallschirm- und Luftlandetruppen	伞兵和空降部队
paratroopers	Fallschirmjäger	伞兵
payload		有效载荷
point of impact		弹着点
port window		左舷窗
predictor		射击指挥仪
propeller cone		螺旋桨桨毂罩
PT		体能训练
radial piston engine		径向活塞发动机
	Reichsmarschall	帝国元帅
	Reichswehr	防卫军
replacement training groups	Ergänzungsgruppen	补充大队
revetment		飞机掩体
	Segelschulen	滑翔机学校
series production		批量生产
service ceiling		飞行高度
short burst		短速射
split		半滚倒转
	SS-Einsatzgruppen	党卫军特别行动队
	staffel	飞行中队
	Staffelkapitän	中队长
standoff attack		防区外攻击
State Secretary of the RLM		帝国航空部部长
static line		（降落伞用的）固定拉绳
tent flap		帐篷门帘

英文	德文	中文
throttle lever		油门杆
tracer-ammunition		曳光弹
troop concentration		部队集结地
twin-boom		双尾撑飞机
USAAF		美国陆军航空队
ventral gun		机腹炮
	Waffen-SS	武装党卫队
	Wehrmacht	国防军
wing	Geschwader	飞行联队
wing-over		空中翻转

说明：表中所列军事术语，对应汉语可能有若干不同的含义，这里仅就出现在译著原文中涉及含义作出解释，而没有列出全部含义。

人名对照表

英文	中文
Adolf Galland	阿道夫・加兰
Albert Kesselring	阿尔贝特・凯塞林
Albert Speer	阿尔伯特・施佩尔
Alfred Druschel	阿尔弗雷德・德鲁茨尔
Andrew Cunningham	安德鲁・坎宁安
Anton Keil	安东・凯尔
Arthur C. Fiedler	亚瑟・C.菲德勒
Arthur Travers Harris	阿瑟・特拉弗斯・哈里斯
August Lambert	奥古斯特・兰伯特
Benito Mussolini	贝尼托・墨索里尼
Beppo Marchetti	贝波・马尔凯蒂
Bernard Freyberg VC	伯纳德・ 弗赖伯格・VC
Bruno Dilley	布鲁诺・迪里
Carl-August Freiherr von Gablenz	卡尔－奥古斯特・冯・ 加布伦茨
Charles de Gaulle	夏尔・戴高乐
Doktor Rumbaum	多克托・拉姆鲍姆
Edgar Petersen	埃德加・彼得森
Edmund Daser	埃德蒙・达泽尔
Elmar Börsch	埃尔马・伯尔施
Erhard Milch	埃哈德・米尔希
Erich Adam	埃里希・亚当
Erich Hartmann	埃里希・哈特曼
Erich Raeder	埃里希・雷德尔
Erich von Manstein	埃里希・冯・曼斯泰因
Erla Haube	厄拉・哈比
Ernst Arnold	恩斯特・阿诺尔德
Ernst Kupfer	恩斯特・库普费尔
Ernst Schröder	恩斯特・施罗德
Erwin Rommel	埃尔温・隆美尔
Eugen Meindl	欧根・迈因德尔
Francisco Franco	弗朗西斯科・佛朗哥
Franz Schall	弗伦茨・沙尔
Franz Schiess	弗伦茨・席斯
Franz von Werra	弗伦茨・冯・韦拉
Friedrich Emmerich	弗雷德里希・艾默里奇
Friedrich von Paulus	弗雷德里希・冯・保卢斯
Fritz Fliegel	弗里茨・弗利格尔
Fritz Wendel	弗里茨・温德尔
Georg-Peter Eder	格奥尔格–彼得・埃德
Gerhard Adam	格哈德・亚当
Gerhard Barkhorn	格哈德・巴尔克霍恩
Gunther Lützow	贡特尔・吕佐夫
Hajo Herrmann	豪约・赫尔曼
Hannes Trautloft	汉内斯・特劳蒂夫特

英文	中文
Hans Geisler	汉斯·盖斯勒
Hans Jeschonnek	汉斯·耶顺内克
Hans Sander	汉斯·桑德尔
Hans von Hahn	汉斯·冯·哈恩
Hans Wiedemann	汉斯·维德曼
Hans-Dietrich "Bubi" Knoetzsch	汉斯–迪特里希·诺茨奇
Hans-Ulrich Rudel	汉斯–乌尔里希·鲁德尔
Harro Harder	哈罗·哈德
Heinrich Hoehnisch	海因里希·赫恩斯奇
Heinrich Koppenberg	海因里希·科彭贝格
Heinrich "Rubio" Brücker	海因里希·"鲁比奥"·布吕赫
Heinz Bar	海因茨·贝尔
Helmut Kühle	赫尔穆特·屈勒
Helmut Lennartz	赫尔穆特·伦纳茨
Helmut Wenzel	赫尔穆特·文策尔
Helmut Wick	赫尔穆特·维克
Herbert Schob	赫伯特·舍布
Herbert Wehnelt	赫伯特·韦纳尔特
Hermann Goring	赫尔曼·戈林
Hermann Pohlmann	赫尔曼·波勒曼
Horst Hannig	霍斯特·汉尼希
Horst Juventus	霍斯特·尤文图斯
Hugh Dowding	休·道丁
Hugo Sperrle	胡戈·施佩勒
Joachim Müncheberg	约阿希姆·明希伯格
John Dundas	约翰·邓达斯
Josef Blümel	约瑟夫·布吕梅尔
Josef Kammhuber	约瑟夫·卡姆胡伯
Josef Priller约	瑟夫·普里勒
Joseph Stalin	约瑟夫·斯大林
Karl Dönitz	卡尔·邓尼茨
Karl Heisler	卡尔·海斯勒
Karl Krüger	卡尔·克鲁格
Karl Plauth	卡尔·普劳斯
Karl-Heinz Mewes	卡尔–海因茨·梅韦斯
Kurt Bonow	库尔特·博诺
Kurt Student	库尔特·施图登特

英文	中文
Kurt Tank	库尔特·汤克
Kurt Welter	库尔特·韦尔特
Martin Harlinghausen	马丁·哈林豪森
Oskar Dinort	奥斯卡·迪诺特
Otto Kittel	奥托·基特尔
Otto Ritz	奥托·里茨
Paul Mahle	保罗·马勒
Peter Spoden	彼得·斯波登
Robert Kowalewski	罗伯特·科瓦莱夫斯基
Robert Olejnik	罗伯特·欧莱伊尼克
Robert Volkman	罗伯特·沃克曼
Robert Zehbe	罗伯特·泽贝
Rolf Pingel	罗尔夫·平格尔
Rolf Stüssel	罗尔夫·施图塞
Rudolf Freiherr von Moreau	鲁道夫尔·冯·莫罗
Rudolf Schonert	鲁道夫·朔纳特
Siegfried Wandam	西格弗里德·旺达
Udo Cordes	乌多·科德斯
Uffz. Hans Fecht	乌福兹·汉斯·费希特
von Brauchitsch	冯·布劳希奇
Walter Enneccerus	瓦尔特·艾纳瑟鲁斯
Walter Glomp	瓦尔特·格洛姆普
Walter Loos	瓦尔特·洛斯
Walter Nowotny	瓦尔特·诺沃提尼
Walter Wever	瓦尔特·韦弗
Walther Dahl	瓦尔特·达尔
Werner Methfessel	维尔纳·梅特费塞尔
Werner Mölders	维尔纳·默尔德斯
Werner Mölders	沃纳·莫德斯
Wilfrid Clouston	威尔弗里德·克劳斯顿
Wilhelm Balthasar	威廉·巴尔塔扎
Wilhelm Bansemir	威廉·班泽米尔
Wilhelm Herget	威廉·赫格特
Wilhelm Holtfreter	威廉·霍尔特弗雷特
Williamson Murray	威廉森·默里
Wolfgang Schellmann	沃尔夫冈·舍尔曼
Wolfram Freiherr von Richthofen	沃尔弗拉姆·冯·里希特霍芬

历史图文系列

用图片和文字记录人类文明轨迹

金城出版社 GOLD WALL PRESS

策划：朱策英
Email:gwpbooks@foxmail.com

第三帝国空军图文史

[英]克里斯·麦克纳布/著　沈立波/译

通过丰富的图片和通俗的文字，本书从不同时期的战场表现切入，生动讲述了德国空军从一战后的重新武装，到二战初期的闪电战、北非鏖战、入侵苏联，再到东西线败退、本土防守，直至最后溃败的全部兴衰演变过程，既是一张希特勒空军的全景式演变图谱，也是一部纳粹德国的兴亡史。

海战图文史：影响世界海权的1000年

[英]海伦·多伊/著　李驰/译

通过丰富的图片和通俗的文字，本书撷取中世纪以来50多场经典海战，细节性地展示出一部波澜壮阔的世界海战史。读者不仅可以了解每场海战发生的背景起因、主要将领、战斗过程及其结果，还可以看到武器装备、战舰类型、战术思维、通信方式等细节，再现全球海洋风云变局1000年。

战役图文史：改变世界历史的50场战役

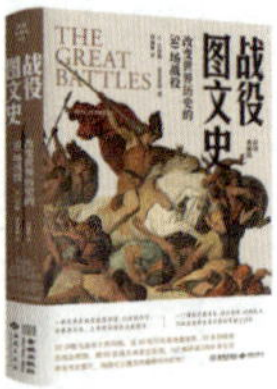

[英]吉尔斯·麦克多诺/著　巩丽娟/译

本书撷取了人类战争史中的50个著名大战场，细节性地展现了一部波澜壮阔的世界战役史。全书通过精炼生动的文字，167幅珍贵的战时地形图、双方阵列图、场景还原图、行军路线图、战场遗迹图，以及随处可见的战术思维、排兵布阵等智慧火花，为读者呈现了一场精彩绝伦的思想和视觉盛宴。

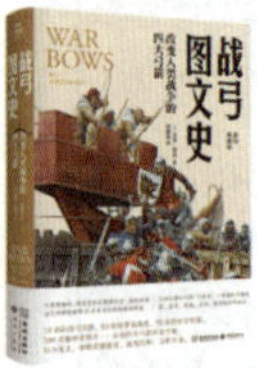

战弓图文史：改变人类战争的四大弓箭

[英]麦克·洛兹/著　胡德海/译

本书通过真实历史事件、射击效果体验与现代弹道学测试，描述了弓箭的起源、设计、应用、发展，阐释了弓箭对人类战争、文明演进的历史影响……堪称一部专业、有趣、多图、易读的冷兵器史。

第三帝国陆军图文史：纳粹德国的地面力量

[英]克里斯·麦克纳布/著　沈立波/译

通过丰富的图片和通俗的文字，本书从不同时期的战场表现切入，生动讲述了德国陆军从一战后的重整装备，到二战初期的闪电战、北非鏖战、入侵苏联，再到东西线败退、本土防守，直至最后溃败的全部兴衰演变过程，既是一张希特勒地面力量的全景式演变图谱，也是一部纳粹德国陆军的兴亡史！

情报战图文史：1939—1945年冲突中的无声对决

[美]尼尔·卡根　[美]史蒂芬·希斯洛普/著　朱鸿飞/译

本书通过丰富的图片和通俗的文字，带领读者走近二战中的间谍、密码破译者和秘密行动，多角度了解战争背后的无声较量，全方位触摸战争的鲜活历史脉络，具体包括战争历程、重要事件、谍战形式、机构沿革、科技创新等方面，堪称一部全景式二战情报战史，也是一部改变世界格局的大国博弈史。

蓝调图文史：影响世界历史的100年

[英]迈·埃文斯　[美]斯科特·巴雷塔/著　太阳/译

本书通过丰富的图片和生动的文字，详细描绘蓝调从诞生至今的历史脉络，以及对世界历史的影响。全书着眼于音乐史、人物史、创新史、人文史等，立体呈现了蓝调音乐百年历程，堪称一部另类视觉的人文变迁史。

鞋靴图文史：影响人类历史的8000年

[英]丽贝卡·肖克罗斯/著　晋艳/译

本书运用丰富的图片和生动的文字，详细讲述鞋子自古至今的发展变化及其对人类社会的影响，包括鞋靴演进史、服饰变迁史、技术创新史、行业发展史等。它不仅是一部鲜活的人类服饰文化史，也是一部多彩的时尚发展史，还是一部行走的人类生活史。

航母图文史：改变世界海战的100年

[美]迈克尔·哈斯丘/著　陈雪松/译

本书通过丰富的图片和通俗的文字，生动详细讲述了航母的发展过程，重点呈现航母历史、各国概况、重要事件、科技变革、军事创新等，还包括航母的建造工艺、动力系统、弹射模式等细节，堪称一部全景式航母进化史。

空战图文史：1939—1945年的空中冲突

[英] 杰里米·哈伍德/著　陈烨/译

本书是二战三部曲之一。通过丰富的图片和通俗的文字，全书详细讲述二战期间空战全过程，生动呈现各国军力、战争历程、重要战役、科技变革、军事创新等诸多历史细节，还涉及大量武器装备和历史人物，堪称一部全景式二战空中冲突史，也是一部近代航空技术发展史。

海战图文史：1939—1945年的海上冲突

[英] 杰里米·哈伍德/著　付广军/译

本书是二战三部曲之二。通过丰富的图片和通俗的文字，全书详细讲述二战期间海战全过程，生动呈现各国军力、战争历程、重要战役、科技变革、军事创新诸多历史细节，还涉及大量武器装备和历史人物，堪称一部全景式二战海上冲突史，也是一部近代航海技术发展史。

密战图文史：1939—1945年冲突背后的较量

[英] 加文·莫蒂默/著　付广军　施丽华/译

本书是二战三部曲之三。通过丰富的图片和通俗的文字，全书详细讲述二战背后隐秘斗争全过程，生动呈现各国概况、战争历程、重要事件、科技变革、军事创新等诸多历史细节，还涉及大量秘密组织和间谍人物及其对战争进程的影响，堪称一部全景式二战隐秘斗争史，也是一部二战情报战争史。

堡垒图文史：人类防御工事的起源与发展

[英] 杰里米·布莱克/著　李驰/译

本书通过丰富的图片和生动的文字，详细描述了防御工事发展的恢弘历程及其对人类社会的深远影响，包括堡垒起源史、军事应用史、技术创新史、思想演变史、知识发展史等。这是一部人类防御发展史，也是一部军事技术进步史，还是一部战争思想演变史。

武士图文史：影响日本社会的700年

[日] 吴光雄/著　陈烨/译

通过丰富的图片和详细的文字，本书生动讲述了公元12至19世纪日本武士阶层从诞生到消亡的过程，跨越了该国封建时代的最后700年。全书穿插了盔甲、兵器、防御工事、战术、习俗等各种历史知识，并呈现了数百幅彩照、古代图画、示意图、手绘图、组织架构图等等。本书堪称一部日本古代军事史，一部另类的日本冷兵器简史。

太平洋战争图文史：通往东京湾的胜利之路

[澳] 罗伯特·奥尼尔/主编　傅建一/译

本书精选了二战中太平洋战争的10场经典战役，讲述了各自的起因、双方指挥官、攻守对抗、经过、结局等等，生动刻画了盟军从珍珠港到冲绳岛的血战历程。全书由7位世界知名二战史学家共同撰稿，澳大利亚社科院院士、牛津大学战争史教授担纲主编，图片丰富，文字翔实，堪称一部立体全景式太平洋战争史。

纳粹兴亡图文史：希特勒帝国的毁灭

[英] 保罗·罗兰/著　晋艳/译

本书以批判的视角讲述了纳粹运动在德国的发展过程，以及希特勒的人生浮沉轨迹。根据大量史料，作者试图从希特勒的家庭出身、成长经历等分析其心理与性格特点，描述了他及其党羽如何壮大纳粹组织，并最终与第三帝国一起走向灭亡的可悲命运。

潜艇图文史：无声杀手和水下战争

[美] 詹姆斯·德尔加多/著　傅建一/译

本书讲述了从1578年人类首次提出潜艇的想法，到17世纪20年代初世界上第一艘潜水器诞生，再到1776年用于战争意图的潜艇出现，直至现代核潜艇时代的整个发展轨迹。它呈现了一场兼具视觉与思想的盛宴，一段不屈不挠的海洋开拓历程，一部妙趣横生的人类海战史。

狙击图文史：影响人类战争的400年

[英] 帕特·法里　马克·斯派瑟/著　傅建一/译

本书讲述了自17至21世纪的狙击发展史。全书跨越近400年的历程，囊括了战争历史、武器装备、技术水平、战术战略、军事知识、枪手传奇以及趣闻逸事等等。本书堪称一部图文并茂的另类世界战争史，也是一部独具特色的人类武器演进史，还是一部通俗易懂的军事技术进化史。

战舰图文史（第1册）：从古代到1750年

[英] 山姆·威利斯/著　朱鸿飞　泯然/译

本书以独特的视角，用图片和文字描绘了在征服海洋的过程中，人类武装船只的进化史，以及各种海洋强国的发展脉络。它不仅介绍了经典战舰、重要事件、关键战役、技术手段、建造图样和代表人物等细节，还囊括了航海知识、设计思想、武器装备和战术战略的沿革……第1册记录了从古代到公元1750年的海洋争霸历程。

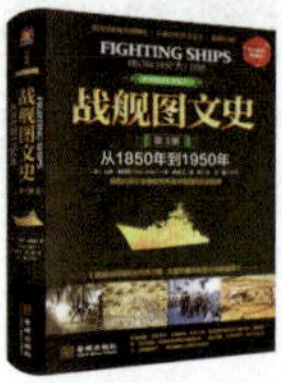

战舰图文史（第2册）：从1750年到1850年

[英] 山姆·威利斯/著　朱鸿飞　泯然/译

本书以独特的视角，用图片和文字描绘了在征服海洋的过程中，人类武装船只的进化史，以及各种海洋强国的发展脉络。它不仅介绍了经典战舰、重要事件、关键战役、技术手段、建造图样和代表人物等细节，还囊括了航海知识、设计思想、武器装备和战术战略的沿革……第2册记录了从公元1750年到1850年的海洋争霸历程。

战舰图文史（第3册）：从1850年到1950年

[英] 山姆·威利斯/著　朱鸿飞　泯然/译

本书以独特的视角，用图片和文字描绘了在征服海洋的过程中，人类武装船只的进化史，以及各种海洋强国的发展脉络。它不仅介绍了经典战舰、重要事件、关键战役、技术手段、建造图样和代表人物等细节，还囊括了航海知识、设计思想、武器装备和战术战略的沿革……第3册记录了从公元1850年到1950年的海洋争霸历程。

医学图文史：改变人类历史的7000年（精、简装）

[英] 玛丽·道布森/著　苏静静/译

本书运用通俗易懂的文字和丰富的配图，以医学技术的发展为线，穿插了大量医学小百科，着重讲述了重要历史事件和人物的故事，论述了医学怎样改变人类历史的进程。这不是一本科普书，而是一部别样的世界人文史。

疾病图文史：影响世界历史的7000年（精、简装）

[英] 玛丽·道布森/著　苏静静/译

本书运用通俗易懂的文字和丰富的配图，以人类疾病史为线，着重讲述了30类重大疾病背后的故事和发展脉络，论述了疾病怎样影响人类历史的进程。这是一部生动刻画人类7000年的疾病抗争史，也是世界文明的发展史。

间谍图文史：世界情报战5000年

[美] 欧内斯特·弗克曼/著　李智　李世标/译

本书叙述了从古埃及到“互联网+”时代的间谍活动的历史，包括重大谍报事件的经过，间谍机构的演变，间谍技术的发展过程等，文笔生动，详略得当，语言通俗，适合大众阅读。

二战图文史：战争历程完整实录（全2册）

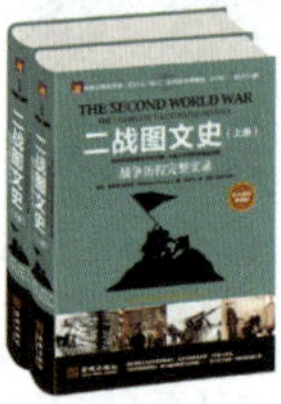

[英] 理查德·奥弗里/著　朱鸿飞/译

本书讲述了从战前各大国的政治角力，到1939年德国对波兰的闪电战，再到1945年日本遭原子弹轰炸后投降，直至战后国际大审判及全球政治格局。全书共分上下两册，展现了一部全景式的二战图文史。

第三帝国图文史：纳粹德国浮沉实录

[英] 理查德·奥弗里/著　朱鸿飞/译

本书用图片和文字还原了纳粹德国真实的命运轨迹。这部编年体史学巨著通过简洁有力的叙述，辅以大量绝密的历史图片，珍贵的私人日记、权威的官方档案等资料，把第三帝国的发展历程（1933—1945）完整立体呈现出来。

世界战役史：还原50个历史大战场

[英] 吉尔斯·麦克多诺/ 著　巩丽娟/译

人类的历史，某种意义上也是一部战争史。本书撷取了人类战争史中著名大战场，通过精练生动的文字，珍贵的图片资料，以及随处可见的战术思维、排兵布阵等智慧火花，细节性地展现了一部波澜壮阔的世界战役史。

希特勒的私人藏书：那些影响他一生的图书

[美] 提摩西·赖贝克/著　孙韬　王砚/译

本书通过潜心研究希特勒在藏书中留下的各类痕迹，批判分析其言行与读书间的内在逻辑，生动描绘了他从年轻下士到疯狂刽子手的思想轨迹。读者可以从中了解他一生收藏了什么书籍，书籍又对他产生了何种影响，甚至怎样改变命运。